2022

CHINA JOURNALISM AND COMMUNICATION JOURNAL

中国新闻传播研究

国际传播与文明互鉴

高晓虹◎主编
刘宏 赵淑萍 曾祥敏 秦瑜明◎副主编

中国传媒大学出版社
·北京·

目录 >>>>CONTENTS

国际传播与文明互鉴

智媒时代我国国际传播的媒介特性与技术路径*

The Analysis of the Media Characteristics and Technology Path of China's International Communication in the Age of Smart Media

◎沈　浩　袁　璐

Shen Hao　Yuan Lu

摘要:近年来,随着现代科技的进步,中国媒体融合发展进入深水区,原有的信息传播模式受到冲击,各大媒体纷纷借力互联网信息技术进行智能化转型。在移动互联网、人工智能技术推动媒体智能化发展的同时,媒体信息传播的需求特征和用户行为模式也在快速转变,全球传播景观正在被重塑。本文在媒介环境学的理论视角下解析媒体智能化进程,分析技术驱动国际传播媒介形态由单一模态向多模态方向发展的趋势,讨论全媒体、全媒介、多元化的国际传播媒介特点。本文认为,在媒体融合智能化进程的推进中,既要分析媒介演变的规律和趋势,认清全球传播环境重构现状,也要从国际传播和传播链条角度出发,深入思考大数据、5G、人工智能等技术手段将如何赋能国际传播发挥全模态传播功能,构建开放的传播链条,形成新的传播模式,进而提升国际传播效能。

关键词:媒体融合;技术赋能;人工智能;国际传播;智能化

Abstract: In recent years, with the development of modern technology, China's media convergence has entered the deep water area, and the original information dissemination model has been impacted. Major media have carried out intelligent transformation with the help of internet information technology. While mobile internet and artificial intelligence technologies promote media intelligence, the

* 本文系国家社会科学基金重大项目"我国新闻传播业人工智能应用现状与发展趋向研究"(项目编号:19ZDA327)的阶段性研究成果;国家重点研发计划项目"冬奥全球传播服务平台研究及应用示范"(项目编号:2020YFF0305300)课题三"冬奥赛事全球传播模型构建与国际传播影响力提升关键技术研究"(课题编号:2020YFF0305303)的阶段性研究成果。

demand characteristics and user behavior patterns of media information dissemination are also rapidly changing, and the global communication landscape is being reshaped. This paper analyzes the process of media intelligence from the theoretical perspective of media ecology studies, analyzes the trend that technology drives the development of international media from single mode to multi-modal direction, and discusses the characteristics of multi-media, all-media, and diversified international media. In this paper, we believe that in the advancement of the process of media convergence and intelligence, it is necessary to analyze the laws and trends of media evolution, and to recognize the current situation of the reconstruction of the global communication environment. It is also necessary to start from the perspective of the international communication and communication chain, and think deeply about how big data, 5G, artificial intelligence and other technical means will enable international communication to play an all-modal communication function, build an open communication chain, and form a new communication model, thereby enhancing international communication spread efficiency.

Keywords: media convergence, technology empowerment, artificial intelligence, international communication, intelligence

随着媒体融合进程的不断深入，以 5G、大数据、云计算、物联网、区块链、人工智能等为代表的信息技术成果不断应用在新闻传播领域，整个媒体生态朝着智能化方向发展。在新闻内容生产供给侧产生结构性变革，新闻内容产能不断扩大，新闻内容表现形式不断创新的国际传播格局中，国际传播的媒介形态也由原有的单一模态向多模态方向发展。2021 年 5 月 31 日，习近平总书记在中共中央政治局就加强我国国际传播能力建设而进行的第三十次集体学习中强调，要全面提升国际传播效能，要采用贴近不同区域、不同国家、不同群体受众的精准传播方式，推进中国故事和中国声音的全球化表达、区域化表达、分众化表达，增强国际传播的亲和力和实效性。[①] 在国家政策支持和国家战略的顶层设计下，建构新的国际传播秩序的过程中，中国更需要深入思考国际传播的新方法和新路径。本文将考察中国媒体融合的智能化进程，分析国际传播

① 习近平主持中共中央政治局第三十次集体学习并讲话[EB/OL].(2021-06-01)[2022-04-22].http://www.gov.cn/xinwen/2021-06/01/content_5614684.htm.

媒介变迁中传播环境的重构现状，聚焦媒体依托于智能技术的前沿实践，并试图厘清5G、人工智能、大数据等技术如何赋能国际传播，助力我国提升国际传播效能、讲好中国故事。

一、研究缘起：媒体智能化引发的国际传播新思考

随着以国家意志为基础的顶层设计不断迭代，我国人工智能技术与传媒业的交叉融合迅速推进。2020 年 11 月 3 日，中央关于制定“十四五”规划和 2035 年远景目标的建议中提到要“推进媒体深度融合，实施全媒体传播工程，做强新型主流媒体”①。智能媒体技术的革新，不仅使人工智能技术打破传播行业原有的业务壁垒，同时也为现代传播能力的提升提供了有力的支撑和保障。由此，中国的媒体融合向智能化方向嬗变跃迁。

在全球受到新冠肺炎疫情影响的后疫情时代，人们处在社交隔离的情势中，技术手段加持下的信息传播变得尤为重要。从媒介环境学的理论角度思考，人的社会活动赋予了媒介存在的意义，同时人的活动也受到了媒介的影响。尼葛洛庞帝在《数字化生存》中提到：“在新的形式中，信息将成为举世共享的资源，从原子到比特的飞跃已势不可挡、无法逆转，大众传媒将被重新定义为发送和接收个人化信息和娱乐的系统。计算不再只和计算机有关，它决定我们的生存。我们经由电脑网络相连时，民族国家的许多价值观将会改变。”②因此，从媒体业态的发展角度而言，媒体的智能化是整个新闻信息传播过程中人工智能技术和通信技术深度应用的结果，它是传统媒体向智能媒体发展的一种趋势，更是国际传播实践过程中的重要支撑。当前世界面临百年未有之大变局，中国日益走向世界的中心，而随着媒体智能化不断深入推进，在全新的国际传播格局中，国际传播环境也日益复杂，这要求我们必须跳出传统的思考局限，结合当前媒体智能化的技术背景，以全新的视角去观察、探索具有中国特色的国际传播。

在宏大的历史背景下，在国际传播的探索与实践中，国际传播的研究便不再仅仅是媒介的静态分析，而需要更深入地研究智能化进程中国际传播媒介环境发展的结构问题以及媒介演变的规律和趋势。即我们需要思考：中国的国际传播新格局和未来发展，其媒体的实践基础是什么？在媒体智能化的背景下，国际传播的媒介演变规律和

① 中共中央关于制定国民经济和社会发展第十四个五年规划和二〇三五年远景目标的建议[EB/OL].(2020-11-03)[2022-04-22].http://www.gov.cn/xinwen/2020-11/03/content_5556991.htm.

② NEGROPONTE N，HARRINGTON R，MCKAY S R，et al.Being digital[J].Computers in physics，1997，11(3)：261-262.

趋势有怎样的特点?技术如何在具有中国特色的国际传播痛点问题上发挥作用?而这些正是本文试图探讨的问题。

二、生态重构:技术重塑国际传播的媒介特性

当今世界正处在百年未有之大变局中,大数据、人工智能、5G通信技术、量子通信技术的广泛使用,使第四次工业革命如火如荼地发生。同时,随着经济全球化的发展,国际领导力再次出现洲际化转移。在亚洲的崛起中,科技研发投入逐步增加,工业制造规模逐年扩大,电子商务日益普及,这都反映出亚洲的全球号召力。这场人类文明演进的变革中,中国正面临着前所未有的历史机遇。随着媒体融合智能化进程的不断深入,在数字信息技术的加持之下,建设全程媒体、全息媒体、全员媒体、全效媒体成了媒体行业的发展目标。技术驱动下的媒介演变,除了具有一般规律,在发展中还表现出具有时代特色的特殊规律和媒介特性。本文认为当前国际传播媒介具有以下三个主要特性。

(一)全媒体:国际传播全媒体智慧传播格局

媒介技术的革新,使传媒行业快速迭代更新,也使整个媒体生态环境发生了复杂的变化。四全媒体的提出不仅对国内新闻传播的工作具有前瞻性的意义,在国际传播层面,更有着重大价值。从"传播形态说"学说角度出发,智慧全媒体是媒体创新利用技术手段将多种形态的媒介,如文字、图像、视频、声音等进行融合,目的是为了全方位、立体化地呈现传播内容。以此,智慧全媒体传播体系的建设是媒体融合的发展结果,亦成了国际传播媒介生态体系重构中非常重要的一环。王润珏、胡正荣提出,国家主流媒体的国际传播需求变得非常紧迫,想要在复杂的国际环境中呈现真实、立体、全面的中国形象,我们所面临的问题更加多元化,因此全面建设智能全媒体传播体系,成了国际传播能力提升和功能拓展的一项非常重要的系统工程。① 总体来讲,智慧全媒体是传统媒体和新兴媒体不同媒介形态的融合,是一种新的传播形态,智慧全媒体的建设更是全面提升国际传播能力的重要手段。

国际传播能力的提升需要明确如何进行全媒体智能传播格局的构建,而四全媒体的提出,则明确了全媒体建设的方向。学者们认为四全媒体分别从时空维度、信息技

① 王润珏,胡正荣.真实、立体、全面:我国主流媒体的国际传播与国家形象塑造[J].出版发行研究,2019(8):81-84.

术维度、社会维度、媒体功能维度对媒体融合全媒体体系建设进行了解析，以此进一步推动了人工智能、5G、虚拟现实、云计算等高新技术在媒体中的应用与实践。各大主流媒体正在积极探索先进技术的实践路径，并将其全面应用在国内及国际传播的智慧全媒体建设中，如新华社除了内部探索技术开发，加大对人工智能技术的研发投入，还同时掌握技术核心，试图打造具有智能化、移动化、社交化特色的新媒体平台；此外，新华社还与阿里巴巴联手打造新华智云公司，研发推出“媒体大脑”。“媒体大脑”利用大数据及人工智能技术，覆盖新闻内容生产全流程，涉及内容的数字采集、内容的编发、内容的存储，以及内容的效果评估。① 与此同时，为了更好地打造人机协同的智慧生产核心功能，新华智云利用语音识别技术进行采访录音转文字、智能翻译，利用计算机视觉技术进行视频的智能编辑等实现媒体内容的智能生产，极大地提升了国际传播媒体工作人员的工作效率。除新华社之外，如央视网也与顶级人工智能技术机构合作，力图打造集“智能内容创作、智能内容加工、智能内容运营、智能内容推荐、智能内容审核”为一体的一体化内容生产平台，构建出可以为用户提供多样化需求的智慧全媒体传播体系。②

（二）多元化：国际传播媒介多元化趋向

技术驱动媒介形态演进，使新旧媒介发生更替，技术更赋予新兴媒介新的活力，并对当下的媒体环境产生更为深远的影响。人工智能技术推动着信息传播各个环节，包括信息的传播渠道、传播方式，信息传播中的受众参与，以及信息的生产方式发生变化。5G 通信技术的突破，使人们逐渐进入一个拟态的社会环境中，媒介进化出人类的感知系统。如今的国际传播环境在诸多媒介技术的加持下，进入 Web3.0 时代——万物相融、万物智联，这也是媒体融合智能化不断深入的结果。5G 通信、人工智能和互联网技术使当下中国的国际传播媒介环境变得更加复杂，突破传播的单向性，多元传播和多向互动传播已然成为现实。而随着各类高新技术的综合应用，技术快速更迭的现在，环境与人都成为媒介，全球传播新秩序的建构成为必然，国际传播生态的媒介多元化新趋向愈加显著。

全球化语境中，媒介技术发展导致赛博空间的形成，由此打破了原来局限于空间

---

① 新华社“人工智能时代媒体变革与发展”课题组，毛伟.人工智能时代新闻媒体创新发展的对策建议[J].中国记者，2020(2)：16-18.

② 新华社“人工智能时代媒体变革与发展”课题组，何慧媛.国内外媒体应用人工智能的现状及影响[J].中国记者，2020(2)：4-9.

和版面的媒介形态,使媒介在内容层面上更能满足受众多元化的需求。杨金瑞等学者认为互联网一定程度上促进了媒介多元化,尤其在内容多元化层面,新兴技术极大地丰富了内容的生产方式和表现形式,无论是新闻生产主体、报道题材,还是消息源,都呈现出多样化、多媒体化的形态,藉此新闻内容的多元化得到了极大的提升和丰富。[①] 2021 年在中国共产党建党百年主题的对外报道中,中国国际电视台(CGTN)利用各类媒体技术进行此次重大事件的媒体报道,创新性地推出伴随性 Live Blog 多媒体信息流专页,集合文字、可视化信息图、视频等多种媒介元素,极大地丰富媒体内容的呈现方式,提升中国的对外传播效果。[②] 国际传播生态的媒介多元化不仅表现在内容层面,还表现在多元化主体方面。张成良等从媒介史角度出发解析第三媒介发展路径,探讨大众化新闻传播者主体结构的形成,认为第三媒介时代的到来,意味着融媒体传播环境的形成,传播主体更呈现出多元化态势。第三媒介时代中,传播主体不再只是职业传播主体,整个媒介环境演变成为"人人都是媒介,人人都可传播"的融媒体传播环境。[③] 除了主流媒体作为主要传播主体,在国际传播的建设中,地方媒体也发挥着重要的国际传播功能;同时,大型跨国企业、社会组织在经济全球化的现在,发挥着不可小觑的作用;社交媒体的兴起与普及,更让民间组织、社会团体和公民形成了天然的信息传播链条。利用当前国际传播媒介多元化的主体特性,只有各个传播主体协作互通,最优化当前媒体资源配置,最大化国际传播效果,才能让全球看到更真实、立体、全面的中国形象。

(三)跨文化:多模态融合文化叙事

习近平总书记在党的十九大报告中提出:"加强中外人文交流,以我为主、兼收并蓄。推进国际传播能力建设,讲好中国故事,展现真实、立体、全面的中国,提高国家文化软实力。"[④]德国当代哲学家尤尔根·哈贝马斯强调尊重多元主体、平等互动的交往理性,本质上反映了人与人相互尊重、彼此平等、异中寻同的双向对话思维。在世界多极化、经济全球化、文化多样化、社会信息化的时代,媒体信息传播者更要形成文化自

① 杨金瑞,韩小红.多元化面临集中化的挑战:兼论互联网新闻业的媒介多元化的趋势[J].青海社会科学,2018(3):195-200.

② 王乐.以融媒体创新提升国际传播实效:以中央广播电视总台建党百年主题对外报道为例[J].中国记者,2021(8):58-60.

③ 张成良,甘险峰.融媒体语境下"第三媒介时代"媒介形态研究[J].编辑之友,2018(1):50-54,60.

④ 中国网.加强中外人文交流意在推动全面开放[EB/OL].(2018-03-21)[2022-04-25].http://news.china.com.cn/world/2018-03/21/content_50733105.htm.

信，而我国只有构建具有中国特色的话语体系，才能形成更基础、更广泛、更深厚的自信。

随着媒体融合智能化的发展，国际传播的信息需求加大，信息传播的形式和内容更加多样化，运用听觉、视觉、触觉等多种感觉，利用图像、文字、声音等两种或多种模态来进行人际交流，即在信息传播中应用多模态话语的现象越来越突出。李战子指出，多模态是一种复合型的话语，除了语言表达，还包括图像、空间布局、图表、动画等，或者说多模态是通过两种或者两种以上符号编码来建构的话语。① 在技术的加持之下，国际传播中的话语互动、文化传播也不再只是通过语言来完成，而是需要通过视觉、听觉和手势等多种模态来共同完成。文化意义的建构，在媒介内容的传播形式、内容和风格上越来越具有多模态化的特征。依托于现代人工智能和虚拟现实技术，融合文字、声音和视频等不同模态的内容，文化传播实现了资源云端化、内容多样化、服务场景化和产业智能化。以河南卫视为例，河南卫视充分关注当下全球化环境中人们对文化的传播诉求和审美需求，利用智能技术打造现象级产品，进行中华民族历史文化的智慧传播。2021 年 7 月，河南卫视播出《唐宫夜宴》舞蹈，节目打破常规舞蹈表演的艺术形式，采用 5G＋AR 技术，将虚拟场景和现实舞台相结合，呈现出具备媒介融合特征，集舞蹈、音乐、视频等多种模态为一体的优秀作品。② 这在中国历史文化依托现代高新技术走向世界的历程中写下了浓墨重彩的一笔。

二、技术赋能：拓展国际传播的实现新路径

科学技术日新月异的新时代，各类技术正在改变国际传播的全球生态。在后疫情时代，面对西方国家对华根深蒂固的认知偏见，对中国的“污名化”，以及“信息疫情”对国内舆情环境产生的不良影响，中国国际传播正面临着严峻的考验。在 5G、人工智能、大数据等技术的广泛使用中，全媒体、全媒介、多元化成为当前国际传播发展的新趋向，国际传播的实践也同时出现新的转向。因而，如图 1 所示，在技术的加持下进行技术功能的无缝对接，进一步构建中国话语、中国叙事体系，塑造新时代中国国家形象，对于我国持续提升国际传播影响力，确立国际传播技术体系的现实实践路径，具有重要的现实意义。下文针对当前国际传播所具有的全媒体、多元

---

① 吴安萍. 大数据、跨学科与多模态话语研究[M]. 杭州：浙江大学出版社，2019：5.

② 付玉辉. 智慧全媒体传播探索的自觉、自省和自信：从河南卫视《洛神水赋》传播看智慧全媒体传播特征[J]. 国际品牌观察，2021(22)：61-63.

化、跨文化的媒介特点,深入分析当前国际传播的痛点和难点,利用技术赋能,探索当前国际传播的技术实现路径。

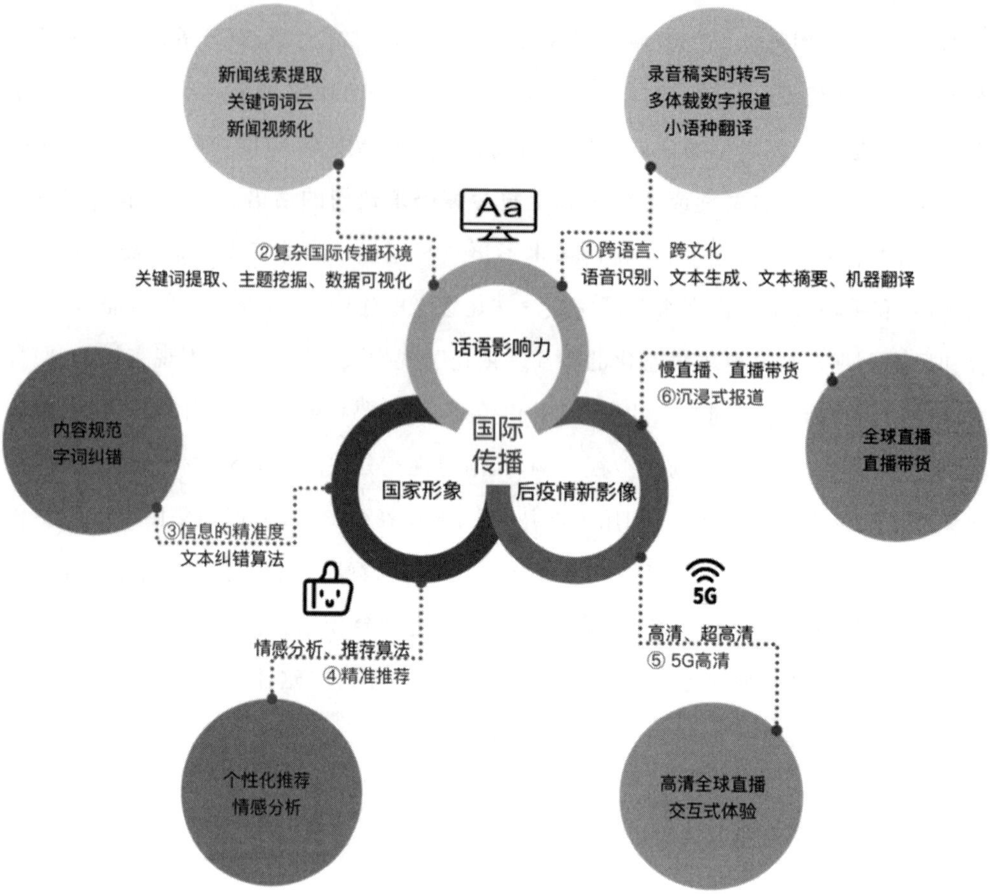

图1 国际传播技术路径框架图

(一)话语影响力的突围:技术赋能的国际传播全业务链

依托于技术革新,计算机算力不断提升,人工智能的深度应用使媒体融合智能化进程向纵深发展,国际传播新格局逐渐打开。面向更复杂的国际传播形势,及更多元的国际传播应用需求,人工智能的创新应用使国际传播发展朝着数据化、智能化方向发展。彭兰提出算法作为一种中介,改变甚至重塑了人们对世界的认知方式。[①] 在"西强我弱"格局持续的情势下,面对复杂的国际舆论,全面提升国际传播全业务能力

① 彭兰.生存、认知、关系:算法将如何改变我们[J].新闻界,2021(3):45-53.

才能促进我国国际传播话语体系的建设，增强国家话语权和国际竞争力。在国际传播中新闻生产的全业务链层面，智能生产平台实现了媒体、平台和内容的融合，打造出从新闻内容策划、新闻素材获取、新闻内容生产、新闻内容分发、新闻用户互动与反馈等环节的全方位人机协作空间。

面向国际传播的跨语言、跨文化的需求特征，利用语音识别、自然语言处理、计算机视觉技术进行的智慧编辑部人工智能服务场景搭建，全面完善了国际传播的业务体系建设。为更好助力中华文化的对外传播，根据国际传播多语种的特征，我国的研究人员利用语音识别技术，实现多国语言的实时转写功能，并开发应用于录音稿整理功能中。如新华社的“音讯”，可以进行中、英、西、法、俄等 9 种语言的语音转写，让记者彻底告别“人工转写”的时代，节约了大量的时间和精力。除了语音识别技术，自然语言处理中的文本生成、文本摘要和机器翻译成了媒体智能采写平台中的重要模块。在文本生成方面，应用固定的报道模板，写作机器人可进行“数字型报道”的撰写，如撰写财经类报道、体育赛事报道；在多模态文本摘要方面，计算机程序根据输入的多模态信息，如文字、语音、图像、视频等，输出一段综合考虑多模态信息的概括摘要，以供新闻编辑人员使用；在机器翻译方面，很多具有数据资源的语言在机器翻译技术方面已经成熟，经计算机程序形成的机器自动翻译文本可供媒体从业人员使用，而目前开发人员也越来越多地把精力投入到了小语种的翻译方面。

身处国际传播复杂的传播环境，新闻从业人员同样面临各种实际困境，其中包括新闻线索提取、新闻内容的视频化生产等。在新闻线索提取的应用方面，研究人员利用人工智能算法，基于自然语言处理技术中的关键词提取和主题挖掘，以及大数据挖掘技术中的数据分析，对社交媒体文本进行文本分析，就特定场景的关键词进行高亮显示，如涉及灾难性或违法性的题材内容等。以新华社研发的微信小程序新闻雷达（NewsRadar）为例，它可以实时跟踪千万量级的数据，进而进行新闻素材的挖掘，让编辑人员能够从海量的信息中发现新闻热点和新闻线索，并在此基础上及时进行突发新闻报道。① 此外，数据可视化技术可以打造一键式数据可视化新闻，例如新华智云打造的数据新闻机器人，可以对当前新闻信息的数据分析进行可视化的呈现，形成更直观、更立体的新闻分析图表。

① 新华社“人工智能时代媒体变革与发展”课题组，庞晓华.人工智能在新闻传播全链条中的具体应用[J].中国记者，2020(2)：19-22.

(二)国家形象的全球认知:数据化视角下的国家形象建构与传播

在解决全球治理难题领域,中国给出了“人类命运共同体”的中国智慧解决方案,而随着中国在全球事务中发挥越来越重要的作用,中国的崛起给西方国家带来了诸多心理焦虑,由此生发出新一轮的“中国威胁论”。当前,大数据算法已经渗透到社会生活的各个角落,是信息传播链条中的重要元素。从数据角度看媒介演进,数据的智能化成了传媒产业的新方向和新阶段,数据和算法作为底层技术支撑必不可少。[①] 而西方国家利用计算式宣传手段,开发社交机器人操控软件,通过算法进行内容的自动发布,伪造成可与他人互动的真人账号,这种行为是通过别有用心的污蔑抹黑,利用现代技术手段对中国的国家形象刻意污名化,用以丑化中国的国际形象,影响中国的国际舆论与国际传播工作,并进一步影响其他涉华议题,甚至影响中国的国内外稳定与安全。随着人机关系的深度融合,信息传播面临着新的危机,催生“信息疫情”。大量虚假信息充斥在社交网络之中,人们甚至都不知道如何正确处理这些信息。国际舆论和国内疫情的双重考验之下,中国该如何回应污名化,修正并塑造良好的国家形象?用中国话语体系讲好中国故事,进行效果最优化的国际传播成了关键。

面向在国际传播中重塑中国形象的需求,为了提升国际传播中信息的精准度,研究人员利用自然语言处理的文本纠错算法及句法分析,可以对内容规范、字词的正确使用进行校验。传统媒体在内容刊发之前都要由编辑进行一轮基础审核,耗费大量的时间和人力,智能平台则具备更全面的校验功能,如人名地名的识别、语言语法的准确性、逻辑的搭配等等。2019 年新华社发布“较真”这一内容智能检校机器人,以新华社积累的素材为数据资源,搭建数据库,训练算法和模型,不断提升机器人的检校功能。目前,这款机器人已有 15 种识别能力,能对新闻稿件进行细致、深入的检查和校对,为保障国际传播内容的准确性提供了重要的支持。

面向复杂的国际形势和媒体受众,在信息超载的大数据时代,国际传播无法精准定位,搜索引擎和推荐算法应运而生,成了解决信息超载的代表技术。研究人员可以根据算法进行情感分析和立场检测,在国际传播中把受众对中国的态度进行分类,进而根据受众态度进行个性化推荐,以此实现“巩固积极,修正消极”的差异化传播策略。同时,随着 5G 的商用,万物互联给媒介提供了数据爆发式生长的契机,

---

① 孔瑞琪,刘珊.字节跳动:算法赋能的引领者[J].国际品牌观察,2021(24):56-61.

海量的数据为研究人员提供了分析用户与媒介关系的有效原料。智能平台建设中，研究人员致力于构建国际传播相关事件主题的知识图谱，同时利用知识图谱构建推荐系统。以此，整个平台在技术的加持下能够将用户与用户、用户与项目以及项目与项目相互连接，增强数据的语义信息，以进一步提高推荐准确度。①

(三)后疫情时代的传播生态:国际传播的新影像表达

后疫情时代，物理隔离打破了原有的传播生态，国际传播更多地聚集在"云端"，使得信息传播逐渐视频化。如彭兰所述，新闻生产主体多元化，整个新闻生态表现为万物皆媒、万众皆媒的态势，而多元主体产生的新闻内容更呈现出分布式、碎片化、进行式的特点。② 随着技术领域多模态研究的兴起，研究人员越来越多地开始进行语音、文本、图像、视频相互转化的多模态算法研究。在新华社的智慧媒体平台实践中，以智能标注、语音合成、多模态研究等为技术基础，平台可以根据编辑输入的关键词在数据库中进行智能检索，匹配最相关的图片和视频资源，进而生成短视频，这一功能在逐渐视频化的国际传播环境中具有非常重要的价值。

具有高带宽、低延时、高可靠性特征的5G技术一经投入使用，国际传播生态原有的壁垒便被打破，全新的国际传播生态逐步形成。面向重大国际会议、国际赛事，5G作为技术支撑，可以为长时间的高清全球直播带来稳定的传播效果。利用5G作为国际传播的技术保障，高清视频更可以提升受众的观影体验，这也成了后疫情时代的国际传播的一大需求。以5G技术引领全球的高清视频产业为代表，《北京市超高清视频产业发展行动计划(2019—2022年)》提出:"联合国际、国内'5G+4K/8K'产业链核心企业和创新资源，共同开展4K/8K超高清视频软、硬件集成创新，开展4K超高清配套标准制定及8K技术标准研究。"③2021年4月，北京冬奥会测试赛中，中国联通依托5G网络打造了"交互式多维度观赛体验"，这将在2022年的北京冬奥会中，为全球观众带来360度观看视角的全新体验，观众们将感受具有中国特色的科技冬奥。

与此同时，5G作为直播的信息传输技术支持，在新冠肺炎疫情期间帮助媒体向公众提供了沉浸式新闻报道。2020年1月20日到3月12日，中国媒体平台在Facebook、Twitter、YouTube平台共发布直播968场，互动量达2404余万人次，

① 常亮，张伟涛，古天龙，等.知识图谱的推荐系统综述[J].智能系统学报，2019，14(2):207-216.

② 彭兰.数字时代新闻生态的"破壁"与重构[J].青年记者，2021(14):4-5.

③ 国家广电总局.《北京市超高清视频产业发展行动计划(2019—2022年)》发布[EB/OL].(2019-06-19)[2022-03-20].http://jsgd.jiangsu.gov.cn/art/2019/6/19/art_69985_8365874.html.

YouTube 直播观看总量达 7217 万人次。① 直播真实呈现了中国在疫情发生期间的事实全景,满足了全球公众对权威信息的需求。由此可见,直播已然成为当下国际传播中,讲好中国故事、传递中国声音的新兴媒介手段。在探索国际传播的全新实践中,我国媒体试图打破国际传播的传统形式,通过打造“网红主播”,利用直播带货等创新性的新闻报道模式,发出中国声音,提升国际传播影响力。如 2020 年《走进意大利》专题节目在央视新闻各大媒体平台播放,节目采用当下流行的直播带货网络传播模式,利用国家台的专业媒体优势,打造了一场既具有专业传播权威,又具有文化特色与趣味性的国际交流活动,而这更是一次主流媒体借助技术手段、融合全新传播模式有效传递中国价值观的有效尝试。

结语

后疫情时代,如何在 5G、人工智能、大数据等高新技术加持下的媒介环境中进行主流价值观表达,并在完成舆论引导的同时探索具有新时代媒介特征的发展路径,成了当前我国国际传播的关键性问题。本文从媒体融合智能化的视角出发,分别从智慧全媒体建设、媒介多元化、多模态文化叙事三个方面解析国际传播媒介演进中的重构现状;在人工智能、大数据、5G 的技术视角下分析技术如何赋能国际传播,包括促进我国国家话语体系的建设、国家形象的树立和国际传播生态的重塑。未来,如何深入使用技术,在复杂的国际舆论中,塑造更真实、立体的中国国家形象,构建平等的全球传播秩序,则需要我们进一步认真思考。

〔沈浩,中国传媒大学媒体融合与传播国家重点实验室研究员、教授;袁璐,中国传媒大学媒体融合与传播国家重点实验室互联网信息专业博士研究生〕

〔特约编辑:顾洁〕

① 王潇.“四全媒体”框架下的疫情对外报道:基于新媒体实验室的数据监测[J].对外传播,2020(6):65-67.

主流媒体英文网站的国际传播力提升策略研究*

——以新华网"视频与生活"栏目为例

Study on the Improvement Strategies about International Communication Power of Mainstream Media Official English Websites

—Take Xinhuanet Video & Live Column as an Example

◎王 娟 华伊然

Wang Juan Hua Yiran

摘要：新冠肺炎疫情使得国际舆论局势危机隐现，中西舆论斗争愈发激烈。中国主流媒体的外宣战线面临新的挑战。中央关于推进国际传播能力建设在新时代的实践指向为我国主流媒体的对外传播工作指明新思路。视频传播作为未来国际传播的重要战略方向，具有核心地位。本文聚焦新华网英文版视频栏目的建设现状，分析其在国际传播过程中存在的问题，并提出优化策略。研究发现，新华网英文版视频栏目硬新闻题材占比较高，内容编辑官方色彩浓厚，社交属性有待激活。为提升国际传播效能，未来视频栏目可以在议题偏向、形式呈现、版面设计方面做一定的调整和优化，以期更好地提升融合传播能力，推动主流新闻网站品牌"走出去"。

关键词：主流媒体；英文网站；国际传播；新华网

Abstract: The Covid-19 epidemic has triggered a looming crisis in international public opinion situation, and the public opinion warfare between China and western countries has become more and more intense. The external publicity front of Chinese mainstream media faces new challenges. The central government's instructions on improving international communication capacity in the new era have pointed out new thoughts for the international communication work of China's mainstream media. As an important strategic direction of international communication in the future, video communication has a central

* 本文系国家社科基金一般项目"协同治理视角下互联网企业信息管理社会责任缺失与重塑研究"(项目编号：20BXW081)的阶段性研究成果。

position. This study focuses on the current situation of Xinhuanet's English version of Video & Live column, analyzes its problems in the process of international communication, and proposes optimization strategies. The study finds that Xinhuanet's Video & Live column has a high proportion of hard news topics, a strong official content editorial style, and its social attributes need to be promoted. In order to improve the effectiveness of international communication, in the future, Video & Live column can be adjusted and optimized in terms of topic bias, format presentation and layout design, so as to better improve the convergence communication ability and promote the brand of mainstream news websites to "go global".

Keywords: mainstream media, English websites, international communication, Xinhuanet

主流媒体的官方外宣网站作为国际传播媒体格局的重要一维,在新的国际局势下亟待优化网站内容建设,提升媒体公信力,打造外宣的旗舰媒体集群。视频新闻作为国际各大媒体平台的重要发力点,居于核心战略地位。在全球国际传播平台向社交媒体和平台型媒体转型的趋势进程中,我们要以发展变革的眼光主动探索官方网站国际传播战线的视频阵地建设,激活网站与社交媒体平台的联结点和融通处。

一、中国主流媒体新闻网站国际传播新形势和新要求

(一)乌卡时代和意识形态交织的国际形势

乌卡时代(VUCA)是一个具有现代概念的词,它是 volatile、uncertain、complex、ambiguous 四个英文单词的缩写,是指我们正处于一个充满易变性、不确定性、复杂性、模糊性的世界里。在"百年未有之大变局"和"百年未见之大疫情"交织的乌卡时代,遭受新冠肺炎疫情折磨的国际社会正经历高度不确定性、不稳定性的变局。[①] "去全球化"(de-globalization)浪潮和意识形态分歧加剧了局势动荡,国际传播形势愈加严峻,中国面临的舆论环境更加复杂和不可预测。以美国为首的西方国家为转嫁疫情责任,将中国在抗疫方面的国内应对和国际合作"污名化""政治化",试图挑起信息战、

① 史安斌,刘长宇."乌卡"时代的解困型新闻:角色演进与发展态势[J].青年记者,2021(13):95.

宣传战，令中国陷入国际舆论危机。如何击破西方坚固的意识形态屏障和霸权思维，重塑我国国际话语体系和话语能力，成为新时代我国主流媒体在国际传播战线上面临的重要考验。

2021 年 5 月 31 日，习近平总书记提出加强和改进我国国际传播工作的新方向和新要求："展示真实、立体、全面的中国"①为讲好中国故事指明了更加具体的行动指南，"理顺内宣外宣体制"②把握了对外传播长期遵循的指导原则，"打造具有国际影响力的媒体集群"③为构建国际传播全媒体矩阵体系做了重要指示。在新形势下，加强国际传播能力建设，推动构建国际传播新格局，是主流媒体亟待发力的主要方向。

(二)中国中央重点新闻网站发展情况

伴随信息国际化和全球化之风，在加强对外国际传播的新闻网站建设布局方面，我国借鉴国外主流媒体的变革和融合方式，加快拓展多语种主流媒体新闻网站的建设，在多年的实践过程中已经开辟了自身成体系的发声渠道。本文搜集了 2022 年 1 月 Alexa.cn 网站公布的"三月平均"周期的统计信息，对我国六个中央重点新闻网站访问量和排名进行了数据收集(见表 1)。

表 1　部分中央重点新闻网站最近三月平均数据排名

排名	名称	日均 UV(独立访客数)	日均 PV(网页浏览量)	全球网站排名	变化趋势
1	新华网	65,280,000	364,915,000	23	↓7
2	央视网	9,280,000	35,820,000	166	↑1,349
3	人民网	5,344,000	20,788,000	302	↑315
4	中国日报网	544,000	2,121,000	4,106	↓156
5	中国新闻网	320,000	1,984,000	6,266	↑121,213
6	中国网	352,000	457,000	9,082	↑10,710

注：数据搜索整理时间为 2022 年 1 月 22 日。

数据显示，总体来看，我国中央重点新闻网站在全球网站排名中的影响力还有待提升，国际知名度和品牌效应还未实现实质性的增长和飞跃。新华网依托身为国家通讯社所具有的采编网络和技术优势，在引领中央重点新闻网站在国际传播建设方面应发挥"头雁效应"。

①②③　新华社.习近平在中共中央政治局第三十次集体学习时强调 加强和改进国际传播工作 展示真实立体全面的中国[EB/OL].(2021-06-01)[2022-02-12]. https://baijiahao.baidu.com/s?id=1701361126882349267&wfr=spider&for=pc.

(三)媒体深度融合推动构建主流媒体国际传播新格局

2020 年 9 月,《关于加快推进媒体深度融合发展的意见》指出,我国要建成一批有强大影响力和竞争力的新型主流媒体,打造全媒体对外传播格局,做大做强网络平台,占领新兴传播阵地。① 在国际传播大转型的深水区,如何将视频化战略转型的本土势能全方位延伸到国际传播领域是主流媒体新闻网站提升国际传播效能的突破口。视频语言作为核心战略要素在建设"有中国特色的战略传播体系"方面将扮演不可替代的角色,成为未来国际传播的战略目标。②

二、新华网"视频与生活"栏目传播现状

2019 年,新华社对外英文文字、图片稿件采用同比增加 16.3%、37%,音视频稿件发稿量同比增加 63%,③融合传播力提升。近几年,短视频新闻成为各大国际媒体和内容平台的重要战略方向。④ 在媒介融合的语境下,网络新闻视频的发展不应只停留在报道形态的多样化上,而是需要作为一种结构性的力量改变国际传播生态格局。因此本文重点聚焦新华网英文版"视频与生活"(Video&Live)栏目版块,其下主要包括"中国"(China)、"世界"(World)和"其他"(Others)三个子栏目。本文统计了针对国外受众构建中国形象的重要窗口新华网英文版"中国"子栏目在 2022 年 1 月 1 日至 1 月 25 日期间的发稿基本情况,旨在对新华网英文版视频栏目传播现状进行一个剖面呈现。

本文搜集了新华网英文版"中国"子栏目在 2022 年 1 月 1 日至 1 月 25 日期间发布的 75 个视频,从视频时长、视频题材等维度进行人工编码,对视频信息做了初步的整理统计和可视化图表的呈现。

(一)议题选择:内容集中于"硬新闻"题材

通过整体视频样本的编码,本文发现关于疫情、政治、体育(冬奥题材)这几类主题的报道数量较多,其中有关疫情的题材数量最多(见图 1)。有关疫情题材的视频报道除了传递中国国内疫情的最新信息,还注重从人物的小视角切入,将其作为采访信息

---

① 新华社.中共中央办公厅 国务院办公厅印发《关于加快推进媒体深度融合发展的意见》[EB/OL].(2020-09-26)[2022-02-12].http://www.gov.cn/xinwen/2020-09/26/content_5547310.htm.

② 廖祥忠.视频天下:语言革命与国际传播秩序再造[J].现代传播(中国传媒大学学报),2022,44(1):1-8.

③ 中国新闻事业发展报告(2020 年发布)[R/OL].(2020-12-21)[2022-02-12].http://www.zgjx.cn/2020-12/21/c_139600961.htm.

④ 常江,王晓培.短视频新闻生产:西方模式与本土经验[J].中国记者,2017(16):3.

源，例如华侨、旅居中国的外国人、来华留学生等，以人物亲口讲述的方式来看中国的抗疫举措和抗疫成效。在对视频标题进行词云图可视化处理后（见图 2），本文发现高频出现的关键词除了“Winter Olympics”（冬奥）、“Covid”（新冠）等占比较大的时事议题方向关键词，还有“Xinjiang”（新疆）、“shared future”（共享未来）、“train”（高铁）等代表中国“名片”且与国际议题接轨度较高的话题关键词。可以发现，在有关政治题材的视频中，“人类命运共同体”（community with a shared future for mankind）等彰显国家价值观的核心思想，关乎中国国家利益的国际议题等内容频频出现。在经济、民生类题材报道中，中国经济稳中求进成为主基调，关于新疆地区的人文民生类题材有较大比例的集中报道，侧面回应西方国家肆意炒作的“人权问题”。总体来说，视频题材的选择大体偏向国家方针政策和国际局势，“硬新闻”占比较大，整体的叙事风格也偏向官方正统的电视新闻报道。而更贴近日常生活的文化、医疗、旅游等领域的报道数量较少。

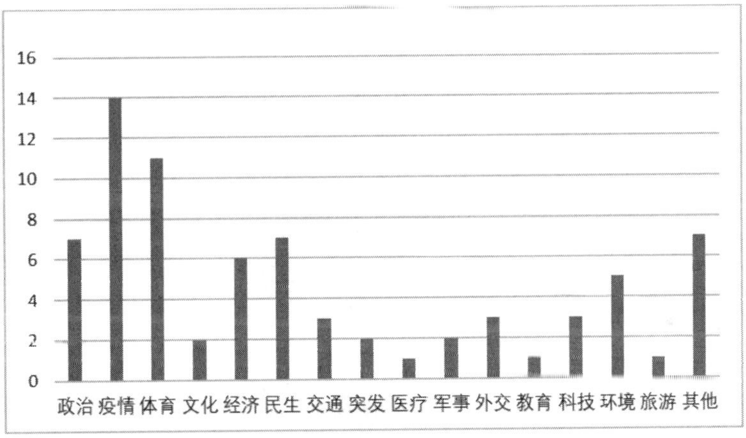

图 1　视频题材分布图（单位：条）

图 2　视频标题词云图

(二)呈现形式:内容编辑官方色彩浓厚

对视频样本的时长编码统计显示,“中国”子栏目的视频中,时长为1—2分钟的视频占比最大,达到了39%。总体来说,1—3分钟的视频占据了整个样本量的71%,而1分钟以内的视频数量极少,仅占14%。整体情况与国外更为流行的1分钟左右的视频时长有一定差距(见图3)。Socialbakers对用户视频观看时长的调查显示,45%的受众会在1分钟后离开观看界面。① 视频时长只是评价视频质量的辅助维度,但是时长较短的视频并不一定缺少深度,如何在相对较短的时间内有效地呈现信息,给予受众印象深刻的视听体验和情感传达才是网络视频需要探索的发展方向。与此同时,视频样本在拍摄手法方面,较少使用运动镜头,更多遵循电视新闻报道的镜头组接规律和景别选择,基本规避镜头移动、转场特效和动画字幕的使用,使得视频的呈现形式较为呆板单调。在内容呈现方面,视频样本多以旁白叙述或背景音和字幕辅助引领报道事件线索,以“第三人视角”将受众置于旁观者的角色,代入感较弱。总体而言,新华网英文版视频在内容呈现方面缺乏一定的表现力,画面效果略显平淡,官方色彩浓厚。

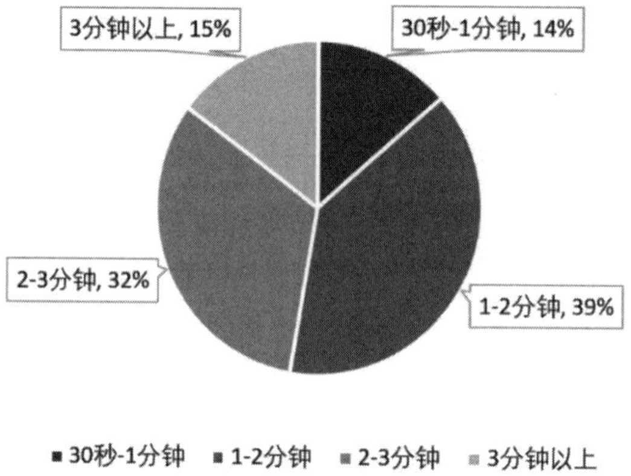

图3 视频时长分布图

(三)整体设计:内宣思维主导新闻生产框架

新华网英文版的主要目标受众包括:以学习英语为目的的本国受众、在华工作学习的国外受众和在其本国生活的国外受众。从整体抽取的样本来看,有部分新闻视频

---

① MARTIN E J. What you can learn from short form video [EB/OL].(2020-10-29)[2022-02-12].http://www.econtentmag.com/Articles/News/News-Feature/What_You_Can_Learn_from_Short_Video_100141.htm.

的标题涉及中国国内政策的专有名词，例如“double reduction”（“双减”政策）。对国外受众传播这类陌生名词，若受众对中国国情没有长期的了解和关注，很难达到理想的传播效果，进而流失部分受众群体。此外，新华网英文版视频内容很多都是在中文版视频基础上筛选、翻译、加工而成的。视频标题、视频内容的用词选择多倾向于中文翻译英文的单向逻辑思维，未能真正融入西方话语体系之中，很难满足国外受众的阅读习惯和阅读偏好。

发展主义范式主要聚焦中国经济增长对本国社会、发展中世界以及全球可持续发展的贡献①，其作为中国以往对外宣传工作的主导范式，仍可以清晰地体现在新华网英文版“视频与生活”栏目的对外传播策略中，以自身积极形象展现大国姿态，表达独立自主、和平共处的外交政策框架。当前，中央在国家战略层面提出“文明交流互鉴”之后，“融通中外”“平等交流”理念更新了对外传播思想内核。然而，综观新华网英文版视频栏目的建设现状，人们不难发现其仍存在内宣思维占主导的倾向。新华网英文版“中国”子栏目中有关国内的议题基本为正面倾向的报道，在议题的选择方面试图建构本土图式理念下的大国形象和大国角色，却很少从国外受众出发，勾连与受众个人相关的话题利益点和连接点。此外，整体的视频风格与国外主流受众的审美偏好也有一定差距，致使传播效果欠缺。

三、主流媒体官网视频栏目的国际传播效能提升思路

传统媒体的新闻生产、编排和分发在数字化时代经历变革和重构，以往传受主体的单向传播模式转向以受众为导向的用户角色升级。这意味着新闻报道内容的选取和表达方式需要进行方针调整和策略转型。在社交化趋势的推动下，网站视频内容编辑要找准目标受众的核心需求，平衡议题分布，创新表达方式，以此提升用户的参与式传播效能。

（一）平衡报道内容："化硬为软"

1.凸显社交性为第一引导力

“硬新闻”为主、“软新闻”为辅是我国对外传播长期以来的策略手段。然而，在新闻资讯渗入社交化平台的当下，新闻社交化促使新闻机构在新闻生产过程中契合媒体

---

① 姬德强.“双重西方化”：中国外宣的困境与出路[J].青年记者，2021(6)：18.

传播平台的特性和社交网络的传播规律，从而变革新闻生产机制。国际主流媒体纷纷抢占社交媒体平台的话语高地和舆论阵地，我国国家级主流媒体也纷纷进军海外社交媒体市场，调整传播策略。新闻网站作为国家主流媒体开拓国际传播战线的先锋军，势必要在保持本土特色的同时衔接网络社交平台传播的语境变革趋势。新华社于2012年进驻脸书、推特、优兔试水社交媒体业务，2015年统一社交媒体账号的运营管理。① 除了主流媒体进驻社交平台推动新闻产品的社交化分发之外，用户在这个过程中也扮演着重要角色。目前，新华网英文版已经打通了国际各大社交媒体平台的分享渠道，"一键分享"机制鼓励用户助推新闻产品的社交化分享。信息交互性作为网络媒体的优势，相应的具体措施应更加贴近国外受众的互动意愿，例如，健全反馈机制，创立互动性栏目，搭建信息征集平台等。这些方式将调动受众参与传播的积极性，实现受众与内容深度的良性互动，增强受众黏性。

2.找准目标受众的契合点

当用户成为二次传播的关键角色，以用户为中心进行新闻议题的选择和生产成为重要的传播逻辑。我国媒体有意识地为海外受众针对性地打造专属栏目和内容，精准衔接目标用户群体的实际需求能够达到更好的传播效果。首先，基于用户思维的新闻产品供给需要有策略地平衡议题分布，不是去"硬"向"软"，而是要尝试将"硬"新闻"软"报道，适当增加软新闻比重，例如趣味性、知识性的奇闻逸事，能够引发共情的人文情感类主题。新华社无须改变"国家站位""全球视野"的对外报道理念，或否认硬新闻报道作为新闻中坚力量的必要性，而是需要在表达中国主张、传播中国声音的同时，贴近国外主流受众的接受习惯，添加话题理解的背景解释，不一味宣扬专有政策名词，用软性化表达诠释硬题材。其次，细分受众群体，针对不同国家、文化的受众，要"广播"(broadcast)与"窄播"(narrow-cast)相结合，达到立体化、分层化的传播效果。除此之外，柔性传播与强势传播策略相结合，主导议题设置(例如专题策划、系列报道、评论回应热点等)，把握传播主动权和传播风向，同时也要辅以含蓄性、曲指性的传播策略，②这些做法将降低用户文化背景的差异导致的排斥和冲突。

---

① 刘滢.主流媒体对外传播的社交媒体策略：以新华社在海外社交网站的传播为例[J].对外传播，2016(1)：60-62.

② 李建军，刘会强，刘娟.强势传播与柔性传播：对外传播的新向度[J].东北师大学报(哲学社会科学版)，2014(3)：190-195.

3.优化标题导语表达方式

视频的标题和导语是用户视觉的“第一落点”,短小精悍而又生动地道的表达能够有效吸引用户注意力,优化用户的阅读体验。新华网英文版视频栏目关于新疆地区的系列报道体现了其在标题表达上的别具匠心(见表 2),视频内容从新疆地区个人家庭的微观视角切入,展现人们安居乐业的生活现状,以“新疆,我的家”(“Xinjiang, my home”)作为统一的主标题,前后呼应,加强了报道线索的连贯性和持续性。但是,副标题的处理略显缺乏章法。这主要表现为某些副标题信息量缺失,未能抓住视频亮点,吸引力不足。在视频导语的设计中,节目可以在简要介绍内容背景和概况的同时增加设问引导,激发受众的观看兴趣。

表 2　新华网英文版“视频与生活”栏目“新疆,我的家”系列报道

发布时间	视频标题
2022 年 1 月 1 日	新疆,我的家:在家附近工作(Xinjiang, my home: Working near home)
2022 年 1 月 3 日	新疆,我的家:维吾尔木卡姆艺术表演者使民族文化遗产得以延续(Xinjiang, My home: Uygur Muqam arts performer helps keep ethnic cultural heritage alive)
2022 年 1 月 10 日	新疆,我的家:手工金饰品(Xinjiang, My home: Hand-made gold jewelry)
2022 年 1 月 13 日	新疆,我的家:辣椒厂工人的快乐生活(Xinjiang, My home: Chili factory worker's rosy life)
2022 年 1 月 16 日	新疆,我的家:传统乐器的传承人(Xinjiang, My home: Inheritor of traditional musical instrument)
2022 年 1 月 23 日	新疆,我的家:维吾尔族家庭简单快乐的生活(Xinjiang, My home: Uygur family's happy and simple life)

(二)创新视频形式:提升融合传播能力

从新华网视频栏目报道的呈现形式来看,图片、视频的组接是最固定、最常见的视频编辑方式,而动画、图表、数据等元素在视频素材编辑上还未得到广泛应用,导致视频的表现形式单一,难以满足目标受众群体的多元化需求。借鉴社交平台爆款视频的生成逻辑,Vlog、微纪录片、微视频等新兴视频样态也日益渗入主流媒体视频生产逻辑中。提升融合传播能力,拓展多元形态表达,是新华网英文版视频栏目未来重要的发展方向。融合新闻报道改写了线性叙事和单向传播的秩序[①]，要求媒体综合运用不同形态的传播形式和叙事方式展开整合式的新闻报道。第二十八届中国新闻奖融媒创新获奖作品《“一带一路”睡前故事系列视频》[②]，以睡前故事的微剧情视频诠释“一带一路”倡议精神，新颖的故事包装和剧情设计能够激发受众极大的兴趣，增强传播效力。《人民日报》英文客户端作品《中国减贫时间线》（*How China Lifted 700 mln out of Poverty*）[③]获得2021年中国新闻奖媒体融合奖项，此视频以动态3D模拟动画的视频呈现方式，从独特的数据角度出发，以时间线为逻辑回溯中国一路走来的脱贫道路，其中巧妙融入了中国国内颁布的脱贫政策及其实施效果。视频和动画的表现形式让数据“活”了起来，数据不再冷冰冰地堆砌，节目可信度和可看度大大提升。这一对外传播的融合报道优秀案例体现了从“以情动人”转向“以理服人”的对外传播理念革新。类似的脱贫报道题材，即新华网英文版“视频与生活”栏目于2021年4月发布的视频报道《中国如何令近8亿人脱贫》（*How China Lifted Nearly 800 mln People out of Poverty*）[④]，则以截取的官方新闻发布会视频来呈现，在版面布局中有大量的文字和数据，主要内容是会议内容的英文翻译版。就上述脱贫题材的两种不同的报道方式，相比而言，丰富的视频形式和创意表达增添了与受众的互动性和交流性，在对外传播过程中更加注重双向对话而不是单向灌输，契合了网络传播的社交属性，以此达到最大的传播效能。

除此之外，不同于以往基于蒙太奇叙事法则的传统视频新闻，短视频生态变革也在促成传统新闻网站视频编辑理念的革新。网站视频新闻生产流程要适当吸收短视频新闻编辑的叙事视角、后期剪辑的方法论。例如，减少空镜头、多景别切换，减少叙事铺陈，致力还原真实场景。在整合素材时，制作者可以尝试人为分割视频内容，以字幕效果和转场特效优化视频结构。

（三）调整版面布局：主次分明，亮点吸睛

新闻网页作为新闻信息的重要载体，其页面布局和版块构成直接影响到新闻信息

---

① 彭剑.融合新闻报道的社会价值[J].新闻与写作，2017(10)：41-43.

② 中国日报.“一带一路”睡前故事系列[EB/OL].(2017-05-14)[2022-02-12].http://cn.chinadaily.com.cn/2017ydylforum/2017-05/14/content_29339202.htm.

③ 人民日报.How China lifted 700 mln out of poverty[EB/OL].(2020-05-21)[2022-02-12].http://en.people.cn/n3/2020/0521/c90000-9692508.html.

④ 新华网.How China lifted nearly 800 mln people out of poverty[EB/OL].(2021-04-06)[2022-02-12].http://www.xinhuanet.com/english/2021-04/06/c_139862741.htm.

的传达效率和页面浏览量。新华网英文版“视频与生活”栏目为T型版面，页面顶部设有固定的导航链接，视频分为三个子栏目模块化发布，版面下方有分栏目排列的视频内容，不刻意强调内容的主次之分(见图4)。其有一定的优势，例如可以迅速对新闻信息进行处理发布，版式层次分明、脉络清晰。[①] 下文将对比路透社“视频”(Video)栏目的版面布局，对新华网视频栏目的网页布局优化路径提出几点建议。

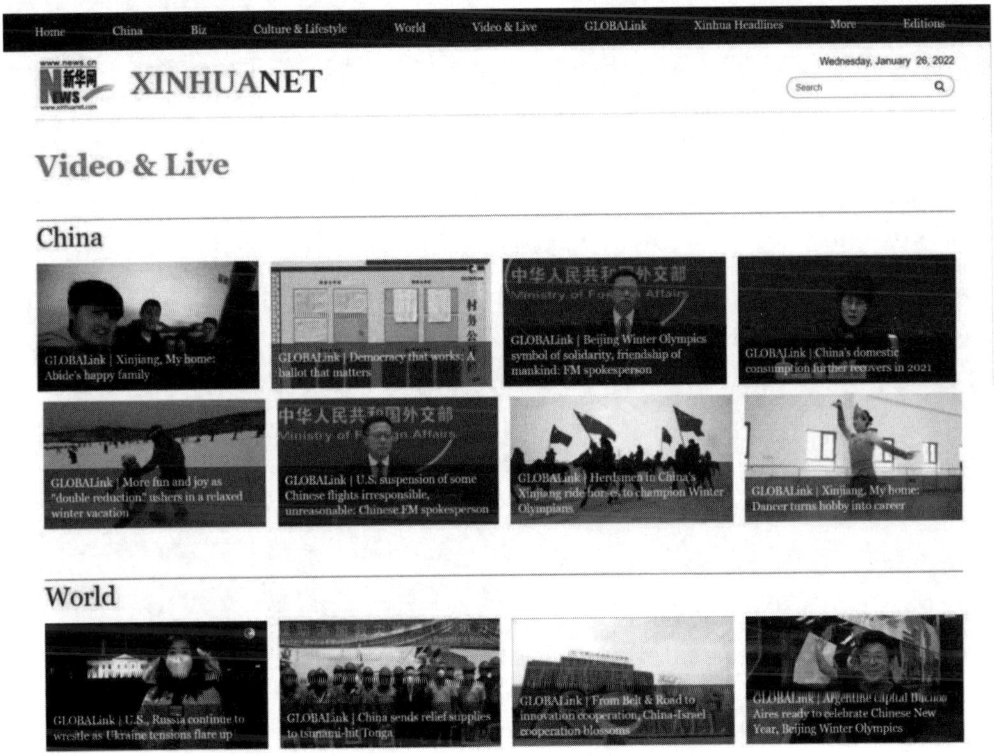

图4　新华网英文版“视频与生活”栏目版面布局

1.版面设计主次分明

路透社“视频”栏目网页为重点型版面，首屏即有一个自动播放的长栏视频和大号字体设计，对其重点的新闻视频报道做了强势处理(见图5)。重点型布局需要编辑对当日新闻重要性进行合理评估和分级处理，以字体、视觉引导线和版块布局调整等来突出相关新闻的重要程度。相比于新华网英文版视频版面的均衡性布局，重点型版面更能吸引用户的注意力，让用户在纷繁冗杂的信息海洋中自动关注到潜在的议题重点。在页面下滑的过程中，重点型版面的页面呈现动态的变化，自然过渡到左右两分

① 罗昕.网络新闻实务[M].北京:北京大学出版社,2014:189.

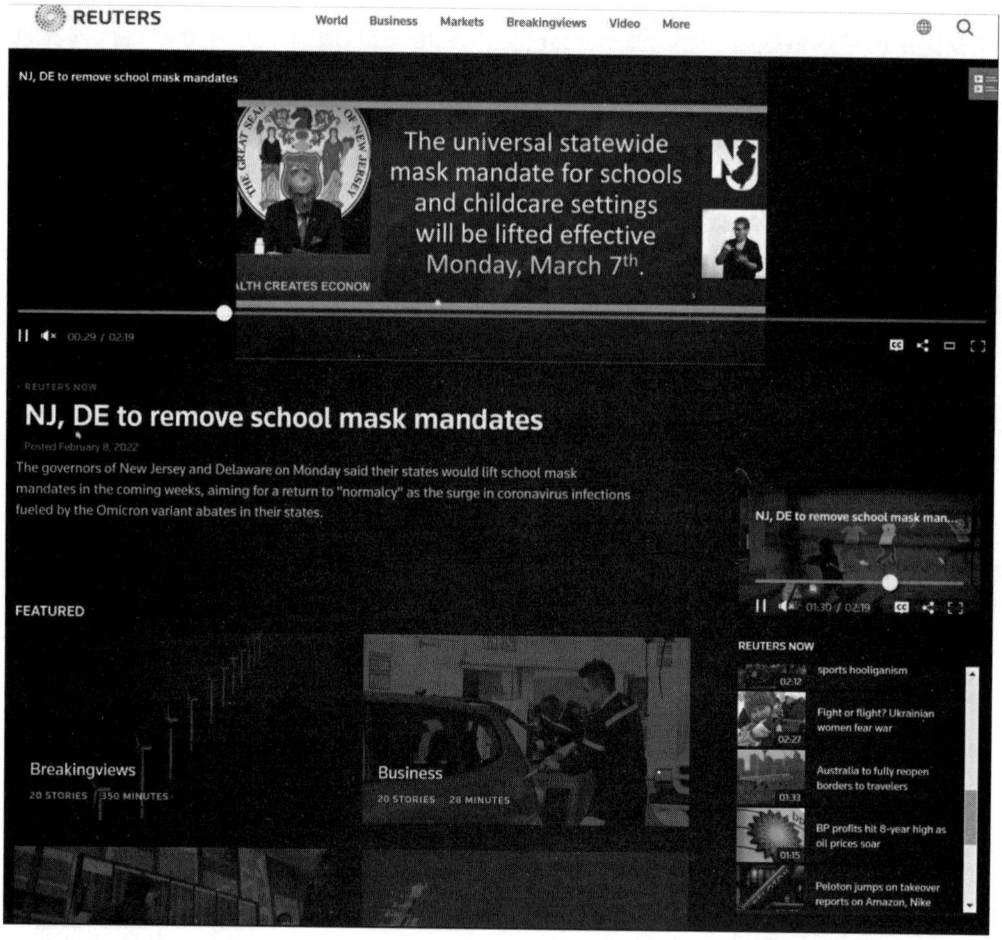

图 5　路透社“视频”栏目版面布局

的版面,能够迅速调动用户的视觉注意。其中右边是“路透此刻”(REUTERS NOW)固定的小弹窗推荐视频组,左边是“精选内容”(FEATURED)等分主题的视频栏目合集,激励用户主动挑选所需信息。此网页灵活动态的版面布局完全体现了用户本位的设计理念。首屏设计以强势处理的大版块自动播放视频引发用户关注,同时也将最重要的信息呈现给了用户。而网页中后部分有意识地适当减少了设计的元素,转而用规整合理的分类来引导用户主动寻找个人所需要的信息。

因此,新华网英文版视频栏目可以适当调整版面的布局,设置议题重点,强化系列报道专题建设。若全版多于一个重点,则可以将重点分开布局,采用对称的版式以免互相弱化重点效果。[①] 重点型版面的设计可以有效避免整个版面单一布局所易引发

① 罗昕.网络新闻实务[M].北京:北京大学出版社,2014:189.

的阅读疲劳感。

2.色彩搭配简约和谐

本文对部分国际主流媒体新闻网站的首页色调做了统计(见表3),发现这些网站在网页设计的色彩选择方面都比较单一。一般而言,网站色彩搭配不宜超过三种。[①]以路透社、法新社首页网页栏目为例,其均以白色为背景色,以自身网站的主题色为标记色,都一共只涉及了三种颜色。新华网英文版首页的色彩搭配可圈可点,偏冷的色调强化了其严肃性的新闻网站特征。而新华网英文"视频与生活"栏目的网页色彩使用相对较多(仅栏目标题便运用了三种不同的颜色)。颜色是网页版面设计中用户最先感知到的元素之一,用户打开网页的第一观感便是映入眼帘的色彩冲击,因而和谐的色彩搭配能够优化网页的整体视觉效果,以形成网站独特的品牌风格。而较多的颜色组合不利于产生色彩聚合效应,会使网站整体的视觉效果缺少冲击力。

表3 部分国际新闻网站首页色调

网站	主色调	背景色
美国有线电视新闻网	黑色、红色	白色
英国广播公司	黑色、红色	白色
路透社	黑色、橙色	白色
法国新闻社	亮蓝色、黑色	白色
美国联合通讯社	亮橘色、深蓝色、灰色	白色
新华网	蓝色、黑色、灰色	白色

结论

在新形势背景下加强国际传播能力建设,开拓我国国际传播体系和格局,主流媒体需要深层次调整和重构其对外传播的媒体实践方式。传统公共外交主体所遭遇的系统性打压迫使主流媒体外宣机构重新思考其角色和定位,以适应后疫情时代国际社会的新常态。

在网络用户移动化、碎片化的信息接受情境的影响下,传统视频新闻已经无法适应网络用户的需求,在国际传播场域中也难以吸引目标受众的注意。视频语言作为新

① 王涵.美国新闻网站的发展特点研究[D].成都:四川省社会科学院,2008.

一轮互联网新闻内容的主导形式,在引导国际传播秩序再造的过程中具有战略地位。当媒介融合作为一种实践逻辑渗透到当下媒介生态场域中,势必会影响新闻内容生产体制机制。

本文通过对新华网英文版“视频与生活”栏目传播现状的剖面呈现,发现其议题内容、呈现形式等正在向新媒体传播生态靠拢,例如视频叙事结构注重小切口、多角度、凸亮点,视频主题的策划、编排紧跟热点和时事。但此视频栏目的建设与国际媒体平台的视频流布局建设和运营理念仍有较大差距。为更好地提升国际传播效能,本研究提出几点优化策略思路。首先,栏目应重新规划议题分布,用软性手段表达硬性选题,注重深化社交属性。其次,内容的呈现不仅要创新表达形态,还要注重叙事技巧,吸纳各种视频类型的精髓,根据选题调性灵活应用。栏目内容在角度选择上要从“大而全”转向“小而精”,从传统的“大叙事”新闻视频编辑理念转向“一对一”模式的沉浸式交流互动。最后,版面布局要注重树立品牌特色,衔接国外主流受众的用户偏好。总体而言,根据国外受众进行精细化的用户体验导向作为变革重点,是对外传播视频新闻建设的出发点和落脚点,由此才能真正融入社交媒体国际传播平台的生态语境,打造网站品牌“出海”的“中国特色”。

〔王娟,中国传媒大学国际传媒教育学院副研究员;华伊然,中国传媒大学国际传媒教育学院本科生〕

〔特约编辑:顾洁〕

新时代中华文化国际传播的"译创"原则和策略探索

Transcreation: Introducing Chinese Culture to the World in the New Era

◎ 李艾珂　殷　乐

Li Aike　Yin Yue

摘要:本文以2021年《光明日报》和中国传媒大学联合出品的英文版"二十四节气里的中华文化"系列融视频为例,探索新时代中华文化国际传播实务的创新方法和路径。本文提出,新时代中华文化国际传播实务,不仅是翻译(translation),更是在中文原素材基础上的"译创"(transcreation)。新时代中华文化国际传播工作者应遵循三个译创原则(文化自信、传播效果、使命担当),并通过与这三原则相匹配的五个译创策略(拼音音译、增补信息、删减信息、等效替换、调研与改写)提升中华文化外译的质量,进而推动中华文化"走出去",促进中外文明交流互鉴。

关键词:中华文化国际传播;译创;文化自信;传播效果;使命担当

Abstract: This paper aims to contribute to cultural exchanges among civilizations, through exploring more effective ways of introducing the Chinese culture to the world in the new era. Based on the empirical analyses of the English short videos featuring China's 24 solar terms and co-produced by the *Guangming Daily* and the Communication University of China in 2021, this paper proposes that to promote cultural exchanges and to improve mutual understanding across cultures, international communicators should "transcreate" instead of simply translating texts from one language to another. Several "transcreation" strategies which can be employed by Chinese international communicators are also discussed in the paper.

Keywords: Chinese culture going out, transcreation, cultural confidence, effective communication, new missions

2017 年 10 月，习近平总书记在党的十九大报告中明确提出，要推进我国国际传播能力建设，坚持构建人类命运共同体，提高国家文化软实力，促进和而不同、兼收并蓄的文明交流。① 这要求我们要将中华优秀传统文化资源置于当代世界文化语境下加以重新挖掘与开发，积极主动地推动中华优秀传统文化走向世界，传播中国声音，讲述中国故事，彰显中华文明对世界文明发展的有益贡献。② 2021 年 5 月 31 日，中共中央政治局就加强我国国际传播能力建设进行第三十次集体学习，习近平总书记在主持学习时再次强调，讲好中国故事，传播好中国声音，展示真实、立体、全面的中国，是加强我国国际传播能力建设的重要任务；要更好推动中华文化走出去，以文载道、以文传声、以文化人，向世界阐释推介更多具有中国特色、体现中国精神、蕴藏中国智慧的优秀文化。③

要加强中国国际传播能力建设，促进文明交流，真正有效地推动中华文化走出去，就要提升中华文化外译的翻译质量。翻译的质量和效果直接关系到中国故事能否传播出去，关系到中国国家形象的塑造，关系到中国国际话语权的提升；提高国际传播能力离不开翻译质量提升，对外翻译是融通中国话语和国际话语的“转换器”，是构建对外话语体系的“最后一公里”④。

如何提升中华文化外译的质量？本文提出，新时代中华文化国际传播实务，不仅仅是翻译（translation），更是在中文原素材基础上的“译创”（transcreation）。本文将以中国传媒大学和《光明日报》2021 年联合制作推出的“二十四节气里的中华文化”系列融视频（中文版和英文版）为例，探索新时代中华文化国际传播的创新思路和方法途径。新时代中华文化国际传播的“译创”工作，要遵循三个基本原则（即文化自信原则、传播效果原则和使命担当原则），而与这三原则相匹配的还有不同的译创策略和技巧。笔者希望通过此类实践和总结，为推动中华文化走出去、提升中国国际传播能力贡献绵薄之力。

---

① 习近平.决胜全面建成小康社会 夺取新时代中国特色社会主义伟大胜利：在中国共产党第十九次全国代表大会上的报告[EB/OL].（2017-10-27）[2022-01-10]. http://www.gov.cn/zhuanti/2017-10/27/content_5234876.htm.

② 储峰.继承和弘扬中华优秀传统文化[N/OL].光明日报，2019-10-10[2022-01-10].https://m.gmw.cn/2019-10/10/content_33219815.htm.

③ 习近平主持中共中央政治局第三十次集体学习并讲话[EB/OL].（2021-06-01）[2022-01-10].http://www.gov.cn/xinwen/2021-06/01/content_5614684.htm.

④ 张法连.提高国际传播能力离不开翻译质量提升[N/OL].光明日报，2021-09-13[2022-01-06].https://app.guangmingdaily.cn/as/opened/n/f86f073ba356479c857cda62c52c44d0.

一、二十四节气融视频：中华文化与数字化传播的碰撞

2014 年 2 月，习近平总书记在主持十八届中央政治局第十三次集体学习时提出，要认真汲取中华优秀传统文化的思想精华和道德精髓；要处理好继承和创造性发展的关系，重点做好创造性转化和创新性发展。① 2017 年 1 月 25 日，中共中央办公厅、国务院办公厅印发的《关于实施中华优秀传统文化传承发展工程的意见》指出，在以习近平同志为核心的党中央领导下，各级党委和政府更加自觉、更加主动推动中华优秀传统文化的传承与发展，开展了一系列富有创新、富有成效的工作，有力增强了中华优秀传统文化的凝聚力、影响力、创造力。② 2020 年 11 月，文化和旅游部发布的《关于推动数字文化产业高质量发展的意见》指出，要深化融合发展，以数字化推动文化和旅游融合发展。③ 在此背景下，2021 年，中国传媒大学和《光明日报》联合制作并推出"二十四节气里的中华文化"系列中文和英文融视频。作为一种新型数字叙事方式，融视频是图、文、声、像、影有机结合的移动端叙事作品，具有竖屏构图、移动伴随、美术装饰、图文内嵌、字幕表意等特点。④

中文版"二十四节气里的中华文化"系列融视频，以《光明日报》发表的二十四节气相关文章为基础编辑融视频的解说词，并根据解说词设计视频画面。视频制作方面，制作者利用 Adobe Photoshop 等软件对图片进行设计和处理；利用 Adobe Effect 等软件对视频进行立体画面的布局，并设计动画路径；利用 Adobe Audition 等音频制作软件对配音进行精编，添加合适的背景音乐和音效。图、文、声、像、影有机结合，呈现出了元素多元、感官体验丰富的融视频作品。在每个节气到来之际，融视频作品通过中国传媒大学和《光明日报》的移动端平台（微信公众号、社交媒体账号等）推出。

"二十四节气里的中华文化"系列融视频，将优秀的中华文化与新创意、新设计结合在一起，以"符合社交媒体特性的智能化、移动化、个性化产品形态"⑤融入当代生

---

① 习近平在中共中央政治局第十三次集体学习时强调把培育和弘扬社会主义核心价值观作为凝魂聚气强基固本的基础工程[EB/OL].(2014-02-25)[2022-01-10]. http://www.gov.cn/ldhd/2014-02/25/content_2621669.htm.

② 中共中央办公厅 国务院办公厅印发《关于实施中华优秀传统文化传承发展工程的意见》[EB/OL].(2017-01-25)[2022-01-10]. http://www.gov.cn/zhengce/2017-01/25/content_5163472.htm.

③ 文化和旅游部关于推动数字文化产业高质量发展的意见[EB/OL].(2020-11-27)[2022-01-10].http://www.gov.cn/zhengce/zhengceku/2020-11/27/content_5565316.htm.

④ 中国传媒大学新闻传播学部.前所未有的融视频新样态～电视人打造！[EB/OL].(2014-03-02)[2022-01-10]. https://mp.weixin.qq.com/s/sAOzvwrNLagpeAf7uHgt0Q.

⑤ 曾祥敏，汤璇，白晓晴. 从战略高度加强中国对外话语体系建设[N/OL].光明日报，2021-11-19[2022-02-07]. https://epaper.gmw.cn/gmrb/html/2021-11/19/nw.D110000gmrb_20211119_1-06.htm.

活，得到了广泛传播和认可，切实响应了国家“以数字化推动文旅产业融合发展”的号召，赋予优秀传统文化以新生趣和新生命①。

二、中华文化的国际传播：不只是翻译，而是“译创”

二十四节气反映季节的变化，指导农事活动，影响着千家万户的衣食住行；这一内容丰富的非物质文化遗产，既包括相关的谚语、歌谣、传说、诗词等，又有传统生产工具、生活器具、工艺品、书画等艺术作品，又包括与节令关系密切的节日文化、生产仪式和民间风俗；二十四节气是中国古代农业文明的具体表现，具有很高的农业历史文化的研究价值。② 2016 年，中国的二十四节气被正式列入联合国教科文组织人类非物质文化遗产代表作名录。③

作为中华民族独创的世界级文化遗产，二十四节气具有极高的国际传播价值。2022 年 2 月 4 日，北京冬奥会开幕式正是以二十四节气为灵感设计了创新的倒计时方式，传播中国智慧，彰显中国式的浪漫。而在此前的一年时间里，中国传媒大学和《光明日报》在每个节气到来之际推出中文版“二十四节气里的中华文化”系列融视频的同时，还译制并推出英文版融视频，进行国际传播。英文版“二十四节气里的中华文化”系列融视频在中文版的基础上，将解说文稿译成英文，而后将英文配音与融视频画面结合起来，并将画面中的中文内容也替换成英文内容。“数字技术赋能带来媒介融合程度的进一步加深”，英文版“二十四节气里的中华文化”系列融视频正是一种“技术赋能下对外传播的数字叙事新景观”。④

然而，中外文化具有巨大差异，中外语言、思维也存在巨大差异，语言之外的习俗也存在差异。因此，英文版“二十四节气里的中华文化”系列融视频绝不是简单将中文版视频解说词逐句翻译成英文并重新配音，而是在中文版基础上进行编译和二次创作，即“译创”。

翻译学术界一般认为，“译创”(transcreation)一词由印度学者、译者普鲁索塔

---

① 高宏存.以数字技术创新传播优秀传统文化[EB/OL].(2019-02-26)[2022-01-13].https://www.thepaper.cn/newsDetail_forward_3041009.

② 中国非物质文化遗产网·中国非物质文化遗产数字博物馆.农历二十四节气[EB/OL].(2018)[2022-02-01].https://www.ihchina.cn/project_details/15059/.

③ UNESCO. The Twenty-Four Solar Terms, knowledge in China of time and practices developed through observation of the sun's annual motion[EB/OL].(2016)[2022-02-07].https://ich.unesco.org/en/RL/the-twenty-four-solar-terms-knowledge-in-china-of-time-and-practices-developed-through-observation-of-the-suns-annual-motion-00647.

④ 侯迎忠，玉昌林. 2021 年中国对外传播实践创新与未来展望[J].对外传播，2021(12)：13-17.

马·拉尔(Purushottam Lal)提出,拉尔将把古代梵文文本译成现代语言的工作描述为“编辑、调和与转化”(edit, reconcile and transmute),也就是说译者的工作从很大程度上讲就是译创。[①] 我们可将“译创”定义为一种结合了语言翻译、文化适应和(再)创造或创造性地对原文的某些部分进行重新释义的一种与翻译相关的活动。[②]

本文提出,新时代中国国际传播工作者在“译创”文化国际传播作品时,应遵循三个原则(即文化自信原则、传播效果原则和使命担当原则),并以二十四节气里的中华文化融视频为例,梳理总结了拼音音译法、增补信息法 、删减信息法、等效替换法和调研与改写法等译创策略和技巧。

三、新时代中华文化国际传播的“译创”原则和策略技巧

(一)文化自信原则与拼音音译法

习近平总书记指出,中华文化源远流长,博大精深,积淀着中华民族最深层的精神追求,代表着中华民族独特的精神标识,为中华民族生生不息、发展壮大提供了丰厚滋养。[③] 党的十八大以来,习近平总书记反复强调,要坚定文化自信。“中华文明 5000 多年绵延不断、经久不衰,在长期演进过程中,形成了中国人看待世界、看待社会、看待人生的独特价值体系、文化内涵和精神品质,这是我们区别于其他国家和民族的根本特征,也铸就了中华民族博采众长的文化自信。”[④]“文化自信,是更基础、更广泛、更深厚的自信,是更基本、更深沉、更持久的力量。坚定文化自信,是事关国运兴衰、事关文化安全、事关民族精神独立性的大问题。”[⑤]因此,新时代中华文化国际传播的“译创”工作,首先要坚守的就是文化自信原则。

在外译中华文化特有的词汇时,译创者可考虑使用拼音音译法保留中华特色文化词汇的发音,力争使中华文化词汇在未来直接成为外语词汇。在英文版“二十四节气

---

① PEDERSEN D. Managing transcreation projects:an ethnographic study [J]. Translation spaces, 2017, 6(1): 44-61.

② DIAZ-MILLON M, OLVERA-LOBO M D. Towards a definition of transcreation: a systematic literature review[J/OL]. Perspectives: studies in translation theory and practice, 2021-12-03[2022-04-15]. https://doi.org/10.1080/0907676X.2021.2004177.

③ 习近平.把培育和弘扬社会主义核心价值观作为凝魂聚气强基固本的基础工程[N/OL].人民日报,2014-02-26[2022-01-15]. http://politics.people.com.cn/n/2014/0226/c1024-24463872.html.

④ 习近平.在敦煌研究院座谈时的讲话[EB/OL].(2020-01-31)[2022-04-15].https://www.qstheory.cn/dukan/qs/2020-01/31/c_1125497461.htm.

⑤ 习近平. 在中国文联十大、中国作协九大开幕式上的讲话[EB/OL].(2016-11-30)[2022-02-10]. http://www.xinhuanet.com/politics/2016-11/30/c_1120025319.htm.

里的中华文化”系列融视频中,译创者将一些中华文化特有的节气名称译成英文时,经过调研和论证,保留了这些中华文化独有名词的拼音发音。例如,“清明”在中文里有两重意思,一是指节气,二是指节日。作为节气的清明,在过去并没有统一的英文译法。“Pure Brightness”是中国气象局 2013 年发布的清明节气的英译方式①,而随后中国气象局英文官网在 2017 年将其译成“Clear and Bright”②;中国农业博物馆制作的二十四节气英文宣传视频将“清明”翻译为“Fresh Green”③;我国主流外宣媒体《中国日报》用“Clear and Bright”表示作为节气的清明④。而作为节日的清明,过去被翻译成“Tomb-Sweeping Day”,近几年我国主流外宣媒体倾向于保留该词的中文拼音 Qingming⑤。鉴于“二十四节气里的中华文化”系列融视频之“清明”既介绍作为节气的清明,又讲解清明这个节日的习俗,译创者在调研权衡后选择保留“Qingming”的拼音发音,以拼音音译法彰显文化自信。

同样,在译创“惊蛰”融视频时,译创者也保留了“Jingzhe”这一中文拼音发音,一方面彰显文化自信,力求日后“Jingzhe”作为音译词直接进入英语词汇。另一方面,保留这一拼音发音,也使得译创惊蛰相关谚语和诗句时达到押韵效果,例如,译创者将“微雨众卉新,一雷惊蛰始”译创为“Drizzling rain enables renewal of flora, spring thunder signals beginning of Jingzhe”,押韵的效果使融视频的英文配音更为动听。⑥

除中华文化特有的节气名称外,译创者在处理其他类别的中华文化特有名词时也通过拼音音译法彰显文化自信。例如,译创者保留“糖葫芦”的中文发音“Tanghulu”,传播中华优秀美食文化;保留《诗经》中“桃之夭夭,灼灼其华”的中文发音,体现汉语的极简美感,更好地传播中华优秀诗词文化。

---

① 中国气象报社.二十四节气中英文对照[EB/OL].(2013-12-13)[2022-01-10].http://www.cma.gov.cn/2011xzt/essjqzt/jqhz/jqhz02/201312/t20131213_233952.html.

② China Meteorological News Press. China's 24 Solar Terms [EB/OL].(2017-01-19)[2022-01-10].http://www.cma.gov.cn/en2014/20150311/20170119/201701/t20170119_388239.html.

③ China Agricultural Museum. The Twenty-Four Solar Terms, through observation of the sun's annual motion, in China [EB/OL].(2016-11-30)[2022-01-10]. https://www.youtube.com/watch?v=qTrd010vMp8.

④ China Daily. 24 Solar Terms: 8 things you need to know about Clear and Bright [EB/OL].(2019-03-18)[2020-01-10]. https://www.chinadaily.com.cn/a/201903/18/WS5c8f0350a3106c65c34ef2a0.html.

⑤ YANG M. Qingming: mourning ancestors and embracing nature [EB/OL].(2019-04-04)[2022-04-15]. https://news.cgtn.com/news/3d3d514e3049444f33457a6333566d54/index.html.

⑥ 光明日报,中国传媒大学.惊蛰至 雷声起 桃花开[EB/OL].(2021-03-04)[2022-01-10].https://mp.weixin.qq.com/s/0rFweLOcW6lVUEPemZ6Z0Q.

(二)传播效果原则

然而有时,仅仅保留中华文化特有词汇的中文发音并不能够达到最佳的国际传播效果。我们要坚定文化自信,但在国际传播中不能盲目自信,还要考虑到目前外国受众的接受和理解程度,毕竟没有效果的传播就是无用功。因此,我们在坚守"文化自信"原则的同时,要保证国际传播效果,即要遵循传播效果原则。具体来说,在处理中华文化独有名词时,为保证国际传播效果,译创者除了保留中文拼音发音,也同时备注了外国受众容易理解的英文意译表达。例如,译创"惊蛰"时,除了保留"Jingzhe"这一拼音发音,译创者也加入了"Awakening of Insects"的英文意译表达;译创"桃之夭夭,灼灼其华"时,除了在英文配音时保留中文拼音发音,译创者也在融视频画面中补充了这句话的英文意译,使国际受众既能感知中文的简洁与韵律美,也能理解诗句的含义。

国际传播不仅仅是语言表达问题,还存在着中外习俗和文化背景的差异,中国人认为通俗易懂的事情,外国人未必能够理解和认同。[①] 如果只是逐字逐句地翻译,传播效果可能会大打折扣。中华文化国际传播工作者要有跨文化的意识,在"译创"中可考虑使用增补信息法、删减信息法和等效替换法这三个策略技巧,以达到良好的国际传播效果。

1."增补信息法

增补信息法,指补足中文材料里对于中国受众来说无须言明的文化常识信息,通过简明的方式让外国受众了解某个中华文化名词在中国历史和中华文化中的地位和意义。

具体而言,提及中华历史文化名人时,译者通常需要补充信息,以达到更好的国际传播效果。例如,在英文版"二十四节气里的中华文化"系列融视频提及王羲之时,译创者补充了中国人家喻户晓但外国人可能并不知晓的"王羲之是谁"的信息,即"sage of Chinese calligraphy Wang Xizhi"(中国书圣王羲之),以简洁的语言使国际受众明白了王羲之在中华历史文化中的地位;在提及丰子恺时,译创者补充其"a pioneer in Chinese comic art"(中国漫画艺术先驱)这一身份和地位信息。除人名外,中国地名也需要增补信息,以便国际受众大致明确某一地区的地理位置,例如"湖北土家族"被译为"the Tujia people in central China's Hubei province"(在中国中部湖北省的土家族)。

---

① 黄友义.如何突破中外文化差异让世界更了解中国[EB/OL].(2021-11-16)[2022-01-06].https://mp.weixin.qq.com/s/AJmbTCT0IjB2xD8qO5C5DA.

将中华优秀文学作品和其他著作的书名译成英文时,译创者同样需要结合作品的背景资料增补信息,精确表达文化内涵,提升跨文化传播效果,例如,在译创《红楼梦》这一书名时,补充"China's literary masterpiece written in the 18th century"(创作于18世纪的中国文学名著)这一背景信息。在中文内容仅仅提及《逸周书》这一书名时,译创者保留了该书的中文发音,并用英文简洁地对此书的文化常识进行了说明:"a compendium of Chinese historical documents *Yi Zhou Shu*, the majority of which date to about fourth century B.C. or perhaps earlier"(中国历史文献汇编《逸周书》,其中大部分文献出自于公元前4世纪或更早)。在处理"明人王象晋在《群芳谱》中解释"这句中文原句时,译创者同样以增补信息的方式,让英文解说和融视频画面字幕共同作用,在有限的时间内补充中文原稿里未被言明的信息,普及《群芳谱》的相关知识和意义,让国际受众知道400多年前中国就出版了兼具植物学研究价值和文学价值的"农事园艺百科教程"。

此外,对画作等中华优秀艺术作品的译创也要结合作品的背景资料进行适当的信息增补。例如,在处理《清明上河图》这一中国的传世名画时,译创者除了将画作名称译成英文外,还补充了无须对中国受众说明的文化常识:"Chinese scroll painting *Along the River during the Qingming Festival*, an all-time masterpiece created in the 12th century"(创作于12世纪的长卷中国传世名画《清明上河图》),向国际受众介绍这一传世名画,以达到更好的国际传播效果。在将"没骨画法"译成英文时,译创者在"Mogu (or 'boneless' manner)"后加入了半句"painted without outlines but by washes of ink and colour"(绘画时不用墨勾骨干线,而是直接用颜色晕染),以简洁明了的方式解释了国画的这一独特画法。

除了中国人名、地名、著作、文学和艺术作品的名称外,中华文化所独有的名词在国际传播中都可能需要适当的增补信息,使国际受众更容易接受和理解,增强国际传播效果。

2. 删减信息法

译创者要提升译创作品的国际传播效果,除了在译创中适当增补信息外,也有可能需要采用删减信息法,将文稿化繁为简,以便突出重点。例如,在中文版"二十四节气里的中华文化——小暑"融视频中,有这样一句话:"正值初伏前后的小暑节气,天气闷热潮湿，插画家木壳人……”①其中，仅仅包含两个汉字的“初伏”对于中国人来说通俗易懂，然而要想给外国人讲清楚这个概念则需要较长的一段释义。鉴于“初伏”这个词在这里主要用于突出小暑节气的炎热潮湿，而本句的重点是通过插画家木壳人所描绘的人们如何在小暑节气消暑的画面来进一步体现此时的气候特征和相关风俗习惯，因此，译创者将此句中文译成“This solar term is characterized by hot and humid weather, which is reflected in the watercolour illustration created by Mukeren”（这个节气的特点是炎热和潮湿，这在木壳人创作的水彩插图中得到了体现），将对于国际受众来说烦琐的“初伏”信息进行了删减，避免了冗长的解释，突出传播重点，也保证了英文版配音和融视频画面在时长上的匹配。

风俗习惯是文化的重要组成部分。国际传播中，传播者要顾及语言以外的习俗差异。因此，在将中华文化中跟风俗习惯有关的信息传达给国际受众时，译创者如若不能在译创作品有限的篇幅内解释清楚，则可能需要删减那些容易因文化背景和解读方式的不同而引起国际受众误解的信息，这也是译创者跨文化意识的体现。例如，中文版“二十四节气里的中华文化——清明”融视频列举了几项清明时节的中国传统民间娱乐活动，包括蹴鞠、荡秋千、放风筝、斗鸡和射柳。② 中国受众都知道，这里提到的“斗鸡”是中国古时候的事情，已经不是当今的习俗。然而，这一中国古代活动对于当今的国际受众来说可能引起不必要的误会，令他们误认为当代中国有虐待动物的行为。考虑到在融视频有限的时长内无法解释清楚可能引起的误会，译创者因而选择在英文版融视频中删掉了“斗鸡”这一传统活动。

3.等效替换法

另一个服务于传播效果原则的“译创”策略技巧是等效替换法，即将具有中国历史和中华文化特色的词汇和表达转化为在上下文语境中起到同样效用却更易被国际受众所理解的英文信息。例如，将《兰亭集序》中的时间信息“东晋永和九年”译为“in the 4th century”（在 4 世纪），既达到了传递这一时间信息的效果，国际受众接收信息时也易于理解。又如，“就像明代画家唐伯虎的……”转译为“In the 500-year-old painting created by Tang Yin”（唐寅在 500 年前创作的画作），既达到传递历史时间信息的效果，也更容易被国际受众理解和接受。

---

① 光明日报，中国传媒大学.倏忽温风至，因循小暑来[EB/OL].(2021-07-06)[2022-01-10]. https://mp.weixin.qq.com/s/8JBFfJ1h5yi_GjY8I7H1hw.

② 光明日报，中国传媒大学.清明：春半花盛踏青时[EB/OL].(2021-04-02)[2022-01-10]. https://mp.weixin.qq.com/s/sXqxQRXcCuxL9C2RCdzSAA.

(三)使命担当原则与调研与改写法

除了“文化自信”原则和“传播效果”原则,作为中国的国际传播工作者,中华文化国际传播的译创者须担负起新时代中国国际传播的使命。正如以中国国际电视台(CGTN)为代表的中国国际新闻传播媒体担负着新时代中国国际传播的新使命一样,新时代中华文化的国际传播工作者除了要传播中华文化,亦要坚守中国立场,讲好中国故事,向世界展示真实、立体、全面的中国,避免不必要的误会,努力纠正外国受众可能有的刻板印象、偏见和错误认知。因此,在“译创”时,译创者可考虑在对中文素材进行深入调研的基础上使用调研与改写法对中文原文进行“改造”,甚至转移信息重点。这个看似对原文“大不敬”的方式,却符合服务中化文化国际传播的使命担当原则。

例如,在中文版“二十四节气里的中华文化——立秋”融视频中,有一段对画作《山百合》的描述和讲解:“唐德福的《山百合》是一幅长卷作品,描绘了立秋时节,重庆武陵山腹地,酉阳县车田乡勤劳持家的绣女们热火朝天的忙碌情景。勤劳的绣女们就像立秋时节的山百合一样坚强地长在深山、开在深山,用她们的聪明才智和勤劳双手,一针一线绣出了一幅脱贫致富奔小康的美丽生活画卷。”在对该画作进行对外传播时,译创者深入调研画作创作背景并对中文原文进行改写,在中文原稿内容的基础上加入了两个背景信息:一是“the art of the intangible cultural heritage — Miao Embroidery”(绣娘们所学工艺为非物质文化遗产——苗绣),二是“poverty alleviation through promoting intangible cultural heritage”(畅销海内外的绣品使“非遗扶贫”的创新模式取得成功)。[①] 如此“内外有别”的改写式“译创”,通过这幅画作向国际受众传播了我国的传统非遗文化,并以“润物细无声”的方式突出了将保护和传承人类非物质文化遗产同使人民脱贫致富统一起来的中国故事和中国智慧。这一做法通过深入调研和适当改写,“向世界阐释推介更多具有中国特色、体现中国精神、蕴藏中国智慧的优秀文化”[②]。

又如中文版“二十四节气里的中华文化——小寒”[③]作品中,有一段是给国内受众介绍戴树良的民俗画《小寒》。而相应的英文版融视频则借助这幅作品所描绘的僧人

① 光明日报,中国传媒大学.立秋,收获诗意时光[EB/OL].(2021-08-06)[2022-02-13].https://mp.weixin.qq.com/s/uNMytC7bvpP_Zv-KLkgRGg.

② 习近平主持中共中央政治局第三十次集体学习并讲话[EB/OL].(2021-06-01)[2022-01-10].http://www.gov.cn/xinwen/2021-06/01/content_5614684.htm

③ 光明日报,中国传媒大学.小寒,在寒凉里静待春意[EB/OL].(2022-01-05)[2022-02-10]. https://mp.weixin.qq.com/s/XIdOuiPraK89mA2OtpvkPg.

分发腊八粥的民俗场景，将国际传播重点聚焦到腊八节与佛教的渊源上，体现佛教传入中国后给中国人的礼仪习俗和文学艺术留下的影响，也从侧面展现了文明的包容性。① 正如习近平主席在联合国教科文组织总部发表演讲时所说的，中华文明是在中国大地上产生的文明，也是同其他文明不断交流互鉴而形成的文明。② 如此“译创”的中华文化国际传播作品传递了“和而不同”的价值观，译创者担负起新时代中国国际传播的使命，为推动人类文明交流互鉴贡献了力量。

结论

本文旨在探索新时代中华文化国际传播实务的创新方法和路径。结合《光明日报》和中国传媒大学2021年联合出品的中文版和英文版“二十四节气里的中华文化”系列融视频，本文指出，新时代中华文化国际传播实务并非简单将中文文稿逐句翻译成外语，而是在中文原素材基础上进行编译和二次创作，即“译创”。

若要提升中华文化外译的质量，进而推动中华文化“走出去”，促进中外文明交流互鉴，新时代中华文化国际传播工作者应坚守三个“译创”原则，即文化自信原则、传播效果原则和使命担当原则。具体而言，拼音音译法保留中华文化独有名词和表达的拼音发音，有助于彰显文化自信。同时，为保证国际传播效果，译创者可为中国人名、地名、著作、文学和艺术作品等中华文化所独有的名词适当“增补信息”，使国际受众了解其在中国历史和中华文化中的地位和意义；通过删减信息法，将非重点的烦琐信息或容易引起国际受众误解的信息进行删减，突出重点，避免误会；或通过等效替换法，将具有中国历史和中华文化特色的词汇和表达转化为在上下文语境中起到同样效用却更易被国际受众所理解的外文信息。此外，新时代中华文化国际传播工作者在“译创”过程中还要坚守使命担当原则，除了要传播中华文化，亦要坚守中国立场，讲好中国故事，向世界展示真实、立体、全面的中国，力求通过译创作品以“润物细无声”的方式打破外国受众可能有的刻板印象、偏见和错误认知。

要想自如地运用以上策略技巧，译创者除了要不断提升自己的外语语言和汉译外的能力，也要坚持做中外文化的终身学习者，努力做到既“知己”又“知彼”。只有“知己”，不断加深对中华历史文化和中国国情的理解和认识，才能更加坚定文化自信，更

① 中国传媒大学新闻传播学部.《小寒》融视频，在寒冷里静待花开[EB/OL].(2022-01-05)[2022-02-10]. https://mp.weixin.qq.com/s/iOr3sV1yuCGnhy0s66Mb_g.

② 习近平.在联合国教科文组织总部的演讲[EB/OL].(2014-03-28)[2022-02-14]. http://world.people.com.cn/n/2014/0328/c1002-24761811.html.

好阐释中华文化、中国故事和中国智慧;只有"知彼",才能更透彻地明晰中外文化差异所在,发掘跨越语言障碍的全人类共通的情感和价值,以求同存异的包容之心促进中外文明的交流互鉴。只有这样,中华文化国际传播工作者才能更好地"把继承传统优秀文化又弘扬时代精神、立足本国又面向世界的当代中国文化创新成果传播出去"①,更好地完成新时代党和人民赋予的新的使命和任务。

〔李艾珂,中国传媒大学电视学院国际新闻与传播系副教授;殷乐,中国传媒大学电视学院国际新闻学硕士研究生〕

〔特约编辑:顾洁〕

① 习近平.建设社会主义文化强国 着力提高国家文化软实力[EB/OL].(2014-01-01)[2022-02-14]. http://cpc.people.com.cn/n/2014/0101/c64094-23995307.html.

媒介融合与传播

符号主义人工智能的技术逻辑与算法偏向*

Technological Logic and Algorithmic Biases in Symbolisms of Artificial Intelligence

◎黄 佩 贾文颖

Huang Pei Jia Wenying

摘要:人工智能的热浪正扑面而来,其背后的算法成为学界及业界争议的热点。本文首先从人工智能的三大派别之一——符号主义出发,梳理算法发展及其运行背后的技术逻辑,分析符号主义视角下机器计算与人类思维的关系,通过说明算法建构过程中的选择行为,剖析算法在实践中不同层面的偏向。本研究试图提供一种技术哲学—方法论—技术实践的分析框架,并尝试从宏观视角出发,分析历史、科学和市场三重因素作用下算法产生偏向的社会历史根源。

关键词:符号主义;人工智能;算法偏向

Abstract: The heat waves of artificial intelligence have brought hot discussions on controversies of algorithm to the frontline both in academia and industry. This paper sorts out the history of algorithm and its technological logics under the symbolisms paradigm of artificial intelligence. Then, the paper tries to situate the choices and constructs of different algorithms on the bases of analyzing relationships between machine computing and human thinking, which lead to a more detailed analysis on the biases caused by different algorithms in real practices. This paper also provides an analytical framework from a combined perspective from technological philosophy, methodology and

* 文本系国家社科基金项目“我国青少年网络舆情的大数据预警体系与引导机制研究”(项目编号:20&ZD013)、2021北京邮电大学研究生“传播学理论专题研究”专业课程建设(项目编号:2021ZY147)的阶段性成果。

本文得到北京邮电大学张春红老师的大力支持和帮助,作者在此深表感谢。

technological practices. Eventually, the paper puts forward socio－historical reasons of the biases which were actually driven by technology history, science development and the market forces.

Keywords: symbolisms, artificial intelligence, algorithm biases

一、研究背景及问题提出

人工智能作为一个重要的科学前沿领域,近些年来频频出现在人们的视野中,2016年阿尔法狗大战李世石引发了大众对于人工智能的广泛讨论,在此之后,"算法"被作为人工智能的代名词逐渐占据我们的视野。但是"算法"并没有一个精确的定义,其主要指的是计算机按照一系列的指令来执行各种程序,通过处理海量的数据,促进问题的解决或决策的形成。

算法在现代生活中扮演着日益重要的角色,基于数据的算法渗透到生活的方方面面,任何人都不能避开。我们的生活被算法包围,它在给日常生活带来便利的同时,也在我们周围埋下了许多机遇与风险。也就是说,"人类即数据"成为常态。

算法是一把双刃剑。一方面,算法在公共服务领域的应用中取得了显著成果,可以帮助政府高效便捷地进行决策,为公民谋福祉,还有助于提高人们的生活质量。例如美国里昂交管部门利于大数据治理交通堵塞,通过对实时交通信息的搜集,实现信号灯的自我调整,缓解各路段高峰期压力,使车辆得以高效通行①;各种可穿戴设备的应用对于人体各种体征数据的搜集,不仅增强了人们对自己身体的了解,同时还可以帮助医生了解患者的最新变化,科学预测与诊断病情②。然而,另一方面,算法在某些商业领域的运用却惹起了极大的争议。在激烈的市场机制竞争下,资本家为了追逐商业利益建造数据壁垒,破坏社会的公平与公正③;各类电商通过"用户画像"实现精准营销,不可避免地带来隐私泄漏问题④;各种信息咨询类软件利用个性化算法打造"个人日报",由此产生的信息茧房问题不容忽视⑤;手游、短视频应用的兴起使我们的娱乐生活日益丰富,但由算法驱动的同质性内容推送却使得人们日益变得消极被动、精

---

① 周大铭.公共服务领域大数据应用案例分析[J].软件和信息服务,2014(8):14.
② 周立广.医疗领域中大数据分析技术及应用[J].通讯世界,2018,25(12):42-43.
③ 何志峰.主数据集成:打破信息共享的壁垒[J].上海信息化,2009(4):59-61.
④ 葛瑞源."精准营销"岂能以牺牲客户隐私为代价[N].检察日报,2019-01-02(6).
⑤ 郭小安,甘馨月."戳掉你的泡泡":算法推荐时代"过滤气泡"的形成及消解[J].全球传媒学刊,2018,5(2):76-90.

神空虚[①]。

算法本身建立在数学表达式之上，具有答案固定的特性，往往被视为客观与理性的化身。但是，近些年来算法与社会的互动日益频繁，所显现出的问题使得人们对于大数据与算法的“公正性”产生了质疑。算法到底是不是天然就有客观、公正的特性？算法是否本身就存在局限？冷冰冰的、量化的算法和纷繁复杂的社会现象碰撞之后会产生什么影响？

二、算法的偏向还是偏见？

本文描述算法的偏向，指的是在历史上科学家由于对机器计算与人的思维之间如何关联存在认知的变化和差异，影响了算法选择不同的侧面来实现对人类智能的模拟。而算法的偏见，则带有价值判断的色彩，更多地指向其应用产生的社会影响。

对于算法的角色和功能，研究者的看法是有多种维度的。有的研究者认为算法可以被视为一种制度化的工具[②]，可以产生赋权和约束的功能；也有研究者把算法看成一种中介化的手段[③]，认为它类似媒介研究中的把关人，能够影响公共领域和公众舆论的建构，甚至可以完成对现实的重建[④]；还有的研究者直指算法背后的商业目的，认为人们更青睐利用算法来进行数据挖掘和消费世界的搭建[⑤]。

算法对现实生活各个领域的渗透，使得“算法的权力”变得引人注目。例如，电子商务领域的算法推荐、谷歌的排名和脸书的新闻等，都是引发算法争议的案例。曼诺维奇曾经提到“软件掌控世界”，软件布局了一系列物理的、机械的以及电子的技术，对文化物品进行生产、存储、分发，并且持续与其交互。[⑥] 这其中，代码和算法起到了关键的作用。

有学者通过对网络广告的发布与犯罪记录的分析得出结论，认为算法在性别、种

① 李娜. 大数据对生活方式的影响研究[D].成都：成都理工大学，2018.

② NAPOLI P M. The algorithm as institution: toward a theoretical framework for automated media production and consumption[D/OL]. New York: Fordham University, 2013[2022-03-19]. https://papers.ssrn.com/sol3/papers.cfm?abstract_id=2260923.

③ REISMAN D, SCHULTZ J, CRAWFORD K, et al. Algorithmic impact assessments: a practical framework for public agency accountability[J]. AI now institute, 2018: 1-22.

④ CHEN L, MISLOVE A, WILSON C. Peeking beneath the hood of Uber[C]//ACM. Proceedings of the 2015 internet measurement conference. New York: ACM, 2015: 495-508.

⑤ LATZER M, JUST N, SAURWEIN F, et al. Regulation remixed: institutional changethrough self and co-regulation in themediamatics sector[J]. Communications & strategies, 2003, 50(2): 127-157.

⑥ MANOVICH L. Software takes command[M]. New York: Bloomsbury, 2013.

族或健康状况等方面的展示,产生了具有社会和伦理意义的偏见。[①] 数据科学家凯西·奥尼尔更是将算法视为数学杀伤性武器,强调了许多情境下算法存在的风险,认为人们应该警惕不断渗透和深入日常生活的数学模型,因为它们加剧了偏见与不公,并很有可能威胁社会结构。同时,奥尼尔呼吁不同主体都应承担起相应的责任和义务,以这种方式对抗算法偏见。数据模型的创造者要对算法负责,政策的制定与执行者要慎重对待算法,而普通用户要加强对于大数据与算法模型的认识。[②] 除此之外,还有学者认为可以通过监控算法,使其保证中立,以对抗算法的偏见,但是由于各种力量的左右,公平性的定义很难得到广泛的认同。[③]

上述有关算法偏见的研究多从社会、文化、资本层面探讨其产生的根源。但是作为一种具体的技术实践,它背后还有技术历史发展的种种哲学和逻辑。由于缺乏相关计算机科学的背景知识,算法偏向产生背后的技术逻辑还未引起研究者的足够重视。当前,人工智能正在全面介入我们的日常生活,我国也正朝着人工智能高速发展的道路大步前进。已经有学者开始梳理人工智能发展史,从宏观的人工智能对"意识"的观念认识变迁入手,认为对"意识"的哲学思考影响了技术模拟人脑思维的种种尝试[④];另外,也有学者认为,尽管算法通过机器大规模且高速的运行来即时处理数据的能力引发了人们对于自由意志要败北的恐慌,但其背后所采纳的刺激——行为逻辑,仍然和以往资本追逐利润所青睐的方式一致,并未考量自由意志和伦理[⑤]。这些都是从人文学科与社会科学角度积极去探索与技术对话的良好尝试。

本文尝试从人工智能的符号主义范式入手,讨论它如何看待机器计算与人类思维的关系,以及由此引致的算法建构选择;又详细分析算法在操作实践不同层面的偏向,试图提供一种技术哲学—方法论—技术实践的分析框架。

---

① HAJIAN S, BONCHI F, CASTILLO C. Algorithmic bias: from discrimination discovery to fairness-aware data mining[C]//Proceedings of the 22nd ACM SIGKDD International Conference on Knowledge Discovery and Data Mining. New York: ACM, 2016: 2125-2126.

② O'NEIL C. Weapons of math destruction: how big data increases inequality and threatens democracy[M]. Largo, Maryland: Crown Books, 2016.

③ KIRKPATRICK K. Battling algorithmic bias: how do we ensure algorithms treat us fairly? [J]. Communications of the ACM, 2016, 59(10): 16-17.

④ 段似膺.海德格尔式人工智能及其对"意识"问题的反思:兼与何怀宏先生商榷[J].探索与争鸣, 2019(1): 61-67, 142.

⑤ 吴靖."算法"具有自由意志吗? 算法主导社会行为背后的几个悖论[J].中国出版, 2019(2): 7-11.

三、算法的技术哲学与方法论：符号主义与功能模拟

人工智能的概念诞生之初，存在着两个派别的争论，其中一派认为人工智能应当借助符号学习人的思维逻辑过程，被称为符号主义；还有一派认为要通过模拟人脑的神经网络来实现人工智能，被称为联结主义。也就是说，人工智能中的符号主义认为人的智能主要包括逻辑演绎，而人工智能中的联结主义认为人类的智能主要包括归纳总结。①

从历史上看，符号主义的产生和一系列理性主义思潮有密切关系。德国哲学家、数学家莱布尼茨有个著名的说法，即大量的人类推理可以被归约为某类运算，而这种运算能够指出谬误或解决看法上的差异。他想象有一套"人类思维符号表"，每一个人类思维的基本概念都可以用一个独特的符号表示。计算机能够操控符号，如果符号代表人类思维的基本概念，那么计算机就可以"思考"，并且能够执行人类的推理。另一位哲学家霍布斯也提出，能思考的机器是把推理与计算等同了起来，他认为，通过推理，他更好地理解了计算，而推理就是加和减。②

这一类哲学思潮将人类的思考看成是大脑实现的功能，这种功能可以用其他的机器来实现。计算和理性紧密相关，最有可能模拟人类的理性推理。把有效的推理编码为符号规则，按照理性主义的公理原则来促成大脑功能在计算机当中的实现。这种思潮催生出基于功能模拟的物理符号系统研究这一方法论，让计算机代替人类的某些思维活动正是这种研究方法指导下的巨大成果。

基于功能模拟的物理符号系统的理论基础是"物理符号系统假设"（Physical Symbol System Hypothesis，PSSH），该假设将满足输入符号、输出符号、存储符号、复制符号、建立符号结构、条件转移这六个功能的物理符号系统称为智能系统。人的思维过程和计算机运行过程存在着一致性，都需要完成物理符号处理任务，因此，用计算机来模拟人类思维活动是可行而合理的。③ 这种思路与英美的经验主义哲学传统接近，它认定人类思想很大程度上是"根据理性原则和推理规则来处理单词"④。计算机首先用机器语言描述物理客体的符号形式，其次通过对符号的操控模拟人脑的逻辑推

① 顾险峰.人工智能中的联结主义和符号主义[J].科技导报，2016，34(7)：20-25.

② WALSH T. Android dreams：the past，present and future of artificial intelligence[M]. London：C. Hurst&Co. Ltd.，2017：4-5.

③ SIMON H A. The sciences of artificial[M]. Cambridge：MIT Press，1969：116.

④ 段似膺.海德格尔式人工智能及其对"意识"问题的反思：兼与何怀宏先生商榷[J].探索与争鸣，2019(1)：61-67，142.

理功能,最终促成问题的解决。于是对人类智能基本功能的模拟便简化成为智能系统编写算法的过程。

在早期人工智能符号主义思潮的主导下,人工智能科学家认为其能解决一切问题,1957 年西蒙和纽厄尔等人研究出的通用问题求解器(General Problem Solver,GPS)不局限于具体的领域,可以解答 11 种不同类型的问题。但是由于通用领域的知识边界难以划定,这一流派的科学家们转而开发只需要某一专门领域知识的“专家系统”(Expert Systems)。

这种符号主义逻辑主导下的专家系统的算法由两种因素组成,即逻辑和控制。逻辑可以清楚地阐明问题,并且提出解决问题所需要的知识,它影响了算法的意义;控制影响了算法的效率,并且可以通过提高控制效率改进算法,让问题得到快速的解决。

四、算法实践与算法偏向的产生

在功能模拟方法的指导下,专家系统形成了自身独特的环节,它的成功搭建要经历知识获取、知识表示、知识推理三个环节①(见图 1)。每个环节都对偏向的产生有一定影响,下文将分别探讨每个环节中可能会遇到的问题。

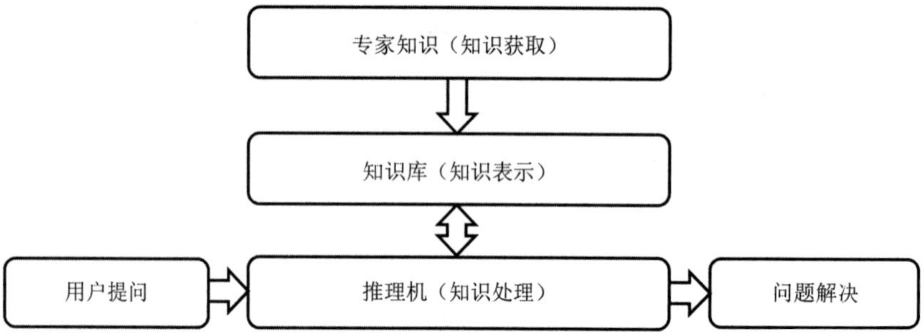

图 1　专家系统示意图

(一)潜在偏向:知识获取过程

专家系统的核心是有能够解决相应问题的知识系统,知识系统的搭建离不开专门知识的获得和知识存储。

首先,从知识源来看,专家系统的成功搭建离不开专家级水平的知识,专家在接受

① 石松芳,宋建萍.专家系统中知识库维护的若干问题[J].湖北教育学院学报,2006(8):24-26.

访问的过程中可能会存在表达的偏差。具体领域的专家在处理和解决问题时总是结合自己多年来积累和总结的实践经验，这些经验往往很难用显性的语言表述和描绘，这就会给程序员的工作带来极大的困难。

其次，知识种类的数量会影响知识库中数据的组成结构。例如，为了搭建出一个可以通过学校名称来判断某高校是否为“大学”的专家系统，程序员访问了一个在高校名称方面造诣颇深的专家，专家为工程师提供了一批名字中带有“大学”二字的校名，这些校名组合成为该专家系统的知识库。但这样的专家系统在遇到带有“学院”二字的高校时，并不会将其辨认为大学。

由此可见，由于历史数据或社会中已经存在的刻板印象，相关知识源和知识存储并不全面，这将影响到算法对于事物的判断。亚马逊曾关闭了一个自动筛选简历的软件，主要原因是其所获取的历史招聘信息以雇用白人男性为主，而这可能导致对于女性及有色人种的歧视。

（二）互动偏向：知识表示方式

程序员在收集到专家级知识之后，要将其转化成计算机可以识别的语言。那么，将人类的思维过程向计算机精准地表达出来，成了知识表示取得成功的关键点，目前，知识表达有两个层面的局限。

从理论层面看，基于功能模拟的物理符号系统更多的是对抽象逻辑思维的表达，也就是说，依靠符号系统的专家系统无法应用于那些概念不够精确的、模糊的思维过程。例如，为了解决算法目前存在的问题，很多学者都提倡应当赋予算法道德观念，但问题的关键在于我们无法告诉算法“道德是什么”。这不是由于道德的定义所包含的字符过长，计算机无法读取，而是因为道德本身的含义复杂多样，人类尚未确定，更不能向计算机清楚地说明。

从执行层面看，计算机硬件水平的差异可能会导致理论上可行的步骤无法精准表达出来。以专家系统中取得显著成果的棋牌类算法为例，棋盘格数确定、下棋规则确定，就代表着棋盘之上的排列组合是可以穷尽的，那么在这样的情况下，专家系统可以充分发挥其速度快、精度高的特点，通过对数据的筛查迅速找出应对方案。但是在真正的执行过程中，计算机的内存、处理速度等硬件因素会导致它无法处理那么多的情况，从而无法获得全样本的数据库，在对垒中落败。

专家系统的优势在于其知识获取过程与人类的真实学习机制极为相似，但与人类学习不同的是，其只能学习简单的、量化的人类知识，不考虑人类的心理结构和抽象思维过程,因此将意识和行为对立起来,致使人机交互过程中产生偏向。

(三)相似度偏向:知识处理过程

推理机是知识推理的重要载体。知识推理指的是系统在获得了有关信息和问题的关键词之后,将其与知识库当中的规则相匹配,获得结论,最后输出答案的过程。搜索与匹配是推理机工作的两大基本任务。

将用户的问题转化成机器可以识别的语言,并搜索知识库中可以用到的知识是推理机工作的第一步。与搜索过程同等重要的是将问题规则和数据库的知识进行匹配的过程,后一个过程通过找到目标任务与当前任务处理过程的差异,选择有利于消除差异的操作,逐步缩小差异并达到目标。

但是人类的语言符号天然地具有多义性和暧昧性的特征,语言符号的含义与社会的约定俗成和当时的语境有着极强的关系。与人类语言不同的是,算法只具有形式逻辑计算功能,无法洞悉输入语言背后的社会属性,这为问题的准确编码带来了困难。例如,专家系统就无法对汉语中的一词多义现象作出解释,“早点”既可以表示时间上的早一些,又可以表示早饭,但是推理机无法根据语境理解它到底是哪种意思,两种完全不同的问题在知识库中进行搜索,却与同一条规则相匹配,问题并没有得到有效的解决。搜索与匹配过程中出现错误的结果,将导致输出结果的偏差。

这样的偏向可以被理解为相似度偏向,其与上述两个偏向的不同之处在于机器只是在按照系统设计的流程与步骤执行工作。例如,当下以个性化推送机制为主的信息推送形式的设计宗旨就是按照用户的点击记录为其匹配内容,但是这会导致用户接受信息不平衡的问题,“信息茧房”“同温层效应”正是出自于此。

综上所述,符号主义方法是从模拟人类逻辑思维出发的,更适用于展示高级的智能理解和行为,表现特定领域的知识,其催生的算法也将产生诸如概念不清晰、范围不确定等问题,这直接引致了算法的偏向。

五、技术偏向的因,社会偏见的果

我们认为算法产生的偏向,指的是由于技术发展不成熟等原因,算法在技术开发阶段产生的一系列问题,而偏见指的是带有偏向的技术应用于社会之后带来的影响及后果。因此,在以专家系统为例进行具体的案例分析之后,本文将从更宏观的角度出发,把算法放在人工智能发展史、人的主体选择以及商业利益和社会效益矛盾的大背景下，探讨算法偏向问题的社会历史根源。

（一）技术发展史：人工智能的融合是大趋势

从最初只用于军事领域的计算机，到如今的数据和算法，技术的进步不断推动着技术伦理关注焦点发生转变。从历史上看，人工智能领域大致呈现三足鼎立的局面。符号主义认为人工智能源于数理逻辑，企图模拟人类大脑的逻辑结构来加工处理信息知识，前文中讨论的专家系统就是符号主义理论的成功运用，这对人工智能走向工程应用和实现理论联系实际具有重要意义。但是符号主义的知识获取、知识表示，以及知识的处理和应用过程都存在着一定的局限。联结主义源于仿生学，以当前大热的深度学习模式为代表，通过对人脑模型的研究进行数据的计算和处理。但其被公认更适用于干扰少、强监督的机器学习环境中，此外，算法运作过程中存在的黑箱系统以及算法具体的应用范围也是当前联结主义遇到的重要难题。行为主义源于控制论思想，出现于 20 世纪 80 年代以后，模拟人在控制过程中的行为，重视反馈的作用，并利用反馈信息调整系统运作过程中的偏差，在智能控制和智能机器人系统方面作出重要贡献。但是行为主义简化了人类的行动过程，即便存在着反馈环节，却忽视了刺激反应之中人的主体性因素的作用，难免会陷入机械环境决定论的泥沼。

以上对于人工智能三大门派的分析表明，不同的思潮各自存在着固有的缺陷和弊端，单纯依靠某一流派的观点或技术基本上不可能实现人工智能的突破性进展①。人工智能是一个整体，真正实现了人工智能的机器是三种学派力量的集合。行为主义可以发挥其宏观的视角，为联结主义指导下的神经网络制定规划，而更贴近人类思维的符号主义则可以弥补微观层面上的不足。这样，各类子系统累加形成巨大的智能网络，才能够实现强人工智能的融合。

（二）人的主体选择：以人为本，充分体现人类智能的主动性和多样性

相比较而言，机器擅长处理具有家族相似性的事物，即将事物抽象为普遍和一般并进行处理，人则是优于处理非家族相似性的事物，即人类可以从不相识/相似的事物中抽取相识/相似性。② 算法开发过程中，为了追求普适性，机器会把特定的符号从特定的文化背景中抽离，归纳为相似的特征，这样难免会产生偏向。

从算法的开发及运行过程来看，这涉及四个方面的问题，第一是社会根源问题的

① 刘伟.人机智能融合：人工智能发展的未来方向[J]. 人民论坛・学术前沿，2017(20)：34-40.

② 刘伟.追问人工智能：从剑桥到北京[M]. 北京：科学出版社，2019：233.

追溯,例如公平与歧视的区隔,符号多义性带来的隐含偏见等。这是一个持续不断的过程,需要我们一起努力。第二是技术根源的多样性问题,包括数据多样性和技术人员的多样性。保持数据的多样性是从源头解决算法偏向问题的方法之一,如果数据集的种类不够多样,那么将会导致系统决策的偏向,从而使得偏向永存。算法应该为所有类型的人构建,保证技术人员的多样性,即保证种族、性别认同、宗教和社会经济背景的多样性,可以使得算法开发过程中始终存在不一样的声音。第三是完善流程设计过程。通常深度学习模型在应用之前会进行性能检测,这被认为是解决偏向的重要手段,但实际操作中一组数据通常会被一分为二,一部分用于训练机器,另一部分被用于性能检测,这样的两部分数据源于同样的收集过程,拥有相同的偏差,性能检测并没有发挥作用。因此,这就需要技术人员进行完善的流程设计。第四是明确算法的应用领域。社会科学讲究因地制宜、具体问题具体分析,但是计算机科学往往追求某一系统在多领域多环境下的通用性,例如源自于司法领域的算法被应用于求职过程。不同的思考方式导致了偏向问题的产生,算法工程师应当纠正旧思想,明确不同算法的适用领域,纠正偏向。

人工智能系统的开发和修复完全取决于人类智能,因此为了应对算法的偏向问题,不过分依赖数据,重视人类智能的重要性,实现人机融合才是行之有效的解决方向。

(三)资本驱动和非商业化的对抗:重视外部监管的力量

目前,许多核心算法技术主要由营利性公司开发和管理,这些核心技术同样被视为公司重要的知识产权。资本驱动下,商业利益和社会效益很难达到平衡。

首先,算法问责制与隐私权之间存在矛盾。一方面,出于保护公司核心机密的目的,算法无法实现真正的公开透明。另一方面,公开过多与有关算法工作原理有关的信息可能会为别有用心之人提供便利。而且,对透明度的要求还与多年以来人们为保护隐私而做的努力有冲突。其次,企业经济利益与社会效益二者难以平衡。为了留住更多用户,算法将不顾可能会产生的社会后果,充分发挥其“优势”。“你关心的,才是价值”这类口号正是这种思想的产物,而单一的信息推送将导致用户过度追求片面信息的满足。

为了避免泄露商业机密、维护企业商业利益,建立权威的第三方监管机构是行之有效的监管办法,这在一定程度上可以打破各方争执不休的僵局,使问题得到解决。例如,2018 年 4 月,AI Now 研究所为有意使用算法进行决策的公共机构制定了一个框架，以此监督算法在公共领域中的应用。[①] 也有一些科学家尝试从外部发现商业算法中存在的偏向，计算机科学家 Christo Wilson 创建了一个使用 Uber 平台叫车的虚拟乘客，还将虚拟简历上传到求职网站中，以测试这些应用程序背后运行的算法是否存在性别偏见[②]。

加强法规治理，重视外部监管的力量，是平衡算法透明与隐私权，实现商业利益与社会效益双赢的重要平衡点。

结论

算法技术的突破与发展始终要为人类社会发展服务，算法应当成为使日常生活的更加便捷高效的工具，而不应成为社会问题的放大镜。算法带有深刻的社会文化及历史烙印，随着它和社会生活的进一步交融，可能会有更多的新问题产生，由此来看，要真正克服算法偏向，就必须有持续观察算法与社会互动行为的机制，形成算法与社会互塑的公共空间，以增强人类对于算法的认识，提高算法的开放性，寻求人与算法的和平共处之道，让算法真正为社会服务。

〔黄佩，北京邮电大学数字媒体与设计艺术学院教授，网络系统与网络文化北京市重点实验室副主任；贾文颖，中国教育报刊社海外传播中心编辑〕

〔特约编辑：叶明睿〕

① NAPOLI P M. The algorithm as institution: toward a theoretical framework for automated media production and consumption[D/OL]. New York: Fordham University, 2013[2022-03-19]. https://papers.ssrn.com/sol3/papers.cfm? abstract_id=2260923.

② ÁGUILA-OBRA A R D, PADILLA-MELÉNDEZ A, SERAROLS-TARRÉS C. Value creation and new intermediaries on internet. An exploratory analysis of the online news industry and the web content aggregators[J]. International journal of information management, 2007, 27(3): 187-199.

区县融媒体的基层社会治理功能定位与服务拓展研究*

Research on the Function Orientation and Service Expansion of County-level Convergence Media in Basic-level Social Governance

◎崔　林　吴　昊

Cui Lin　Wu Hao

摘要:媒体融合发展对社会治理功能的引入和强化,使区县融媒体的定位进一步深化并承担起推进基层社会治理的职责。作为国家战略的基层社会治理离不开作为基础架构的区县融媒体的参与。基层社会治理中的区县融媒体,应以协调全民共建、动员全民共治以及助推全民共享为其角色定位。在服务拓展中,区县融媒体应提升舆情治理中的预警应急与联动处置能力,推动政务服务的信息化与智慧化转型,以多元服务与开放共享拓展公共服务,在商务服务中整合资源、推动发展,进而助推基层社会治理体系现代化。

关键词:基层社会治理;区县融媒体;功能;服务

Abstract: The introduction and strengthening of social governance function by media convergence development has made county-level convergence media deepened the position and assumed the responsibility of promoting basic-level social governance. As a national strategy, basic-level social governance cannot be separated from the participation of county-level convergence media as an infrastructure. In the field of basic-level social governance, county-level convergence media should play a role in promoting co-construction, co-governance and sharing. In order to promote the modernization of basic-level social governance system, county-level convergence media, in terms of their

* 本文系国家社科基金重大项目“建立健全我国网络综合治理体系研究”(项目编号:20ZDA061)的阶段性成果。

service expansion, should improve the ability of early warning and emergency response, promote the transformation of government services by informatization and intelligent, expand public services with diversified services and open sharing, integrate resources and promote development in business services.

Keywords: basic-level social governance, county-level convergence media, function, service

社会治理是指政府、市场、社会组织、公民在形成合作性关系的基础上，运用法、理、情三种社会控制手段解决社会问题，以达到化解社会矛盾、实现社会公正、激发社会活力、促进社会和谐发展目的的一种协调性社会行动。① 中国语境下的社会治理，是在中国共产党的集中统一领导下，政府、社会组织、公众等在互动协商的基础上，以新技术为支撑，通过资源的优化配置，共同努力解决社会问题、回应人民治理需求的过程。②

当前，信息技术的升级迭代以及媒体融合发展向纵深推进使得社会治理的载体、渠道、方法和手段不断向信息化、智能化方向拓展。新时代，不断提升社会治理现代化水平，需要创新基层社会治理，需要充分发挥区县融媒体的作用。

一、国家战略与基础架构：建构基层社会治理现代化新格局

社会治理是国家治理的重要方面，是国家治理体系和治理能力现代化的组成部分。党中央在十八届三中全会中明确提出："创新社会治理，必须着眼于维护最广大人民根本利益，最大限度增加和谐因素，增强社会发展活力，提高社会治理水平。"③这是"社会治理"首次出现在中央文件当中，既与"完善和发展中国特色社会主义制度，推进国家治理体系和治理能力现代化"④的全面深化改革总目标相呼应，又顺应了新时期我国经济转轨、社会转型的形势要求和人民群众的新期待。

---

① 陈成文，赵杏梓.社会治理：一个概念的社会学考评及其意义[J].湖南师范大学社会科学学报，2014，43(5)：11-18.

② 郁建兴.社会治理共同体及其建设路径[J].公共管理评论，2019(1)：60.

③ 共产党员网.中国共产党第十八届中央委员会第三次全体会议公报[EB/OL].(2013-11-12)[2021-11-01]. https://news.12371.cn/2013/11/12/ARTI1384256994216543.shtml.

④ 中共中央关于坚持和完善中国特色社会主义制度 推进国家治理体系和治理能力现代化若干重大问题的决定[EB/OL].(2019-11-06)[2021-11-01].http://cpc.people.com.cn/n1/2019/1106/c64094-31439558.html.

(一)基层社会治理的国家战略

基层社会治理是我国现代化治理体系建设的固本之策。党的十八大以来,习近平总书记始终强调基层工作的重要性,明确提出"基础不牢,地动山摇""社会治理的重心必须落到城乡、社区"[①]等重要指示。全面加强基层工作,持续改善工作方法,构建基层社会治理新格局,满足人民群众日益增长的美好生活需要,是当前和今后一段时期内我国必须加以研究解决的重大理论和实践课题。在当前的时代背景下,我国社会治理的国家政策和指导思想正逐渐向基层聚焦。基层是社会治理的深厚基础和重要支撑,治国安邦重在基层,我们必须将基层社会治理作为长远规划和夯实基础的重大战略。

基层社会治理是推动共同富裕微观落地的重要举措。党的十八大以来,习近平总书记发表了一系列重要论述,为扎实推动共同富裕提供了根本遵循和行动指南。2021年1月11日,习近平总书记在省部级主要领导干部学习贯彻党的十九届五中全会精神专题研讨班开班式上表示,实现共同富裕不仅是经济问题,而且是关系党的执政基础的重大政治问题。要统筹考虑需要和可能,按照经济社会发展规律循序渐进,自觉主动解决地区差距、城乡差距、收入差距等问题,不断增强人民群众获得感、幸福感、安全感。[②] 实现共同富裕是基层社会治理的本质追求之一。首先,以基层社会治理推进基层社区建设。将美好生活的目标指向与现代化的前进方向落实到群众生产生活基本单元,激励基层社区创新、创业与创造,推动社区服务优质共享,进而将共同富裕惠及基层群众。其次,以基层社会治理推进乡村建设,助力实现新时代美丽乡村,将社会公共资源、城市公共设施、城市公共服务、城市文明等不断引入农村,进而为农村群众实现共同富裕创造实现条件。

增强基层社会治理是发展全过程人民民主的内在要求。习近平总书记在庆祝中国共产党成立100周年大会上强调:"发展全过程人民民主。"[③]发展全过程人民民主是中国特色社会主义民主的特点与优势,而增强基层社会治理能力是发展全过程人民民主的重要举措。改革开放以来,我国不断探索创新基层社会治理的实现途径。在党

---

① 习近平:社会治理的重心必须落实到城乡、社区[EB/OL].(2016-03-05)[2021-08-08].http://politics.people.com.cn/n1/2016/0305/c1024-28174494.html.

② 习近平在省部级主要领导干部学习贯彻党的十九届五中全会精神专题研讨班开班式上发表重要讲话[EB/OL].(2021-01-11)[2021-07-28].http://jhsjk.people.cn/article/31996276.

③ 在庆祝中国共产党成立100周年大会上的讲话[EB/OL].(2021-07-02)[2021-07-28].http://jhsjk.people.cn/article/32146864.

的领导下,我国基层社会治理不断深入开展,形成了一系列卓有成效的、颇具中国特色的制度安排。以基层社会治理助推全过程人民民主不断发展,能够有效激发人民群众参与公共议题,而区县融媒体在这一实践中大有作为。例如,北京市朝阳区融媒体中心依据区域特色,首创区县融媒体分中心模式,以“互联网+城市治理”助推双井社区创建“13社区”,与双井街道党委共建社区融媒体矩阵,用拉家常的方式传播党和政府的方针政策,用贴标签的形式开展社区话题传播,用信息化手段服务群众的多元需求,保障了双井社区群众的基层民主实践,也推动了双井社区基层社会治理水平显著提升。

(二)媒体融合发展的基础架构

四级融合发展布局是我国媒体融合发展的基础架构。四级融合发展布局体现了互联网思维下治理模式的跟进与更新,其指向的是互联网思维下媒体融合发展的基本模式和路径:建构一个层级化与网络化、垂直化(纵向)与平台化(横向)、中心化与多元化、统一性与差异化、线上与线下、内部与外部等架构融合、功能融合、效果融合的新的传播生态体系,即所谓的全媒体传播体系。而在这一基础架构中,区县融媒体是媒体融合垂直下沉、打通全域的“底盘”。

我国四级融媒体在发展过程中,有效配置各类资源、协同分工,才能最大限度地发挥各级融媒体的独特优势,形成一条特色鲜明、体系完善的生态链。中央级主流媒体的融合改革具有极强的前瞻性,呈现全国示范与价值引领的特征。省级主流媒体充分利用头部资源优势,呈现省域治理与基层赋能特征。地市级主流媒体依托地区发展特色,因地制宜与资源整合成为其落脚点。而作为党中央在全面深化改革的过程中对媒体融合发展和全媒体布局的一项重要部署,作为信息传播和舆论引导工作“最后一公里”的区县融媒体,担当着引导群众、服务群众的使命职责,而这恰好与基层社会治理的核心要求相契合。

区县融媒体中心是我国基层群众工作的基础性架构。当前,推动“两个中心”融合发展成为区县推进基层群众工作的重要方法。“两个中心”即区县融媒体中心与新时代文明实践中心。2018年8月,习近平总书记在全国宣传思想工作会议上指出:“要切实抓好县级融媒体中心建设,更好引导群众,服务群众。”[①]同时,习近平总书记强调“推进新时代文明实践中心建设,不断提升人民思想觉悟、道德水准、文明素养和全社

① 习近平.举旗帜聚民心育新人兴文化展形象 更好完成新形势下宣传思想工作使命任务[EB/OL].(2018-08-22)[2021-07-20].https://www.xinhuanet.com/politics/2018-08/22/c_1123310844.htm.

会文明程度”[1]，这是“两个中心”第一次共同出现在党的工作报告之中。在我国的基层实践中，不少地区将区县融媒体中心与新时代文明实践中心进行统筹建设。云南省玉溪市元江县新时代文明实践中心的建设以元江县融媒体中心为基础，统筹全县的理论宣讲、教育服务、文化服务、科技与科普服务以及健身体育服务，在“金芒果文化旅游节”等特色地方节日中开展文明实践志愿活动，为群众提供咨询、健康、引导等服务，有效维持了大型活动中的公共秩序。

区县融媒体中心是新时代文明实践中心发挥效能的线上阵地。在媒体融合的时代语境下，扎实推进新时代文明实践中心建设必须依托县级融媒体的基层阵地。当前，改革开放的不断深入、新技术的发展助推对基层群众工作提出了新要求，作为党中央基层思想文化宣传与农村精神文明建设工作的重大部署，新时代文明实践中心需要与区县融媒体实现联动，发挥效能。新时代文明实践中心的各类特色志愿服务活动是其线下阵地，而区县融媒体的全媒体矩阵是其传播主流价值观的重要线上渠道。新时代的基层群众工作应将线下线上两种资源统筹起来，形成有形阵地和无形阵地相贯通、网上与网下相叠加的舆论传播工作格局。例如，安徽省淮北市濉溪县融媒体中心联合濉溪县新时代文明实践中心，在“濉溪发布”客户端打造图文直播节目《新时代文明实践在濉溪》，第一时间直播展示全县新时代文明实践活动场景，以接地气、暖人心的活动内容推动新媒体平台聚民心、强信心，实现了“两个中心”的同频共振。

区县融媒体中心能有效助力新时代文明实践中心的“互联网＋”实践。当前，互联网技术高速发展，越来越成为社会基础设施的重要一环，社会结构的变化对国家的社会治理提出新要求。有赖于新媒体技术的扁平化和交互性特征，媒体融合的发展简化了公民参与社会治理的过程，降低了成本。区县融媒体中心坚持良性引导和理性推动并举，通过吸纳群众意见、公开权威政务信息、招募基层志愿者等方式，鼓励广大基层群众积极参与文明实践活动，共享文明实践成果的重要传播渠道。此外，区县融媒体中心能够有效推动文明实践的供给侧和需求侧精准对接，引导民众主动践行文明观念，增强文明实践的针对性和有效性。

在融合发展的进程中，作为基层社会治理基础性架构的区县融媒体不断拓展其功能与定位，在工作导向上，坚持以人民为中心；在传播立场上，维护舆论场稳定、传播正能量、宣扬主流价值观；在服务群众上，提升了网络参政议政的内涵[2]，为区县融媒体

① 习近平.举旗帜聚民心育新人兴文化展形象 更好完成新形势下宣传思想工作使命任务[EB/OL].(2018-08-22)[2021-07-20].https://www.xinhuanet.com/politics/2018-08/22/c_1123310844.htm.

② 刘云川.善用新媒体创新群众工作方式[J].求是，2014(8):40.

服务社会治理的国家战略发挥了不可或缺的作用。

二、共建、共治、共享：区县融媒体的基层社会治理功能定位

在大众传播发展史研究中，关于媒体社会角色的探讨主要围绕大众传播功能展开。① 党的十九大报告提出，打造共建共治共享的社会治理格局。② 共建共治共享是加强和创新社会治理的基本要求，也是融媒体充分发挥其社会治理重要作用的着眼点。作为我国行政层级设置中的“基层”，区县级行政单位的辖控范围更有利于实现治理主体对客体的精细化覆盖。区县级融媒体具有本地优势，与区域内群众最为贴近，在构建共建共治共享的基层治理格局上有着天然优势。

（一）扩大民意表达渠道，协调全民共建

所谓共建，指的是全社会共同参与社会建设，是构建人人有责、人人尽责、人人享有的社会治理共同体的必然要求，是社会治理最基础的内涵。加强和创新社会治理，旨在提高社会治理现代化水平，确保社会安定有序、人民群众安居乐业。这与每一位社会成员的参与和奉献息息相关。媒体融合发展，有利于切实落实社会治理共建要求；多元互动的全媒体传播体系，有利于拓宽舆论表达渠道，促成社会共识，打造“网上网下同心圆”，让群众“心往一处想、劲往一处使”，齐心协力，共同为社会治理作出贡献。

在推进社会治理现代化的过程中，一方面，区县融媒体肩负着引导舆论、凝聚共识的责任。尤其是在地方性突发事件、重大舆情等特殊场景中，通过新闻发布等方式，区县融媒体可以快速告知民众准确、真实、关键、重要的信息，从而引导地方民众形成理性认知、达成共识。另一方面，区县级融媒体中心近年来不断提升内容质量、丰富产品形式，注重用本地语言讲好基层故事，满足了当地群众对于优质内容和信息的需求，也增强了群众对区县级融媒体的亲切感、连接感、认同感。

（二）集中人民群众智慧，动员全民共治

共治是指全民共同参与社会治理，建立一个全民参与的开放的治理体系。随着改

---

① 丁和根.媒体介入基层社会治理的现状、角色与维度[J].新闻与写作，2021(5)：5-13.

② 习近平在中国共产党第十九次全国代表大会上的报告[EB/OL].(2017-10-28)[2021-07-28].http://jhsjk.people.cn/article/29613660.

革开放和社会主义市场经济的发展,我国社会发生了深刻而复杂的变化。我国快速现代化进程中出现了各种各样的社会问题,仅靠单方面的力量难以解决。因此,社会治理不仅需要党委、政府承担起重任,还必须引入多元社会主体,各方力量通力合作,共治共享。区县融媒体在实现基层共治层面起到重要且直接的作用。借助全媒体传播体系,党委、政府能够更快更全面地了解社会情况和舆论民意,凝聚群众智慧和力量。

区县融媒体是区域政务服务的重要提供者。当前,社会治理环境和形势错综复杂,这要求区县融媒体融通各级政务资源,担当起群众与政府的沟通桥梁的角色。政府服务的目标在于满足公众基本需求,需要公共资源提供强有力的支撑,包括教育、医疗、交通等。区域融媒体与地方党政体系深度融合、互相嵌入,在政府公共数据资源方面具有相当优势。公共数据资源的整合利用,能够极大促进政府职能部门与各办事机构之间的协作,合力为基层群众提供更加快捷方便的公共服务。

(三)促进群众广泛参与,助推全民共享

共享指的是全民共同享有社会治理成果,使社会治理的成效更多更公平地惠及全体人民,不断满足人民群众日益增长的美好生活需要。社会共建共治的最终目的是社会共享。坚持以人民为中心、保障人民群众的合法权益是加强和创新社会治理的核心,促进人民福祉和全面发展是社会治理的出发点和目标。

媒介的发展打破了信息传播的时空限制和壁垒,信息无人不用、无处不在、无时不在。媒体融合发展有效满足了人民群众不断攀升的信息需求欲望,有效消除“信息鸿沟”带来的社会不公,推动社会治理成果共享全面实现。此外,全媒体传播体系的发展进一步调动了人民群众广泛参与社会治理的积极性和主动性,保障了人民群众在社会治理中的知情权、参与权、表达权和监督权,使得人民群众能够使用监督和评判的权利,从而更好地实现社会治理成果的共享。

区县融媒体是基层社会协商的重要平台,为政府和人民群众搭建了沟通桥梁。充满社会活力的政民互动是社会协商治理的关键。随着区县融媒体中心建设及其传播平台矩阵的不断丰富,基层民众参与社会治理的渠道不断拓宽。通过融媒体平台,人们可以直接向政府部门表达个人意见和利益诉求,就自己关切的议题与政府部门进行讨论、对话和协商,这保障了政民之间的对话空间,助力共享基层社会治理成果。

总而言之,随着社会治理向基层聚焦、向信息化迈进,作为民众与政府沟通的重要纽带和桥梁,区县融媒体已经成为满足当地人民在政务、民生、文化等各个方面需求的基础平台。这一纽带和平台实现了基层政府和群众之间的有机连接,发挥了融合媒体

的功能和优势，提升了我国社会治理的水平。而从微观层面来看，区县融媒体拓展其基层社会治理功能，主要涵盖舆情治理、政务服务、公共服务、商务服务四个层面。

三、提升服务效能：基层社会治理体系现代化的路径探索

对媒介社会功能的考察应将其置于技术迭代与社会发展的动态环境中。媒体之所以具备诸多社会功能，源于其对社会公众的有效传播能力、聚合能力和引导能力。[①]区县融媒体要实现对基层社会治理的有效赋能，其功能拓展的具体落点应在于服务。近年来，区县融媒体通过不断提升自身服务功能，加强与地方政府职能部门深度融合，推动基层治理手段创新发展，在当前社会治理环境下发挥出越来越重要的作用，成为新时代推进基层社会治理的重要抓手。具体来看，区县融媒体在基层社会治理中的服务拓展，应聚焦舆情治理、政务服务、公共服务以及商务服务。

（一）舆情治理：预警应急，联动处置

主流媒体参与舆情治理的核心是环境监测与社会调适。舆情应对是一项庞大而复杂的系统工程，舆论的生成具有主体多元、不可控因素多样、预测难度大、涉及范围广等特征。舆情应对是否通畅，机制是否合理，回应是否及时，都将直接影响舆情治理的效果。对区县融媒体来说，在舆情治理中把握应对主动权，畅通主流信息渠道，增大基层的主流舆论声量是其参与基层社会治理的重要职责所在。

研判舆情热点，提升联动处置能力。当前，大数据等新兴技术的发展使得引入舆情大数据系统成为主流媒体深度参与舆情治理的必由之路。主流媒体基于舆情监测系统，实现舆情监测、预警、研判、报送、反馈等功能，不断优化新闻发布、突发事件新闻应急联动处置、媒体舆情监测与处置等工作流程，进而达成覆盖舆情治理各工作环节的诉求。在这之中，大数据系统对舆情研判工作的赋能显得尤为重要。区县融媒体通过“机器自动抓取＋人工录入”的方式实现基层舆情数据精准采集，并对采集的舆情数据加以分类与汇总，针对突发事件、舆情信息进行“追踪”与深度研判，进而为舆情应急处置提供数据依据，助力区域党委、政府工作决策，实现区域宣传同频共振。

重视话题引领，提升应急管理能力。从表现的形式上来看，舆情事件通常都具备一定的突发性。区域突发事件上升到网络时，便形成网络突发舆情事件，将给区域舆

---

① 张悦，张宏伟.主流媒体参与社会治理的功能建构与建设现状[J].北京航空航天大学学报（社会科学版），2021，34(2)：39-45.

论引导造成更大的应对压力。作为专业媒体,区县融媒体应利用自身的权威性与公信力,联动自身全媒体传播矩阵与其他权威主流媒体,精准把控舆论热点与痛点,构建公众关切与媒体关注相结合的话题内容,形成对话题的集中关注,进而最大限度地引领舆论导向。此外,在话题引领的基础上,主流媒体应构建政府、融媒体中心以及群众的"舆情三角协作模式",帮助群众解决难题,有效提高媒体应对突发舆情的综合能力。

创新工作机制,提升舆情治理效能。当前,随着大数据时代的来临,AI、5G 等技术的运用和推广使网络舆情变得更加复杂。在原有的舆情服务和产品的基础上,近年来许多区县融媒体结合群众需求,从工作层面创新舆情治理手段。第一,未来舆情风险评估。区县融媒体在大数据的加持下,第一时间对潜在的舆情风险进行预测与评估,以更加充足的准备应对舆情危机。第二,舆情资源库建设。区县融媒体依托舆情大数据系统,将大量的舆情案例与数据存入云端,成为未来舆情治理的重要参照。第三,构建区域特色的工作体系。以北京市丰台区融媒体中心为例,该中心在丰台区丽泽金融商务区等核心地区设立 3 个融媒体分中心,围绕学校、医院等基层单位及社区建设 200 多个"新闻采集点",与航天一院、航天三院等重点驻区单位建立起日常联动机制,进而构建起点、线、面结合的基层舆论引导工作体系,为实现区域全覆盖、基层总动员提供有力抓手。

(二)政务服务:信息化与智慧化转型

技术变革与社会变革之间总是存在着一定的时间差,只有经过技术与社会的双重调适,更为优化的技术创新模式与社会治理路径才有可能形成,才能更好地服务于全面建设社会主义现代化国家的目标。[①] 当前,以各级主流媒体为抓手,我国"数字政府"建设稳步推进。政务服务平台的不断升级,为人民群众提供了更便利的服务,对提升人民群众幸福感和获得感具有重要意义。线上政务服务,即借助互联网平台融通各个政府部门资源,创新行政服务的方法和手段。这一形式有利于提高信息的共享度,提升政府部门的办事效率,以及盘活一些在线下不容易发挥作用的政务资源。

权威发布,回应群众关切。区县融媒体作为政府发布官方信息的重要渠道,在政务服务中作用显著。我国政府的新闻发布活动在社会治理中发挥了降低风险、降低治理成本和降低社会对抗的效果。[②] 当前,智能手机等移动终端的广泛使用令信息发布

① 崔林,尤可可.支撑、协同与善治:新时代国家治理体系中技术要素的功能研究[J].新闻与写作,2021(4):26-31.

② 周庆安,卢明江.制度场域构建与治理体系现代化:基于 2019 年政府新闻发布的观察[J].新闻与写作,2019(12):68.

主体日益多元、传播载体不断丰富，区县政府通过区县融媒体发布权威信息势在必行，区县融媒体将突发事件信息整合在报、台、网、端、微等传播平台发布，满足公众信息权和监督权，真正起到举旗帜、聚民心的作用。

政务公开，完善服务标准。与商业互联网平台相比，区县融媒体拓展政务服务在体制、地利等层面优势明显，能够及时有效地根据地方政策变化而调整区域政务服务，进而提升政务服务效能以及政府的媒介形象。政务服务要提质上档，就要在流程、素质等层面加快标准化建设，如提升对技术难题的重视程度，完善技术支持，打好政务服务的基础；加大引进人才力度，形成更为专业的团队。“政贵有恒，治须有常”。“昙花一现”是很多基层治理创新模式的共同结局，能不能挖掘出政务直播模式的巨大潜力关键在于政务服务是否做到可持续。《第 47 次中国互联网络发展状况统计报告》显示，截至 2020 年 12 月，我国各级政府共开通政务抖音号 26098 个。全国 31 个省(区、市)均已开通了政务抖音号和政务头条号。其中，山东省开通政务抖音号数量最多，总计 1586 个。[①] 政务号虽然已被各地政府尝试使用，但大多并没有形成常态化的运营模式，这对群众的参与度有一定影响。

矩阵传播，达成社会共识。政务信息由政府部门生成，并发布到新媒体端，可在政府内传输。基于区县融媒体各大平台，政务信息不仅可以得到更广泛的传播，还将更亲和、接地气，更富有感染力，从而促进全社会达成共识。区县融媒体应不断加强内容、技术、渠道等方面的协同机制建设，建立以内容建设为根本、先进技术为支撑、创新管理为保障的全媒体融合传播体系。

(三)公共服务：多元服务，开放共享

与群众具有天然连接关系的公共服务是区县融媒体的重要业务范围。2019 年 1 月，中共中央宣传部、国家广播电视总局发布的《县级融媒体中心建设规范》对“公共服务”进行了延伸与拓展，即公共服务应按照“媒体+”理念，将媒体与政务、服务等业务相结合，提供多样化综合服务，满足用户多样化需求。当前，我国区县融媒体的公共服务具有东西部发展差异大、各领域服务水平参差不齐、群众参与意识不强等问题。作为最接近群众的主流媒体，区县融媒体中心应在本地化、多样性与数字化等层面不断拓展。

以本地化提升用户黏性。区县融媒体的创新建设有助于政府深入了解人民群众

① 中国互联网络信息中心.第 47 次中国互联网络发展状况统计报告[R/OL].(2021-02-03)[2021-11-11]. https://zndsssp.dangbei.net/2021/20210203.pdf.

的需求、意见和反馈,有效助力社会治理措施的出台和完善。而因地制宜发展具有本地特色的公共服务,提升群众的认同感与满足感是转变社会治理方式、更新社会治理观念的重要体系。区县融媒体加强公共服务本地化建设,首先应明确基层群众的需求,明确基层公共服务的范畴。在确定基本公共服务范围和标准时,区县融媒体应在详细的科学论证的基础上,统筹考虑不同区域、不同群众在公共服务供给方面存在的差异,以在地性服务满足群众需求,提升本地用户黏性。

以多样性适配生活方式。丰富公共服务的内容与种类是提升服务质量的重要途径。服务内容的多样性可以有效满足群众需求,还有助于进一步提升群众的使用感与参与感。区县融媒体应加强与政府部门的协作,加大对公共服务的宣传力度,将新兴技术成果应用到公共服务的全过程中去;借助大数据的数据反馈,改善服务的内容与质量,提升公共服务标准化;提升对公共服务资源的整合能力,及时发现与基层群众切身利益相矛盾的问题,避免矛盾扩大化。此外,区县融媒体还应建立群众反馈机制,鼓励群众从自身需求出发,对公共服务多样化建设提出有针对性的建议。

以数字化提升服务效能。2021 年 7 月 11 日,新华社受权发布《中共中央、国务院关于加强基层治理体系和治理能力现代化建设的意见》。该《意见》指出,应加快全国一体化政务服务平台建设,推动各地政务服务平台向乡镇(街道)延伸,建设开发智慧社区信息系统和简便应用软件,提高基层治理数字化智能化水平,提升政策宣传、民情沟通、便民服务效能,让数据多跑路、群众少跑腿。① 政府部门应利用好区县融媒体平台盘活政务资源,使政务资源在互联网上得到最大限度的发挥与使用,进而更加高效地服务于人民,服务于社会。公共服务建设是为了更好地服务人民。与此同时,政府部门应进一步提升数字化与智能化水平,以数字化赋能公共服务的服务事项与服务流程创新。具体而言,一是要将数字化与智能化水平纳入公共服务实施效果评价体系之中;二是政府部门在制定公共服务政策过程中,应引入并制定技术标准,以标准化手段规范公共服务中的数字化改革。

(四)商务服务:整合资源,推动发展

2020 年 9 月 26 日,中共中央办公厅、国务院办公厅发布的《关于加快推进媒体深度融合发展的意见》提出:“要发挥市场机制作用,增强主流媒体的市场竞争意识和能

① 中共中央、国务院关于加强基层治理体系和治理能力现代化建设的意见[EB/OL].(2021-07-11)[2021-07-28].https://xhpfmapi.zhongguowangshi.com/vh512/share/10114704? channel=weixin.

力,探索建立'新闻+政务服务商务'的运营模式。"[①]区县融媒体依靠传统关系链变现的经营模式在当前的媒体环境下显然已不合时宜,创新发展模式,探索切实可行的发展道路成为其参与基层社会治理必须要解决的难题。区县融媒体不仅要提高信息的质量与准确性,还要因地制宜、顺势而为,结合互联网发展趋势,尽快形成较为完善的商务发展模式。

立足"互联网+电商",以公信力赋能消费动员。2020年4月20日,习近平总书记在陕西省柞水县调研脱贫攻坚情况时,鼓励当地电商直播人员说:"电商,在农副产品的推销方面是非常重要的,是大有可为的。"[②]在市场客观需求和外部条件的共同推动下,各级主流媒体开始在电商直播领域摸索。区县融媒体中心联合淘宝、京东、澎湃、趣头条等电商销售平台,以"主题宣传+区域特产+互动直播+电商销售"的新模式助力区域农副产品销售。在电商直播中,区县融媒体依托专业视频直播技术,还经常采用多场景、多位置、多角度呈现画面,还原场景的拍摄手法推广农副产品。以"县长直播"为例,在区县融媒体打造的直播场中,县长以地方领导和消费者的双重身份,将地方资源禀赋、文化历史、风土人情融入特色优质农产品推广中,为当地特色农产品提供有力支持,也能迅速缩短与民众之间的距离。值得注意的是,在推动"互联网+电商直播"的过程中,作为官方话语代表的区县融媒体与追求商业利益的企业和个人不同,其一举一动都体现着官方的责任,必须具有客观性和公信力。因此,在进行直播前,从货物的源头、生产再到商品的品质,相关团队都应严格把控。此外,直播时主播们的一言一行必须审时度势,符合政府形象,对政府与人民负责。

推进"互联网+产业",发展周边产品与产业集群。依据中央的文件精神,在今后的"新闻+政务服务商务"运营中,区县融媒体需要根据用户的信息需求和使用体验,结合产品导向,构建相应的传播模式、传播形式、视觉机制和价值补偿机制。当前,区县融媒体不断拓展服务边界,其中对文化、旅游等产业的融合探索是重要方向。推进"互联网+产业"发展,不仅是其深耕商务服务的重要体现,更是以产业赋能互联网发展,深度参与基层社会治理的重要举措。媒体与产业的融合,不仅可以促进产业的蓬勃发展,为新型产业与文化产业的发展注入新的活力,还可以刺激媒体的发展,使之在不断深入的媒介融合中,找到发展的新方向,真正满足全媒体时代的形势要求。因此,

① 中国政府网.中共中央办公厅 国务院办公厅印发《关于加快推进媒体深度融合发展的意见》[EB/OL].(2020-09-26)[2021-11-11].http://www.gov.cn/xinwen/2020-09/26/content_5547310.htm.

② 习近平:电商在农副产品销售方面大有可为[EB/OL].(2020-04-21)[2021-11-12].https://m.gmw.cn/2020-04/21/content_33756629.htm.

区县融媒体应依托全媒体,服务于社会,助推国家治理体系与治理能力的现代化。

结　语

现代社会治理能力建设离不开新闻传播子系统和全媒体传播体系的建设。从结构功能论视角来看,社会是由不同结构功能组合而成的整体系统,各组成部分发挥各自功能,同时相互联系、相互作用。在社会系统中,媒体通过信息传递、意义解释和关系协调发挥着自身的社会功能,实现社会整合和模式维护,在服务社会上层建筑、维护现行社会秩序、实现社会治理方面发挥重要作用。具体到中国的传播情境和社会语境,在传统媒体寻求转型发展的过程中,区县融媒体不能仅仅满足于将自身定位为简单的内容生产者和信息传播者,而要将重点定为成为新时代社会治理中的综合信息平台。作为现代化治理体系建设的固本之策的基层社会治理,离不开区县级融媒体中心的功能发挥与责任担当。作为区域传播主力军的区县融媒体,是当前和今后一段时期内我国媒体融合沿着纵深化、垂直化、全域化方向发展的重要依托。区县融媒体应准确把握媒体融合发展趋势,不断拓展自身功能定位,进而促进基层社会治理专业化、信息化、智能化水平的提升。

〔崔林,中国传媒大学电视学院教授;吴昊,中国传媒大学电视学院博士研究生〕

〔特约编辑:叶明睿〕

基于媒介与社交赋能视角的老年人健康感知影响研究*

Effects of Media Use and Social Interaction on Self-perceived Health of the Elderly

◎ 何国平　袁　硕

He Guoping　Yuan Shuo

摘要：老年人往往被认为是与数字红利无缘的数字弱势群体。在老龄化加剧的社会现实下，老年人媒介使用与社会交往可否赋能健康感知，弥合社会鸿沟呢？本文运用 CGSS2017 数据，实证分析老年人媒介使用与健康感知的关系，并运用 Hayes 的 Process 组件检验社会交往的中介效应。本文发现，报纸、电视和互联网使用对老年人健康感知产生影响但程度有差别，广播对身心健康感知均不产生影响。亲戚交往、朋友交往和与其他朋友交往显著正向影响身体健康感知；亲戚交往显著正向影响心理健康感知。在媒介使用对健康感知的影响关系中加入社会交往中介变量，本文发现其在媒介使用分别同身体健康感知、心理健康感知的影响路径上分别产生 10.8%、2.32%的中介效应力，其中亲戚交往在上述两条影响路径上均有显著作用。

关键词：媒介使用；健康感知；社会交往；中介效应

Abstract: The elderly are often considered to be digitally disadvantaged and excluded from digital dividends. In the China reality of an increasingly aging society, can media usage and social interaction empower the elderly with self-perceived health and bridge the social gap? In this paper, CGSS2017 data were drawn to empirically analyze the relationship between media usage and self-perceived health of the elderly, and Hayes' Process component was used to test

* 本文系 2020 年度国家社科基金重大项目“健全重大突发事件舆论引导机制与提升中国国际话语权研究”（项目编号：20&ZD320）的阶段性研究成果。

the mediating effect of social interaction. It is found that newspaper, TV and Internet use have different effects on self-perceived health of the elderly, while radio has no effect on physical self-perceived health and mental self-perceived health. Social contact with relatives, friends, and other friends had significant positive effects on physical self-perceived health. Relative interaction has a significant positive effect on mental self-perceived health. Adding the mediating variable of social interaction to the relationship between media usage and self-perceived health, it is found that media usage has a mediating effect of 10.8% and 2.32% on the influence paths of media usage and physical self-perceived health and mental self-perceived health, respectively. The relationship between relatives is significant in the above two influence paths.

Keywords: media usage, self-perceived health, social interaction, mediating effect

一、问题提出

全国第七次人口普查数据显示,我国 60 岁及以上人口为 26042 万人,占总人口的 18.70%,与“六普”(2010 年)相比,上升 5.44%,①我国正由老龄化社会向老龄社会转变。老年人的健康问题受到国家顶层设计的高度关注,2021 年 3 月通过的《中华人民共和国国民经济和社会发展第十四个五年规划和二〇三五年远景目标纲要》明确指出,“要把保障人民健康放在优先发展的战略位置,健全老年人、残疾人关爱服务体系和设施”②。

健康感知(self-perceived health,也称“自感健康”)是人们对自己身体健康与心理健康状态的主观感觉与认识,受到多重外部因素的影响,如社会因素、医学因素、经济因素等。在传播数字化、智能化的新时代,媒介使用(media usage)成为老年人获取健康信息与进行健康沟通的常规渠道,也是他们维护社会关系的重要介质,因而影响老

① 国家统计局. 第七次全国人口普查主要数据情况[EB/OL].(2021-05-11)[2021-10-30].http://www.stats.gov.cn/tjsj/zxfb/202105/t20210510_1817176.html.

② 中共中央关于制定国民经济和社会发展第十四个五年规划和二〇三五年远景目标的建议[EB/OL].(2020-11-03)[2021-11-05].http://www.gov.cn/zhengce/2020-11/03/content_5556991.htm.

年人的主观健康感知。老年人曾被视为“数字弱势群体”①，但近年老年人媒介使用出现较大的两极分化，一方面，如趣头条联合澎湃新闻发布的《2020老年人互联网生活报告》显示，60岁以上用户日均使用网络时长达到64.8分钟，比40岁以上用户的使用时长多16.2分钟，也高于平台用户平均水平，②60岁以上用户成为网络的活跃用户和重度用户；另一方面，部分老年人被数字鸿沟(digital divide)挡在数字红利之外，以本次新冠肺炎疫情为例，社交媒体上错误信息(misinformation)、虚假信息(disinformation)乃至恶意信息(malinformation)盛行，形成“信息茧房”，成为导致“存在性焦虑或忧虑”(existential angst or dread)③的重要源头，给老年人的健康感知带来负面影响。

因此不管哪种情况，媒介化已成为深度影响社会和日常生活的形塑力量(moulding forces)④，它不仅中介化(mediated)老年人对生活环境的感知，还对老年人的价值观进行再塑造⑤。那么，老年人的媒介使用和社会交往是否增进健康感知，因而具有赋权效能呢？老年群体的社会交往是否中介化媒介使用对健康感知的影响？当前，这些问题在中国语境下基于严格科学抽样基础上的实证中，并没有得到满意的回答。本研究尝试以2020年10月发布的最新一期中国综合社会调查数据(CGSS2017)进行定量分析，回应上述问题。

二、文献综述及理论假设

(一)媒介使用与健康感知

媒介使用指个体接触和使用媒介的行为。麦克卢汉认为，媒介形态会对人的心理认知产生影响。⑥ 传播学领域关于媒介使用的研究主要基于使用与满足的逻辑和理论线路，即媒介使用是有意志的行动(volitional action)，主体根据自身的需求和自我认知选择媒介，因为不断扩展的媒介扩大了用户(受众)与媒介内容互动方式的介质

① 周裕琼.数字弱势群体的崛起：老年人微信采纳与使用影响因素研究[J].新闻与传播研究，2018，25(7)：66-86，127-128.

② 老年人网络生活报告：部分人或患网络孤独症，日在线超十小时[EB/OL].(2020-10-23)[2021-11-05]. https://baijiahao.baidu.com/s? id=1681302414796419983&wfr=spider&for=pc.

③ 吉登斯.现代性的后果[M].田禾，译.南京：译林出版社，2000：87.

④ HEPP A. Mediatization and the “moulding forces” of the media[J]. Communications, 2012, 37(1):1-28.

⑤ 王冰.流量控制下的“网瘾老年”：城市老年人上网行为塑造与干预的中国方案[J].暨南学报(哲学社会科学版)，2021，43(12)：120-129.

⑥ 洛根.理解新媒介：延伸麦克卢汉[M].何道宽，译.上海：复旦大学出版社，2012：313.

(medium)选择范围。[①] 该理论的新近研究加入媒介类型、社会群体等作为解释变量,在心理和社会层面扩展"满足"形式为被解释变量,如考察不同群体使用不同类型媒介的效能感、身份赋予以及(新)媒体赋权等。[②] 与年轻人不同,社交媒体是老年人晚年生活中一种独特的社交资源形式,尤其在新冠肺炎疫情的背景下,老年人使用社交媒体可以与日常的社交活动相互补充,减少孤独感[③],产生情感"增益"[④]。

健康感知分为身体健康感知和心理健康感知。[⑤] 使用具有社会交往、接收资讯、娱乐功能的手机在一定程度上缓解了老年人的孤独感,但影响主观幸福感,[⑥]而以智能手机为代表的新媒介对老年人的身心健康感知产生积极影响[⑦]。也有研究显示,使用互联网显著提升老年人的生理健康和心理健康感知,且对城镇老年人的健康效应更为显著。[⑧] 本研究梳理既有文献后发现,媒介使用对使用者的身体和心理健康感知均产生影响,既有促进作用,也有抑制效果。基于此,本研究提出以下假设:

H1:老年人的媒介使用对其身体健康感知产生显著影响。

H1a:传统媒介使用显著正向影响身体健康感知。

H1b:新媒介使用显著正向影响身体健康感知。

H2:老年人的媒介使用对其心理健康感知产生显著影响。

H2a:传统媒介使用显著正向影响心理健康感知。

H2b:新媒介使用显著正向影响心理健康感知。

---

① RUBIN A M. The uses-and-gratifications perspective on media effects[M]//BRYANT J, OLIVER M B. Media effects:advances in theory and research.3rd ed. New York:Routledge, 2009:165-184.

② 王锡苓,李笑欣.社交媒体使用与身份认同研究:以"皮村"乡城迁移者为例[J].现代传播(中国传媒大学学报),2015,37(6):118-124.

③ BONSAKSEN T, RUFFOLO M, LEUNG J, et al. Loneliness and its association with social media use during the COVID-19 outbreak[J]. Social media & society,2021(6):1-10.

④ KIM Y K, FINGERMAN K L. Daily social media use, social ties, and emotional well-being in later life[J]. Journal of social and personal relationships,2022(1):300.

⑤ WARE J E, SHERBOURNE C D. The MOS 36-item short-form health survey (SF-36): I. Conceptual framework and item selection[J]. Medical care, 1992,30(6):473-483.

⑥ 刘鸣筝,董岳.老年人的媒介使用与主观幸福感间的关系研究:基于 CGSS2015 的实证分析[J].东岳论丛,2019,40(7):40-47;SUM S, MATHEWS M R, POURGHASEM M, et al. Internet technology and social capital: how the internet affects seniors' social capital and wellbeing[J]. Journal of computer-mediated communication, 2008,14(1):202-220.

⑦ 杜鹏,汪斌.互联网使用如何影响中国老年人生活满意度?[J].人口研究,2020,44(4):3-17.

⑧ 赵建国,刘子琼.互联网使用对老年人健康的影响[J].中国人口科学,2020(5):14-26,126.

(二)社会交往与健康感知

无论哪个群体,高社会参与度与自我报告的总体健康和心理健康感知均呈现正相关。[①] 与不参加社交活动的老年人相比,参加社交活动的老年人认知功能和心理健康感知更好。[②] Yuasa 等人使用横截面数据研究老年人社会资本对心理健康的影响,发现非正式社会互动与正式群体参与和健康变量间有显著联系。[③] Yip 等人对中国农村的居民进行研究,发现社会资本与一般健康、心理健康感知均存在显著的正相关。[④]

以农民工群体为对象的研究发现,社会交往对该群体的身心健康感知有正向促进作用,且存在显著的代际差异,即相比新生代农民工,老一代农民工的社会交往更加影响其身心健康感知,后者更需要从强关系的社会网络中获取信息支持。[⑤] 较为频繁的社会交往显著降低农村老年女性的孤独感,社交面广、代际情感支持丰富的老年女性身心更为健康。[⑥] 朋友间交往、休闲娱乐活动可以显著提高中老年人的精神健康水平,其中"串门、跟朋友交往"是与中老年人精神健康相关性最高的社会活动[⑦],积极参与社交活动能有效提高老年人的生活满意度,亲友之间的私人性交往可以改善农村居民的健康感知状况[⑧]。基于此,本研究提出以下假设:

H3:社会交往对老年人的健康感知产生显著影响。

亲戚交往(H3a)、朋友交往(H3b)、邻居交往(H3c)和其他朋友交往(H3d)正向影响老年人的身体健康感知;

---

① LINDSTROM M. Social capital, the miniaturisation of community and self-reported global and psychological health[J]. Social science & medicine, 2004, 59(3):595-607.

② GLEI D A, LANDAU D A, GOLDMAN N, et al. Participating in social activities helps preserve cognitive function: an analysis of a longitudinal, population-based study of the elderly[J]. International journal of epidemiology, 2005, 34(4):864-871; CHIAO C, WENG L J, BOTTICELLO A L. Social participation reduces depressive symptoms among older adults: an 18-year longitudinal analysis in Taiwan[J]. BMC public health, 2011, 11(1):292-292.

③ YUASA M, UKAWA S, IKENO T, et al. Multilevel, cross-sectional study on social capital with psychogeriatric health among older Japanese people dwelling in rural areas[J]. Australasian journal on ageing, 2014, 33(3):E13.

④ YIP W, SUBRAMANIAN S V, MITCHELL A D, et al. Does social capital enhance health and well-being? Evidence from rural China[J]. Social science & medicine, 2007, 64(1):35-49.

⑤ 李东平,卢海阳,文晓丽.劳动时间、社会交往与农民工身心健康:基于 CGSS2013 的实证数据[J].调研世界,2018(3):40-45.

⑥ 韦艳,刘旭东,张艳平.社会支持对农村老年女性孤独感的影响研究[J].人口学刊,2010(4):41-47.

⑦ 温兴祥,文凤,叶林祥.社会资本对农村中老年人精神健康的影响:基于 CHARLS 数据的实证研究[J].中国农村观察,2017(4):130-144.

⑧ 潘东阳,刘晓昀.社会交往对农村居民健康的影响及其性别差异:基于 PSM 模型的计量分析[J].农业技术经济,2020(11):71-82.

亲戚交往(H3e)、朋友交往(H3f)、邻居交往(H3g)和其他朋友交往(H3i)正向影响老年人的心理健康感知。

除了媒介使用和社会交往直接影响健康感知,老年人媒介使用还可能通过社会交往行为间接影响他们的健康感知。对老年人来说,维护好亲情关系和重要的社会交往关系(如邻居、朋友关系等)是至关重要的,而新媒介作为维系关系的主要介质之一,让老年人和主要社会关系间的联络更为便利。互联网扩大了人们联系、交往的广度,密切的社会联结有利于理解他人情绪、情感①;同时,网络也为老年人的准社会交往提供了平台,准社会交往在一定程度上弥补和替代了真实生活中人际交往的不足②。保持良好的社会关系被视为长寿的核心要素,社会交往也能缓解人们的孤独感和疏离感,提升心理健康水平和生活满意度③。也有研究发现,社交媒体的使用减少了线下社会交往,因而负向影响社会交往,对人们的身体健康和心理健康产生不利影响。④ 缺乏社交能力的人使用社交网络,可以用更少的努力补偿他们未得到满足的社交需求,但这种“社交补偿”强化了对面对面(face-to-face)交流的回避,可能加剧人们的社交焦虑,影响身心健康感知。⑤ 将社会交往作为中介变量,研究发现在社会经济地位对老年人身心健康的影响过程中存在显著的部分中介效应。⑥ 当下,媒介特别是新媒体使用中,用户的关系需求处于信息需求和服务需求之前居首位,即关系的获得与维系有利于用户更好实现社会交往。⑦ 而社会交往是维系关系的重要手段,会对人们的健康感知产生影响。基于此,本研究提出以下假设:

H4:媒介使用通过社会交往来影响老年人的身体健康感知。

媒介使用通过亲戚交往(H4a)、朋友交往(H4b)、邻居交往(H4c)、其他朋友交往(H4d)来影响老年人的身体健康感知。

H5:媒介使用通过社会交往来影响老年人的心理健康感知。

---

① 洪建中,黄凤,皮忠玲.老年人网络使用与心理健康[J].华中师范大学学报(人文社会科学版),2015,54(2):171-176.

② 韩秀,张洪忠,何康,等.媒介依赖的遮掩效应:用户与社交机器人的准社会交往程度越高越感到孤独吗?[J].国际新闻界,2021,43(9):25-48.

③ LEIST A K. Social media use of older adults: a mini-review[J]. Gerontology: international journal of experimental and clinical gerontology, 2013,59(4):378-384.

④ KOLHOR M,KAZI R N A,ALAMEEN A . Effect of social media use on learning, social interactions, and sleep duration among university students[J]. Saudi journal of biological sciences, 2021, 28(4):2216-2222.

⑤ GUPTA M, SHARMA A. Fear of missing out: a brief overview of origin, theoretical underpinnings and relationship with mental health[J]. World journal of clinical cases, 2021, 9(19):9.

⑥ 杨静逸,姚建森,邱亨嘉.社会经济地位与老年人身心健康:兼论社会交往的中介效应[J].卫生经济研究,2021,38(4):12-15,20.

⑦ 彭兰. 网络传播概论[M].4 版.北京:中国人民大学出版社,2017:170-172.

媒介使用通过亲戚交往(H5a)、朋友交往(H5b)、邻居交往(H5c)、其他朋友交往(H5d)来影响老年人的心理健康感知。

三、研究方法

(一)数据来源

本研究的数据来自中国人民大学中国调查与数据中心 2020 年 10 月 1 日发布的《中国综合社会调查 2017》(*Chinese General Social Survey 2017*)的问卷结果,即前文提到的 CGSS2017 数据。该调查是具有全国代表性的大规模调查,抽样方法科学、合理。问卷采用多阶分层概率抽样设计,覆盖中国大陆全部省、自治区和直辖市,全面收集了社会、社区、家庭、个人多层次的数据,总变量数 783 个,样本总计 12582 份。CGSS 是一项由中国学者执行、中国学术机构发布的具有广泛国际影响力的社会调查,2006 年,与日本综合社会调查(JGSS)、韩国综合社会调查(KGSS)等发起了东亚社会调查(EASS)计划;2007 年,代表中国加入国际社会调查合作组织,成为我国社会调查国际交流与合作的重要窗口。

根据世界卫生组织的定义,本研究的群体——老年人确定为调查时年龄为 60 岁及以上的群体,从总体样本中筛选出生年份在 1957 年及之前的样本。本研究对原始数据的无关问题进行了删除处理,只保留与研究相关的题项。为了确保统计分析与结果的精准性,本研究采用不存在缺失值情况的调查数据,剔除如“不适用”“不知道”“拒绝回答”等回答。在剔除缺失值和无效样本后,本研究获得有效样本共计 4120 份。

(二)变量测量

1.健康感知

健康感知是因变量,分为身体健康感知和心理健康感知。问卷通过题项“您觉得您目前的身体健康状况是?”来获取老年人的身体健康感知,答案从“很不健康”到“很健康”,分别赋值 1 至 5 分;通过题项“在过去的四周中,您感到心情抑郁或沮丧的频繁程度是?”来获取老年人的心理健康感知,答案从“总是”到“从不”,分别赋值 1 至 5 分。

2.媒介使用

媒介使用是自变量,问卷通过题项“过去一年,您对以下媒体的使用情况是?”来测量媒介使用的频率,包括老年人对报纸、杂志、广播、电视、互联网、手机定制消息6种媒介的使用情况,受访者回答对不同媒介的使用程度,答案从“从不”到“非常频繁”,分别赋值1至5分。研究者采用主成分分析法对媒介使用题项进行因子分析,结果得出KMO值为0.685,$p<0.001$(见表1)。经最大方差法旋转,结果可分为两个因子,因子1为“传统媒介使用”(含报纸、杂志、广播和电视使用),因子2为“新媒介使用”(互联网和手机定制消息使用)。

表1　老年人媒介使用的因子分析(N=4120)

变量	平均数M	标准差SD	因子分析	
			传统媒介使用	新媒介使用
报纸	1.92	1.34	0.807	—
杂志	1.52	0.93	0.752	—
广播	1.91	1.29	0.620	—
电视	4.14	0.94	0.475	—
互联网	1.64	1.27	—	0.831
手机定制消息	1.32	0.87	—	0.836
特征值	—	—	2.408	1.072
解释方差	—	—	40.14%	58.01%

3.社会交往

社会交往是中介变量,命题操作化为“与朋友、亲戚、邻居间的交往”,目的在于其一避免与媒介使用变量产生共线性问题;其二由于本文的研究对象是老年人,他们的社交圈子主要是以朋友和亲邻为主的熟人交往。CGSS问卷用“与不住在一起的亲戚聚会频率”“与朋友聚会的频率”“请问您与邻居进行社交娱乐活动的频繁程度是?”“请问您与其他朋友进行社交娱乐活动的频繁程度是?”4个题项分别测量亲戚交往、朋友交往、邻居交往和其他朋友交往的情况。但这些问题的得分与频率相反,得分越高表示频率越低。为了便于定量分析,本文将数据反向计分,处理后的得分越低表示频率越低,得分越高表示频率越高。

4.社会人口特征变量

影响健康感知的因素很多,个人因素(如性别、户籍类型、教育程度等)可能对老年人的健康感知产生影响,人口统计学变量的具体描述见表2。

表 2 人口学变量统计

变量	选项	人数	百分比(%)	累积百分比(%)
性别	男	2016	48.9	48.9
	女	2104	51.1	100.0
户籍类型	农业户口	2072	50.3	50.3
	非农业户口	2048	49.7	100.0
教育程度	小学及以下	2269	55.1	55.1
	初中	1039	25.2	80.3
	高中、中专、技校	509	12.4	92.6
	大学专科	172	4.2	96.8
	大学本科及以上	125	3.0	99.9
	其他	6	0.1	100.0

四、研究结果

(一)Pearson 相关分析结果

本研究利用 Pearson 相关系数检验变量间的相关性,形成相关分析矩阵。分析显示(见表 3),传统媒介使用与身体健康感知、心理健康感知均显著正向相关,相关系数 r 分别为 0.18(p<0.01,本段 p 值与此相同)、0.22;新媒介使用与身体健康感知、心理健康感知均显著正向相关,相关系数 r 分别为 0.19、0.18。亲戚交往、朋友交往、其他朋友交往均与身体健康感知呈显著正相关,相关系数 r 分别为 0.12、0.13、0.12;且三者也与心理健康感知呈显著正相关,相关系数 r 分别为 0.09、0.07、0.07。但邻居交往与传统媒介使用和新媒介使用均呈现显著负向相关,相关系数 r 分别为−0.11、−0.11;同时,邻居交往对身体健康感知和心理健康感知并无显著相关。

表 3 变量间相关分析矩阵

变量	M	SD	1	2	3	4	5	6	7	8
1.传统媒介使用	2.37	0.78	1	—	—	—	—	—	—	—
2.新媒介使用	1.48	0.93	0.35**	1	—	—	—	—	—	—
3.亲戚交往	2.09	0.77	0.17**	0.16**	1	—	—	—	—	—
4.朋友交往	2.13	1.05	0.14**	0.20**	0.36**	1	—	—	—	—
5.邻居交往	4.20	2.28	−0.11**	−0.11**	0.09**	0.23**	1	—	—	—
6.其他朋友交往	3.58	2.05	0.09**	0.14**	0.22**	0.47**	0.50**	1	—	—
7.身体健康感知	3.00	1.07	0.18**	0.19**	0.12**	0.13**	0.03	0.12**	1	—
8.心理健康感知	3.75	1.02	0.22**	0.18**	0.09**	0.07**	−0.02	0.07**	0.42**	1

注:** 表示 p<0.01。

(二)不同媒介使用对健康感知影响的分析

本研究以社会人口特征变量、传统媒介使用、新媒介使用、亲戚交往、朋友交往、邻居交往和其他朋友交往为预测变量,以身体健康感知和心理健康感知为结果变量进行分层回归分析(见表 4、表 5)。其中 Model1 至 Model3 是因变量为身体健康感知的模型,在 Model1 中,先将控制变量纳入模型,在此基础上,将传统媒介使用和新媒介使用加入 Model2,将 6 类媒介加入 Model3。同理,Model4 至 Model6 是因变量为心理健康感知的模型。

表 4 身体健康感知与媒介使用的回归分析

自变量	因变量					
	Model1		Model2		Model3	
	B	t	B	t	B	t
性别	0.172	5.242***	0.155	4.728***	0.155	4.732***
教育程度	0.122	6.701***	0.060	3.039**	0.060	2.966**
户籍类型	0.242	6.468***	0.146	3.687***	0.141	3.520***
传统媒介使用	—	—	0.101	4.085***	—	—
新媒介使用	—	—	0.121	6.002***	—	—
报纸	—	—	—	—	0.038	2.130*
杂志	—	—	—	—	0.019	0.786
广播	—	—	—	—	0.003	0.238
电视	—	—	—	—	0.051	2.950**
互联网	—	—	—	—	0.063	3.883***
手机定制消息	—	—	—	—	0.059	2.728**
调整 R^2	0.049		0.063		0.064	
F	70.797***		54.952***		31.124***	

注:* $p<0.05$,** $p<0.01$,*** $p<0.001$。

表 4 数据显示,Model1 主要考察控制变量对身体健康感知的影响,性别(B=0.172,p<0.001)、教育程度(B=0.122,p<0.001)和户籍类型(B=0.242,p<0.001)与身体健康间存在不同程度的正相关,即男性、教育程度越高、非农业户口的老年人,其身体健康感知越好。Model2 是在控制其他变量的情况下,将媒介使用划分为传统媒介使用和新媒介使用,来考察其对身体健康感知的影响。从回归分析的结果可以看

出，老年人的传统媒介使用和新媒介使用均显著正向影响身体健康感知，假设 H1a、H1b 成立。其中新媒介使用（B=0.121，$p<0.001$）对身体健康感知的回归效应要高于传统媒介使用（B=0.101，$p<0.001$）。Model3 进一步分析具体媒介类型对身体健康感知的影响，发现互联网（B=0.063，$p<0.001$）、报纸（B=0.038，$p<0.05$）、电视（B=0.051，$p<0.01$）和手机定制消息（B=0.059，$p<0.01$）显著正向影响身体健康感知，而杂志和广播使用与老年人身体健康感知之间不存在显著性影响。

表 5　心理健康感知与媒介使用的回归分析

自变量	因变量					
	Model4		Model5		Model6	
	B	t	B	t	B	t
性别	0.139	4.472***	0.119	3.843***	0.116	3.753***
教育程度	0.114	6.634***	0.063	3.366**	0.066	3.444**
户籍类型	0.357	10.124***	0.262	7.004***	0.242	6.428***
传统媒介使用	—	—	0.142	6.085***	—	—
新媒介使用	—	—	0.063	3.298**	—	—
报纸	—	—	—	—	0.096	5.766***
杂志	—	—	—	—	−0.056	−2.495*
广播	—	—	—	—	0.017	1.297
电视	—	—	—	—	0.069	4.207***
互联网	—	—	—	—	0.038	2.484*
手机定制消息	—	—	—	—	0.029	1.411
调整 R^2	0.070		0.082		0.087	
F	104.460***		74.150***		44.452***	

注：* $p<0.05$，** $p<0.01$，*** $p<0.001$。

表 5 数据显示，Model4 主要考察控制变量对心理健康感知的影响，性别（B=0.139，$p<0.001$）、教育程度（B=0.114，$p<0.001$）和户籍类型（B=0.357，$p<0.001$）与心理健康感知间存在不同程度的正向影响，即男性、教育程度越高、非农业户口的老年人，心理健康感知越好。从 Model5 的回归分析结果可以看出，老年人的传统媒介使用和新媒介使用均显著正向影响心理健康感知，假设 H2a、H2b 成立。其中传统媒介使用（B=0.142，$p<0.001$）对心理健康感知的回归效应要高于新媒介使用（B=0.063，$p<0.001$）。Model6 进一步分析了具体媒介类型对心理健康感知的影响，结果发现，报纸（B=0.096，$p<0.001$）、电视（B=0.069，$p<0.001$）、互联网（B=0.038，$p<0.05$）显著正向影响心理健康感知，杂志（B=−0.056，$p<0.05$）显著负向影响心理健康感知，

而广播和手机定制消息使用与老年人心理健康感知之间不存在显著性影响。综上,无论是传统媒介使用,还是新媒介使用,对老年人的身体健康感知和心理健康感知均具有显著的正向影响。

(三)媒介使用与健康感知的社会交往中介效应检验

本研究以媒介使用为自变量、社会交往的 4 个维度为中介变量、健康感知的 2 个维度为因变量,通过 Hayes 的 Process 组件的 Model4 对社会交往的中介效应检验①,并采用 Bootstrap 重复抽样 5000 次的方法进行 95%置信区间(CI)的估计,检验中介效应的显著性。

首先,以媒介使用作为自变量、身体健康感知作为因变量(见图 1),该中介效应模型的结果表明,媒介使用对身体健康感知具有显著的正向影响(B=0.336,95%C.I.=[0.290,0.382],SE=0.023,t=14.343,p<0.001)。总体上,媒介使用对社会交往的影响较为显著,具体结果如下:媒介使用对亲戚交往具有显著的正向影响(B=0.223,95%C.I.=[0.190,0.256],SE=0.017,t=13.097,p<0.001),媒介使用对朋友交往具有显著的正向影响(B=0.230,95%C.I.=[0.254,0.345],SE=0.023,t=12.879,p<0.001),媒介使用对邻居交往具有显著的负向影响(B=−0.426,95%C.I.=[−0.526,−0.327],SE=0.051,t=−8.337,p<0.001),媒介使用对其他朋友交往具有显著的正向影响(B=0.386,95%C.I.=[0.296,0.476],SE=0.046,t=8.436,p<0.001)。在社会交往作为中介变量对身体健康感知的影响路径中,除邻居交往之外的其他维度均显著正向影响老年人身体健康感知,具体结果如下:亲戚交往对身体健康感知具有显著正向影响(B=0.064,95%C.I.=[0.020,0.109],SE=0.070,t=29.032,p<0.01),假设 H3a 成立;朋友交往对身体健康感知具有显著正向影响(B=0.046,95%C.I.=[0.010,0.082],SE=0.018,t=2.498,p<0.05),假设 H3b 成立;邻居交往对身体健康感知无显著影响(B=0.004,95%C.I.=[−0.013,0.020],SE=0.008,t=0.448,p>0.05),假设 H3c 不成立;与其他朋友交往对身体健康感知具有显著正向影响(B=0.031,95%C.I.=[0.011,0.051],SE=0.010,t=3.061,p<0.01),假设 H3d 成立;同时,媒介使用对身体健康感知的影响仍然显著(B=0.298,95%C.I.=[0.249,0.346],SE=0.025,t=12.082,p<0.01)。

① HAYES A F. Introduction to mediation, moderation, and conditional process analysis [J]. Journal of educational measurement, 2013, 53(3): 335-337.

根据 Hayes 的中介效应检验方法①，结果表明(见表 6)，社会交往在媒介使用与身体健康感知之间起部分中介效应，中介效应占总效应的 11.9%。采用 Bootstrap 方法对中介效应的显著性进行检验，结果表明，除与邻居交往之外，与亲戚交往、朋友交往和其他朋友交往的中介效应 95%的置信区间都不含 0，因此中介效应显著，假设 H4a、H4b、H4d 成立，假设 H4c 不成立。

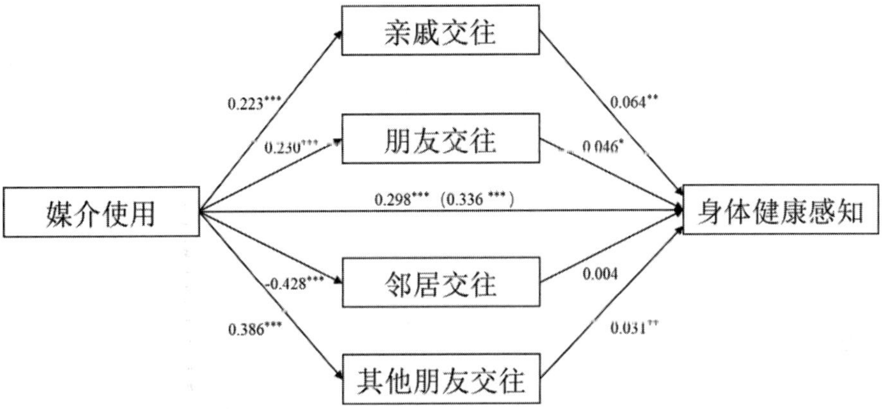

图 1 以身体健康感知为因变量的中介效应检验路径系数图

表 6 以身体健康感知为因变量的中介效应显著性的 Bootstrap 检验

交往类型	因变量:身体健康感知				95%C.I.	
	中介效应	直接效应	总效应	中介作用占比	LLCI	ULCI
亲戚交往	0.0143	0.230	0.336	4.26%	0.0039	0.0249
朋友交往	0.0137			4.08%	0.0023	0.0258
邻居交往	−0.0016			—	−0.009	0.0053
其他朋友交往	0.0120			3.57%	0.0038	0.0205

其次，以心理健康感知作为因变量构建模型(见图 2)，该中介效应模型的结果表明，媒介使用对心理健康感知具有显著的正向影响(B=0.366，95%C.I.=[0.322，0.409]，SE=0.022，t=16.446，p<0.001)。由于模型中前半段(媒介使用对社会交往的影响)未发生变化，因此不再做具体阐述。在社会交往作为中介变量对心理健康感知的影响路径中，仅有与亲戚交往对心理健康感知具有显著正向影响(B=0.056，95%C.I.=[0.014，0.098]，SE=0.022，t=2.594，p<0.01)，假设 H3e 成立；与朋友交

① HAYES A F. Introduction to mediation, moderation, and conditional process analysis: a regression-based approach[M]. New York: Guilford Press, 2013.

往、邻居交往、其他朋友交往均对心理健康感知无显著影响,p 值均大于 0.05 且置信区间均包含 0,假设 H3f、H3g、H3i 不成立。

根据 Hayes 中介效应检验方法,结果表明(见表 7),仅亲戚交往在媒介使用与心理健康感知之间起部分中介效应,中介效应占总效应的 2.32%;除亲戚交往(H5a)外,与朋友交往、邻居交往和其他朋友交往的中介效应 95%的置信区间都含 0,中介效应不显著,假设 H5a 成立,假设 H5b、H5c、H5d 不成立。

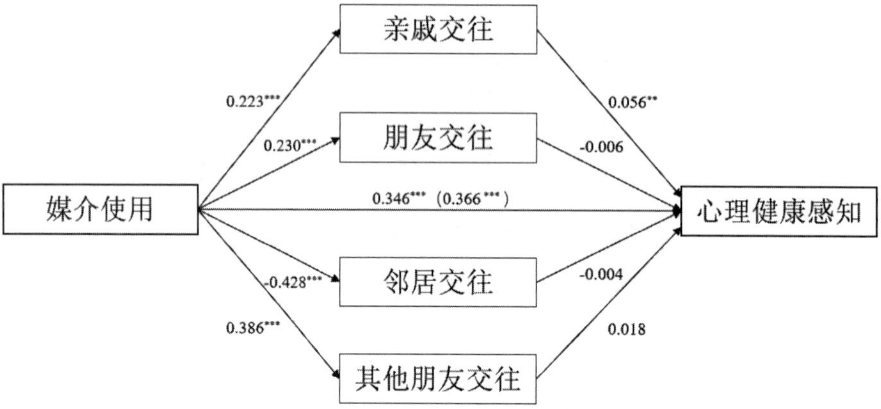

图 2 以心理健康感知为因变量的中介效应检验路径系数图

表 7 以心理健康感知为因变量的中介效应显著性的 Bootstrap 检验

	因变量:心理健康感知				95%C.I.	
	中介效应	直接效应	总效应	中介作用占比	LLCI	ULCI
亲戚交往	0.0085	0.346	0.366	2.32%	0.002	0.0154
朋友交往	−0.0012			—	−0.0087	0.0063
邻居交往	0.0012			—	−0.0035	0.006
其他朋友交往	0.0046			—	−0.0006	0.0099

五、结论与讨论

基于 CGSS2017 数据,在控制人口统计变量的基础上,本文分析老年人媒介使用和社会交往对健康感知的影响,及社会交往在二者间的中介效应。研究假定老年人媒介使用既可以直接对健康感知产生显著影响,又可以通过社会交往四维度的中介效应影响健康感知,研究结果部分支持研究假设。在此基础上,本研究分析了传统媒介使用和新媒介使用对于健康感知影响效应的差异,并对 6 类具体类型的媒介使用对健康感知的影响进行了评估分析。本文主要研究结论如下所述。

(一)传统媒介使用对老年人的健康感知依然具有较大影响

本研究显示,传统媒介和新媒介使用均可赋能老年人的身体健康感知和心理健康感知。报纸在6类媒介中对老年人心理健康感知的影响最大,老年人的传统媒介使用对心理健康感知的回归效应要高于新媒介使用。由于长期生活、工作中养成的信息获取"惯习",老年人更偏向接触以报纸为代表的传统媒介,相信其所表征的权威。从接受心理的角度而言,电视、报纸等传统媒体对老年人具有拟人化的陪伴功能。① 近十年来,传统媒体式微,但新冠肺炎疫情发生以来,传统媒体,尤其是广播,在农村地区和社区中俗称"大喇叭",承担了健康信息传播"最后一公里"的重要职责。这种接地气、到达率高的信息传递方式,消除文字垄断,有助于老年群体及时获得健康信息,提高了他们基于环境认知的健康感知。当下,相较于电视和报纸,杂志的普及率较低,老年人能够接触到杂志的可能性也就大大降低;杂志的商业化程度较高,广告内容偏多,而老年人往往缺乏判断力,容易被一些保健品广告所迷惑、误导,导致心理健康感知水平的下降。

(二)加速融入网络社会,老年人"再社会化"进程加快

在六类媒介对健康感知的影响中,互联网使用对老年人身体健康感知的影响最大,表明快速普及的互联网对老年人生活的渗透力和影响力在增强,老年人加速融入网络社会。对比2015年和2017年的CGSS数据,结果表明老年人以互联网作为最主要信息来源的占比从4.2%大幅跃升至8.2%。在人际交流过程中,新媒介使用可以帮助老年人更新知识框架,更乐观地面对老龄化。特别是在新冠肺炎疫情的环境下,网络也为老年人提供了"二次交往"平台,弥补了线下交往的不足。尽管老年人接触和使用互联网的机会增多,但受媒介素养和疫情恐慌等因素的影响,老年人易于成为不实信息编织的"话术"的受骗对象。近年来,老年人在网络渠道被诈骗和被骗买保健品的案例频发 ,表明事态的严重性。因此,老年群体的媒介素养有待提高,特别是老年人应提升对基于新媒体技术的传播生态的理解,从而在新媒体环境中实现"再社会化"。②

① 喻国明,刘淼.媒介动机如何影响人们的媒介使用:基于"全民媒介使用与媒介观调查"的描述与分析[J].新闻爱好者,2020(6):10-15.

② 方曙光.断裂、社会支持与社区融合:失独老人社会生活的重建[J].云南师范大学学报(哲学社会科学版),2013,45(5):105-112.

(三)重视社会交往的作用，完善适老化、无障碍交往设施与交往空间，促进长者交往

社会交往在部分维度上(如亲戚交往)能起到赋能老年人健康感知的作用。聚焦社会交往的中介效应，在身体健康感知维度，未加入社会交往时，媒介使用对老年人身体健康感知的总效应是 0.336($p<0.001$)，加入社会交往时，媒介使用对身体健康感知的直接效应是 0.298($p<0.001$)，间接效应占总效应的 11.9%；同样，社会交往在媒介使用与心理健康感知中起到了 2.32%的中介效应。这说明老年人媒介使用程度越高，越倾向于进行社会交往，而社会交往促进了他们的身体健康感知和心理健康感知。媒介使用，尤其是智能手机的快速普及启动了老年人新的社交按键，打开通向美丽新世界(线上线下)的大门。一方面，新媒体为他们与亲戚、朋友间的交往提供了沟通装备，便于老年人维系与扩大日常社交圈，增加老年人与亲戚朋友之间的非正式交往，有利于老年人确认自己的身体健康状态；另一方面，线上线下社会交往网络的扩大有助于提高老年人的承受能力和获得情感支持，缓解老年人的孤独感和“空巢”心态，防止老年人网络成瘾，提升心理健康感知水平。因此，促进老年人的身体健康感知和心理健康感知，需要重视社会交往的作用，营造老年人交往圈积极、健康的社交氛围，有效调节老年人的负面情绪和不良习惯。政府、社区应设立步行可达的社区或邻里交往中心，建构与完善适老化、无障碍基础设施、公共交通、公共空间，促进长者交往；支持老年人间朋辈互动交往和社区文娱活动，创造更多适老交往机会，让老人们在“老有所为、老有所乐”中提升健康感知水平。

此外，由于本研究的变量根据二手数据的题项构成，变量的充分性不足，如在媒介使用变量中，只通过不同媒介类型使用频次一个题项进行测量。而更为复杂的、在媒介接触中产生的信息因素，如信息感知有用性(PU)、感知可信度(PT)、感知趣味性(PP)等深层关系，由于 CGSS 没有设置这方面的题项，本研究未能进一步考察。这是本研究的不足。期待后续以一手问卷展开的研究中编制上述题项组成外部变量，进一步探讨相关问题。

〔何国平，博士，广东外语外贸大学新闻与传播学院教授，研究方向为健康传播、国际传播与城市传播；袁硕，广东外语外贸大学新闻与传播学院硕士研究生〕

〔特约编辑：叶明睿〕

智能媒体创新感知与使用意愿影响因素*

——基于187位传媒从业者样本的实证研究

Influencing Factors of Smart Media Innovation Perception and Willingness to Use

—An Empirical Study Based on a Sample of 187 Media Practitioners

◎张 锐 张美伦

Zhang Rui Zhang Meilun

摘要:智能媒体的组织使用既是媒体数字化转型逻辑中首要的一环,也是媒体创新管理研究中缺失的一环。本文基于技术—组织—环境(TOE)框架,收集了187组媒体从业者的样本数据,以考察技术特性、外部环境与内部感知等因素对传媒组织用户智媒使用意愿的影响路径及因素之间的互动机制。结果表明,组织信息就绪度、感知智媒利益和感知人机交互性对智能媒体采用均有显著的正向影响,技术兼容性及外部竞争则在以上因素的中介作用下间接影响使用意愿,该研究结果可以为提升我国智能媒体使用效率,推动媒体融合创新提供一定的有益指导。

关键词:智能媒体;传媒组织;TOE;创新使用

Abstract: The use of smart media by institutions is not only the first link in the logic of media digital transformation, but also the missing link in media innovation management research. Based on the technology-organization-environment (TOE) framework, this paper collects 187 sets of sample data of media practitioners to investigate how the influence factors like technical characteristics, external environment, and internal perception impact the willingness of smart media use for users from media institutions, and what the interactive mechanism among these factors. The results show that organizational information readiness, perceived benefits of intelligent media, and perceived human-computer interaction have a significant positive impact on the adoption of

* 本文系国家社科基金项目“新一代信息技术对新闻传播的运行方式影响研究”(项目编号:18BXW037)的阶段性研究成果。

intelligent media, while technical compatibility and external competition indirectly affect the willingness to use under the intermediary effects of the above factors. The research results can provide some useful guidance for improving the efficiency of smart media use and promoting media integration and innovation.

Keywords: smart media, media organization, TOE, innovation adoption

一、引言

每当出现有望在媒体发展中扮演重要角色的新技术时,用户、媒体从业者与研究人员都将参与一场预言性的革命游戏①,在与技术界面的互动中共同编织价值网络。大数据、人工智能、5G、VR、物联网等新一代信息技术集群既促成了个体行为者的"数字化生存",也为传媒组织带来了新的机遇与挑战。一方面,智能技术的进步引致了用户需求的转变与新竞争者的进入,并从根本上改变了传统的商业模式和管理逻辑,要求组织现有产品流程的再设计。另一方面,在智能技术的使能下,媒体可以为用户提供个性化、场景化的交互体验,降低内容生产成本,更专业、更高效、更稳定地促进组织价值创造与获取。因此,积极采用智媒技术,推进媒体数智化转型不仅是媒体组织对颠覆性环境的被动适应,也是谋求自身可持续发展的主动选择②。

只有在智能技术得到广泛使用与传播时,创新的战略作用才能得以发挥。然而,目前,传媒组织对智能媒体的应用面临着诸多问题。国际新闻从业者中心(ICFJ)2019年的一份关于全球4000多名新闻工作者的调查报告指出,超过三分之二的受访者认为数字技术会对新闻工作产生积极影响,但62%的管理者认为引入智能技术存在较大压力,从而不愿创新。③《中国智能媒体发展报告(2019—2020)》显示,多数媒体机构认同智能媒体建设的重要性,但国内智能媒体发展整体上仍处于起步阶段,仅34.21%的受访机构正式启动了智能媒体项目,仅13.15%的受访机构对智媒应用效能

---

① STEENSEN S. Online journalism and the promises of new technology: a critical review and look ahead[J]. Journalism studies, 2011, 12 (3): 311-327.

② 卢维林,宫承波.赋能视角下媒体组织智能化思考[J].青年记者,2019(27):9-10.

③ OWEN D. The state of technology in global newsrooms[R]. Washington D.C.: International Center for Journalists, 2019.

较为满意。①

传媒组织创新行动缓慢、保守，使得研究影响智能媒体使用决策的关键因素很有必要。过往的相关研究多集中于探讨个体用户对新技术的接受效果，或对媒体数字化转型现状、问题与策略的描述性分析上，鲜有针对传媒组织内部创新使用影响因素及其相互关系的实证研究。因此，本文将研究对象聚焦于智能媒体技术应用的主体——传媒组织，将技术—组织—环境（TOE）框架等理论拓展至传媒领域，通过向新闻从业者发放问卷、收集数据，并构建结构方程中介模型，探讨影响传媒组织使用智能媒体的因素及其作用机制，从而为传媒组织和整个传媒行业理解智能媒体采用过程提供有效参考。

二、文献综述与研究假设

（一）传媒组织创新使用

智能媒体是由智能技术集成的创新型信息产品生态，包括数据新闻、机器人新闻、算法分发系统等。一般来说，对技术创新的接受与使用决策可以分为个人、团队与组织三个层次，国内外学界普遍使用的技术接受模型（如 TRA、TPB、TAM、UTAUT 等）主要侧重于预测个体使用行为，而针对组织背景下技术采纳影响因素的相关研究较少。②

在传媒领域，组织的创新使用呈现出多重特征。首先，传媒组织的创新使用决策是创新内在价值转变为用户使用价值的前提，是衡量用户信息产品接受效果的基础。③ 创新是一个多阶段的过程，组织是决定和影响创新最重要的主体，在创新传播过程中扮演着变革推动者的关键角色。只有明晰媒体使用新技术的动因与过程，智能媒介的可供性才能真正转化为媒体实践，向组织内外部扩散，生产出能够满足用户需求的媒介产品。④

---

① 中国传媒大学新媒体研究院.中国智能媒体发展报告（2019—2020）[R/OL].（2020-04-27）[2021-12-23]. http://nmi.cuc.edu.cn/2020/0427/c2509a169855/page.htm.

② OLIVEIRA T，MARTINS M. Literature review of information technology adoption models at firm level[J]. Electronic journal of information systems evaluation，2011，14(1):110-121.

③ FICHMAN R G. The diffusion and assimilation of information technology innovations[M]//ZMUD R W. Framing the domains of IT management：projecting the future through the past. Cincinnati，OH：Pinnaflex Education Resources，2000:105-128.

④ DAY G S，SCHOEMAKER P J. Avoiding the pitfalls of emerging technologies[J]. California management review，2000，42(2):8-33.

其次，组织的创新采用过程更加复杂且具有挑战性。技术是否以及如何应用于传媒行业而成为媒体创新，不仅仅取决于技术本身的潜能，还取决于技术、组织、制度、个体认知等各种社会因素之间的动态交互作用。[①] 组织用户会因多变的外部环境因素与复杂的组织内部因素更加难以了解、衡量或选择合适的创新来解决特定问题[②]，这在一定程度上阻碍了媒体管理者大胆创新。因此，面临转型问题的媒体需要强调对导致创新使用的因素的认知[③]，以便真正通过创新的内向赋能适应从业者自身的期望、技能和实践，完成媒体战略更新与组织经营重组。

在媒体创新使用与扩散的相关文献中，用户的创新接受仍是研究的重心，而对于媒体组织智媒使用意愿的研究较为分散，但仍可以被归纳为关于组织个体、技术特性与外部环境几个层面的研究。国外学者的研究指出，媒体的技术采用主要与技术相对优势与兼容性[④]、组织管理战略、组织结构与工作实践、可用资源与职业压力、技术与多媒体能力等因素密切相关。还有研究指出了组织文化与价值规范对技术采用的促进作用。[⑤] 同时，在环境层面，媒体机构所面临的社会与经济压力及其带来的行业竞争格局变化，也影响着传媒组织的创新决策。[⑥]

国内对传媒组织创新采纳的研究也相对较少。张淑玲指出数据新闻的相对优势、兼容性等五项创新属性与其采纳和扩散有密切关系。[⑦] 李艳红则认为组织结构是影响我国新闻组织使用数据新闻的主要因素之一[⑧]，而组织支持、企业核心能力及个体

---

① DOMINGO D.Interactivity in the daily routines of online newsrooms：dealing with an uncomfortable myth[J]. Journal of computer-mediated communication，2008，13(3)：680-704；BOCZKOWSKI P J. Digitizing the news：innovation in online newspapers[M]. Cambridge：MIT Press，2004.

② GARLAND A，BICKMAN L，CHORPITA B. Change what? Identifying quality improvement targets by investigating usual mental health care[J]. Administration and policy in mental health and mental health services research，2010，37(1)：15-26；WISDOM J P，CHOR K H B，HOAGWOOD K E，et al. Innovation adoption：a review of theories and constructs[J]. Administration and policy in mental health and mental health services research，2014，41(4)：480-502.

③ PETERS C，CARLSON M. Conceptualizing change in journalism studies：why change at all? [J].Journalism，2018，20 (5)：637-641.

④ SINGER J B. The political j-blogger："normalizing" a new media form to fit old norms and practices[J]. Journalism，2005，6 (2)：173-198.

⑤ BELAIR-GAGNON V，HOLTON A E. Boundary work，interloper media，and analytics in newsrooms[J]. Digital journalism，2018，6(4)：492-508.

⑥ PAVLIK J V. New media and news：implications for the future of journalism[J]. New media & society，1999，1(1)：54-59.

⑦ 张淑玲.数据新闻的创新采纳与扩散影响因素分析[J].现代传播(中国传媒大学学报)，2018，40(8)：149-153.

⑧ 李艳红.在开放与保守策略间游移："不确定性"逻辑下的新闻创新——对三家新闻组织采纳数据新闻的研究[J].新闻与传播研究，2017，24(9)：40-60，126-127.

从业者的正向认知也是传媒组织创新采纳的重要影响因素[①]。行业竞争、外部生态网络等环境因素同样显著影响了组织智能媒体技术采用意愿。[②] 匡文波等学者在整体层面指出新媒体的采用会受到社会制度、技术特性、周围人行为及个人特质的影响。[③]

由以上内容可见，学界对媒体创新采用的研究重点主要在于用户接受以及采纳后组织转型的结果上，对初始采纳影响因子的关注度不高，且多以定性理论分析为主，缺乏成熟的量化模型与实证检验[④]。因此，本文引入创新采纳理论中的 TOE 模型，同时考虑从业者的个人认知因素，从而较全面地涵盖各个影响层次，进一步通过问卷收集数据，建立结构方程模型，来研究传媒组织智能媒体使用意愿的影响因素及各影响因素之间的互动机制。

(二)TOE 框架

由 Tornatzky、Fleischer 提出的 TOE 模型是一个成熟且应用广泛的创新采用理论，更适合解释组织内部技术创新使用与扩散现象。[⑤] 该模型表明，组织创新使用率受技术属性、组织条件与外部环境影响。技术因素是指技术本身被使用者主观感知的特质，包括相对优势、兼容性、复杂性、可观察性等维度[⑥]，组织条件包含组织规模、组织文化、高层领导支持等变量[⑦]，环境因素包括竞争对手、可获取的外界资源等[⑧]。TOE 模型对内外部多元变量的纳入使其具有结构优势，且不受行业和组织规模的限制，得到了一致的经验支持，为研究传媒组织创新采用决策提供了良好的整体框架。[⑨] 因此，本研究结合传媒组织特性，选取技术兼容性等 9 个变量搭建智能媒体采用层次模型，并提出一系列假设。

---

① 周葆华.中国新闻从业者的社交媒体运用及其影响因素：一项针对上海青年新闻从业者的调查研究[J].新闻与传播研究，2014，21(12)：34-53，119-120；丛挺.我国出版企业新媒体创新影响因素研究：以天闻数媒科技有限公司为例[J].出版科学，2015，23(4)：47-50.

② 卜彦芳，董紫薇.智媒时代主流媒体如何构建自己的生态圈[J].中国广播，2019(1)：10-16.

③ 匡文波，吕聪聪，张晗煜.新媒体研究的 STIP 模型[J].中国人民大学学报，2020，34(4)：125-134.

④ 丛挺. 我国出版企业新媒体技术采纳研究[D].武汉：武汉大学，2014.

⑤ ZHU K. The complementarity of information technology infrastructure and e-commerce capability：a resource-based assessment of their business value[J]. Journal of management information systems，2004，21(1)：167-202.

⑥ ROGERS E M. Diffusion of innovations[M]. 4th ed. New York：Free Press，1995.

⑦ TORNATZKY L G, FLEISCHER M. The process of tech nological innovation[M]. Lexington：Lexington Books，1990.

⑧ JEYARAJ A, ROTTMAN J, LACITY M. A review of the predictors, linkages, and biases in IT innovation adoption research[J]. Journal of information technology，2006，21(1)：1-23.

⑨ WANG Y M, WANG Y S, YANG Y F. Understanding the determinants of RFID adoption in the manufacturing industry[J]. Technological forecasting & social change, 2010(77)：803-815.

(三)研究假设

1.技术兼容性

技术兼容性既指创新与组织技术基础设施和业务需求的匹配度,又包括创新同组织工作惯例和价值观念的一致性。[①] 许多研究都已经证明了兼容性在组织创新采纳中发挥了有效作用。[②] 如果智能媒体能够与传媒组织现有的技术认知水平匹配,并符合组织价值观与文化,其功能可以和传统媒体业务相结合以开发满足市场需求的新场景、新模式,则传媒组织有较大可能采纳智能媒体技术。[③]

2.市场竞争

竞争对手先发式创新、上下游合作企业的技术采纳、用户需求与行业标准发展带来的压力等都是企业所能感知到的竞争压力。[④] 当决定采用创新的组织数量不断增加,组织对竞争劣势的感知威胁远大于对同等竞争优势的感知所具有的价值[⑤],此时模仿竞争者采用创新不仅可以使组织获得"合法性"与利益相关者的支持[⑥],还能使组织规避创新带来的风险,所以组织会更倾向于采用创新技术[⑦]。中国媒体机构当前面临日益激烈的市场竞争,会通过对更成功的组织进行模仿来应对环境的不确定性,维护自身收益,建立竞争优势。[⑧]

---

① 陈文波,黄丽华.组织信息技术采纳的影响因素研究述评[J].软科学,2006(3):1-4.

② CHEN L D, TAN J. Technology adaptation in e-commerce: key determinants of virtual store acceptance[J]. European management journal, 2004,22(1):74-86.

③ HERMIDA A. Twittering the news: the emergence of ambient journalism[J]. Journalism practice, 2010,4(3):297-308.

④ LERTWONGSATIEN C, WONGPINUNWATANA N. E-commerce adoption in Thailand: an empirical study of small and medium enterprises (SMEs)[J]. Journal of global information technology management, 2003,6(3):67-83; 何哲军,朱茂然,王洪伟.企业电子商务采纳与应用关键影响因素实证研究[J].计算机工程与应用,2009,45(2):191-196.

⑤ TVERSKY A, KAHNEMAN D. Judgment under uncertainty: heuristics and biases[J]. Science, 1974,185(4157):1124-1131.

⑥ MEYER J W, ROWAN B. Institutionalized organizations: formal structure as myth and ceremony[J]. American journal of sociology,1977(83):340-363.

⑦ ABRAHAMSON E, BARTNER L R. When do bandwagon diffusions roll? How far do they go? And when do they roll backwards? A computer simulation[J]. Academy of management proceedings,1990(1):155-159.

⑧ NAPOLI P M. Automated media: an institutional theory perspective on algorithmic mediaproduction and consumption[J]. Communication theory,2014,24(3):340-360.

3.政府政策

政府政策是政府机构为鼓励企业采纳技术创新而给予的支持与规制。[①] 一方面，政府可以通过提供扶持性基础设施，出台补贴与税收优惠政策等手段来影响组织信息技术的应用。另一方面，政府也可以通过立法壁垒加强监管，建立健全创新传播的制度环境。[②] 当前，随着建设“四全媒体”等规划的提出，积极使用智能媒体成为国家战略选择，以技术为重要驱动力的媒体融合需要得到体制自上而下的保障。[③]

4.信息/知识就绪度(Informational/Knowledge-based readiness)

数字经济时代，信息与知识已成为组织创新的关键生产要素与操作性资源。组织知识就绪度既包括组织信息与知识存量，即依附于组织内部人员、设备和结构中所有内生性知识的总和[④]，还包括采纳者通过对创新的接触与体验、对相关知识的搜集与挖掘所形成的对新技术的了解，也可称为组织的信息能力，这种能力能够使组织获取、保存、组织、检索、展示和分发已知信息，帮助组织正确理解与使用创新。传媒组织对创新越了解，就越可能采用它，提高使用者对技术创新的认识水平是鼓励其采用新技术的主要催化剂[⑤]。

5.组织创新文化

组织文化是组织创新氛围的具体投射[⑥]，包括高层领导对革新精神的倡导、对市场转型与技术采纳的人财物支持、对创新风险的容忍度、组织成员间沟通的便捷程度与信任程度等[⑦]。开放、灵活的组织文化能够激发企业内产生创新思想、创新行为和创

---

① RAMANATHAN R, RAMANATHAN U, KO L. Adoption of RFID technologies in UK logistics: moderating roles of size, barcode experience and government support[J]. Expert system with applications, 2014(41):230-236.

② GIBBS J, KRAEMER K. A cross-country investigation of the determinants of scope of e-commerce use: an institutional approach[J]. Electronic markets, 2004, 14(2):124-137.

③ PICKARD V. Can government support the press? Historicizing and internationalizing a policy approach to the journalism crisis[J]. Communication review, 2011, 14(2):73-95;胡正荣.智能化:未来媒体的发展方向[J].现代传播(中国传媒大学学报),2017,39(6):1-4.

④ 罗正清,和金生.面向技术创新的组织知识存量测度研究[J].科技进步与对策,2009,26(23):142-146.

⑤ BETTMAN, PARK C W. Effects of prior knowledge and experience and phase of the choice process on consumer decision processes: a protocol analysis[J]. Journal of consumer research, 1980, 7(12):234-248.

⑥ DENNISON D R. What is the difference between organizational culture and organizational climate? A native's point of view on a decade of paradigm wars[J]. Academy of management review, 1996, 21(3):619-654.

⑦ DERY K, SEBASTIAN I M, MEULEN N. The digital workplace is key to digital innovation[J]. MIS quarterly executive, 2017, 16(2):135-152;吕荣杰,陈晓春,王云峰.高层领导支持企业信息系统实施的维度及形成机制[J].技术经济,2012,31(12):120-123.

新活动,促成企业对智能媒体技术的采纳,而文化僵化的组织则不太可能接受变革[①]。

6.感知智媒利益

感知利益即感知创新的有用性,最初在技术接受理论(TAM)中被提出[②],指使用者认为采用某种创新能够提高自身工作绩效的程度[③]。感知利益是创新优势的外在表现[④],如果决策者认为目标技术或方法的潜在价值较高,如能提高效率、降低成本或加速交易,则组织将倾向于接受该创新[⑤]。智能媒体能够破除传统媒体在数据挖掘与呈现上的难题[⑥],补偿传统媒介的低交互性,从而协助媒体从业者提升个人绩效[⑦]。

7.感知人机交互性

学术界将人机交互定义为在一定的组织环境中,个体同技术、任务进行的互动,其中,个人、技术、任务是基本因素,它们之间的交互是核心因素[⑧]。感知人机交互性是使用者对技术系统功能的心理感知,它包括控制、响应能力和沟通三个方面,与感知易用性、使用者的自我效能感对等。[⑨] 媒体从业者能否与高度自动化、模块化的用户界面协作完成任务,并在交互中走向人机融合,会直接影响他们对智媒创新的使用意愿。

8.感知技术焦虑

技术焦虑是指个体使用技术产品时所感受到的不安、恐惧或焦虑等负面情绪[⑩],

---

① HALL J. Online Journalism:a critical primer[M]. London:Pluto Press,2001.

② PREMKUMAR G, ROBERTS M. Adoption of new information technologies in rural small businesses[J]. International journal of management science,1999(27):467-484.

③ DAVIS F D. Perceived usefulness, perceived ease of use, and user acceptance of information technology[J]. Management information system quarterly, 1989(13):319-340.

④ KIM K J. Factors affecting the implementation success of Internet-based information systems[J]. Computers in human behavior, 2007(23):1853-1880.

⑤ LIN A, CHEN N C. Cloud computing as an innovation:perception, attitude, and adoption[J]. International journal of information management, 2012(32):533; HUY L V, ROWE F, TRUEX D, et al. An empirical study of determinants of e-commerce adoption in SMEs in Vietnam: an economy in transition[J].Journal of global information management,2012,20(3):23-54.

⑥ 肖倩,谢海涛,高彩云.创新扩散:新兴技术时代中新闻研究的拓展思路——透视“数据新闻”研究脉络[J].北京印刷学院学报,2019,27(5):40-48.

⑦ LEVINSON P. McLuhan and media ecology[J]. Proceedings of the media ecology association,2000(1):17-22;程明,程阳.论智能媒体的演进逻辑及未来发展:基于补偿性媒介理论视角[J].现代传播(中国传媒大学学报),2020,42(9):1-5.

⑧ ZHANG P, GALLETTA D F. Human-computer interaction and management information systems: foundations[M]. Armonk, N.Y.:M.E. Sharpe,2006.

⑨ LU D, LAI I, LIU Y. The consumer acceptance of smart product-service systems in sharing economy: the effects of perceived interactivity and particularity[J]. Sustainability, 2019,11(3):928.

⑩ IGBARIA M, PARASURAMAN S. A path analytic study of individual characteristics, computer anxiety, and attitudes toward microcomputers[J]. Journal of management,1989,15(3):373-388.

具体表现为身份焦虑、信任焦虑、知识焦虑、能力焦虑等①。新技术催生了高度不确定的媒介环境,在"内容农场"中替代了许多人工工作,这导致媒体人的专业价值与把关权力被削弱,技术人员和业务人员之间的区别被模糊化②。同时,从业者之间开始出现认知鸿沟,个体对自身是否有能力使用智能媒体产生疑惑与焦虑③。技术焦虑的采纳者与复杂创新产品的互动倾向较低,并容易对创新技术应用产生负面评价,因此在组织采纳过程中,媒体从业者的技术焦虑可能降低其接受意愿④。

9.组织因素和个人因素的中介作用

组织作为技术采纳决策与实践的主体,是影响智能媒体技术采用的决定性因素,技术与环境需要通过组织的中介作用于智媒的使用意愿。⑤ 同时,根据行动者网络理论,组织是个体行动者的集合,组织中的创新采用也意味着组织内部个体的创新接受,因此在审查创新的传播时,研究者还必须考虑影响媒体从业者接受态度的认知因素,即感知智媒利益、感知人机交互性与技术焦虑的中介性。根据以上论述,本文提出的研究假设如表 1 所示。

表 1　本文的研究假设

假设序号	假设内容
H1	技术兼容性对组织信息就绪度有积极影响
H2	技术兼容性对组织创新文化有积极影响
H3	技术兼容性对感知智媒利益有积极影响
H4	技术兼容性对感知人机交互性有积极影响
H5	技术兼容性间接显著影响使用意愿
H6	政府政策对组织信息就绪度有积极影响
H7	政府政策对组织创新文化有积极影响
H8	政府政策对感知智媒利益有积极影响

① 蒋琳.5G 赋能下新闻编辑的技术焦虑与认知调适[J].中国编辑,2020(9):49-53.

② URSELL G. Dumbing down or shaping up? New technologies, new media, new journalism[J]. Journalism, 2001,2(2):175-196.

③ VAN DALEN A, DE VREESE C H, ALBAEK E. Different roles, different content? A four-country comparison of the role conceptions and reporting style of political journalists[J]. Journalism, 2012,13(7): 903-922.

④ VENKATESH V, DAVIS F D. A theoretical extension of the technology acceptance model: four longitudinal field studies[J]. Management science,2000,46(2):186-204.

⑤ 葛明驷,沈阳,李祖希.媒介融合时代中国电视 VR 应用多维分析[J].现代传播(中国传媒大学学报),2017,39(4):85-90.

续表

假设序号	假设内容
H9	政府政策对感知人机交互性有积极影响
H10	政府政策间接显著影响使用意愿
H11	市场竞争对组织信息就绪度有积极影响
H12	市场竞争对组织创新文化有积极影响
H13	市场竞争对感知智媒利益有积极影响
H14	市场竞争对感知人机交互性有积极影响
H15	市场竞争间接显著影响使用意愿
H16	组织信息就绪度对使用意愿有积极影响
H17	组织创新文化对使用意愿有积极影响
H18	感知智媒利益对使用意愿有积极影响
H19	感知人机交互性对使用意愿有积极影响
H20	技术焦虑对使用意愿有消极影响

(四)模型设定

结构方程模型(SEM)是一种将因子分析和路径分析结合起来的分析工具，能够同时处理多个自变量和因变量，可以有效提高分析的准确性。基于以上假设，本研究建立的结构方程模型如图 1 所示。

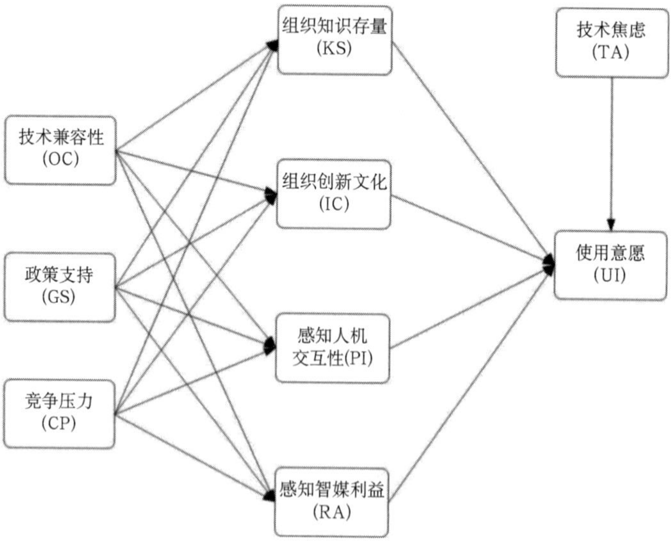

图 1　本文的研究模型

三、研究方法

(一)量表与问卷设计

本研究所使用的问卷主要借鉴与参考了国内外管理学领域技术创新采纳的相关量表,并在此基础上根据研究问题与传媒行业特性进行调整。问卷使用李克特七级量表进行度量,每个潜变量均包含3—4个题项,受访者可以按照对题项的认同程度在1—7分的区间内进行选择。研究者在问卷说明部分给出了智能媒体的定义,以便受访者了解调研问题与目的。

表2 研究变量与量表设计

潜变量名称	测量题项	参考文献
技术兼容性(OC)	智能媒体能够与组织现有的软硬件兼容	Hong and Kim①
	使用智能媒体符合组织目前的价值观、发展战略	
	智能媒体能够很好地与组织业务流程融合	
	智能媒体能够根据组织需求的变化灵活调整	
组织知识存量(KS)	组织曾有成功实施类似技术的经验	Molla and Licker②
	组织了解智能技术在其他行业、组织中的使用情况	
	组织能够准确预测使用智能媒体将面临的收益	
	组织能够准确评估使用智能媒体将面临的风险	
组织创新文化(IC)	组织倡导新的尝试,从错误中学习	Grandon and Michael③
	组织崇尚自由开放与创新变革	
	组织赏识和认可具有创新和进取精神的员工	
	组织通常为员工的创新构想提供奖励	

① HONG K K, KIM Y G. The critical success factors for ERP implementation: an organizational fit perspective [J]. Information and management, 2002(40):25-40.

② MOLLA A, LICKER P S. Ecommerce adoption in developing countries: a model and instrument [J]. Information and management, 2005(42):877-899.

③ GRANDON E P, MICHAEL J. Electronic commerce adoption: an empirical study of small and medium US business[J]. Information and management, 2004(42):197-216.

续表

潜变量名称	测量题项	参考文献
竞争压力(CP)	组织的竞争者已经开始积极使用智能媒体	Zhu and Kraemer①
	组织的竞争对手因为采纳了智能媒体而获得了很好的效益	
	组织的竞争对手因为采纳了智能媒体而扩大了对用户、业务伙伴的影响力	
政策支持(GS)	政府主管部门向我们推荐使用或支持使用智能媒体	Pan and Jang②
	政府主管部门以财政、税收、金融、提供信息等方式鼓励企业采纳智能媒体	
	行业协会或行业联盟支持我们使用智能媒体	
感知智媒利益(RA)	智能媒体相比之前的软硬件技术更能减少生产运营成本	Wu and Wang③
	智能媒体相比之前的软硬件技术更能提高组织经营与管理效益	
	智能媒体相比之前的软硬件技术更能获取新用户,改善客户关系	
	智能媒体相比之前的软硬件技术更能增强组织竞争力	
感知人机交互性(PI)	当我需要时,我觉得我能够轻松地找到并利用智能媒体的功能	李雷、赵霞和简兆权④
	我觉得我能够获得智能媒体快速的响应与反馈	
	我觉得智能媒体能够将我同组织与用户连接起来	
技术焦虑(TA)	我很难处理智能媒体带来的过量信息	Meuter, Ostrom, Bitner and Roundtree⑤
	智能媒体带来的工作内容转移使我焦虑	
	我会因为技术能力问题害怕使用智能媒体	
使用意愿(UI)	使用智能媒体对于组织发展会是一个好的办法	Karahanna, Straub and Chervany⑥
	我们愿意使用智能媒体	
	我们打算未来长久使用智能媒体	

① ZHU K, KRAEMER K L. Post-adoption variations in usage and value of e-business by organizations: cross-country evidence from the retail industry[J]. Information systems research, 2005, 16(1): 61-84.

② PAN M J, JANG W Y. Determinants of the adoption of enterprise resource planning within the technology-organization-environment framework: Taiwan's communications industry [J]. Journal of computer information systems, 2008, 48(3): 94-102.

③ WU J H, WANG S C. What drives mobile commerce? An empirical evaluation of the revised technology acceptance model[J]. Information and management, 2005, 42(5): 719-729.

④ 李雷,赵霞,简兆权.人机交互如何影响顾客感知电子服务质量? 基于广东、广西 634 个样本的实证研究[J].外国经济与管理,2017,39(1):96-113.

⑤ MEUTER M L, OSTROM A L, BITNER M J, et al. The influence of technology anxiety on consumer use and experiences with self-service technologies[J]. Journal of business research, 2003, 56(11): 899-906.

⑥ KARAHANNA E, STRAUB D W, CHERVANY N L. Information technology adoption across time: a cross-sectional comparison of pre-adoption and post-adoption beliefs[J]. MIS quarterly, 1999, 23(2): 183-213.

(二)数据收集与描述性分析

2020年10月至12月期间,本研究通过便利抽样,在“问卷星”平台与微信渠道向北京、云南等全国25个省市的传媒组织工作人员发放问卷,其中北京市的参与者占比最大。本研究最终共回收249份网络问卷,剔除无效样本与异常值后,总计获得187份问卷样本,有效回收率达到75.1%,样本量大于样本数在100个以上的小样本临界值,符合结构方程模型的设定要求。

由于本研究的调研对象为传媒组织管理者与员工,因此,问卷的第一部分对被调研者所在的组织性质、组织经营范围、组织规模,以及被调研者的工作年限与工作职称进行了考察。本次调查中,传媒组织主要为事业单位(47.6%)、国有独资或控股企业(29.9%)与民营企业(21.9%)。其主要经营范围包括互联网新媒体(55.1%)、影视(41.2%)、报刊(32.1%)、广播(31.0%)、出版(12.8%)等。在经营规模方面,占比最大的为1—100人的小型传媒组织(38.0%),其次是1000人以上的大型传媒组织(36.9%)。本次调研对象主要为工作年限在10年以上的老员工(58.3%),中层主管占比最大(42.8%),高层主管与一线员工分别占比25.7%和31.6%。在智能媒体使用阶段方面,还没有投入使用的传媒组织占52.9%,多于已经购买使用的组织(47.1%)。传媒组织已经使用或考虑使用的智能媒体产品和服务主要包括数据新闻(46.0%)、智能算法分发系统(32.1%)、AI虚拟主播(24.6%)、沉浸式新闻(19.3%)等。

四、数据分析与假设检验

(一)信度与效度检验

本研究通过SPSS 22.0检验量表信度,发现所有构念的Cronbach's α系数均达到0.8以上,大于0.7的标准值,量表总体的Cronbach's α系数为0.919,说明该问卷及样本数据可靠性较高。

本研究对问卷进行KMO和Bartlett球形检验,结果显示KMO值为0.832,大于0.7的标准值,Bartlett检验结果显著,说明量表与样本数据内部存在显著关联。研究者进一步对所有题项进行探索性因子分析(EFA),采用主成分分析法提取8个因子,累加解释总方差为76.633%,大于50%的限度值。量表中所有测量题项的因子负荷量均大于0.5,说明各变量具有单维性,量表具有较好的结构效度。

表 3 信度与效度检验

路径			因子载荷	Cronbach's α 系数	AVE	C.R.
OC1	←	OC	0.644	0.846	0.5914	0.8514
OC2	←	OC	0.756			
OC3	←	OC	0.857			
OC4	←	OC	0.803			
GS1	←	GS	0.874	0.89	0.7332	0.8915
GS2	←	GS	0.900			
GS3	←	GS	0.791			
CP1	←	CP	0.827	0.931	0.8242	0.9334
CP2	←	CP	0.928			
CP3	←	CP	0.963			
KS1	←	KS	0.614	0.88	0.6384	0.8728
KS2	←	KS	0.705			
KS3	←	KS	0.942			
KS4	←	KS	0.890			
IC1	←	IC	0.880	0.927	0.7479	0.9218
IC2	←	IC	0.972			
IC3	←	IC	0.811			
IC4	←	IC	0.784			
RA1	←	RA	0.569	0.866	0.5994	0.8539
RA2	←	RA	0.769			
RA3	←	RA	0.857			
RA4	←	RA	0.865			
PI1	←	PI	0.836	0.858	0.6942	0.8698
PI2	←	PI	0.962			
PI3	←	PI	0.677			
TA1	←	TA	0.764	0.874	0.7056	0.8772
TA2	←	TA	0.925			
TA3	←	TA	0.823			
UI1	←	UI	0.847	0.906	0.7697	0.9091
UI2	←	UI	0.936			
UI3	←	UI	0.846			

本研究通过 AMOS 25.0 对整体数据进行验证性因子分析(CFA),发现各题项及它们所度量的潜变量之间的标准载荷均大于 0.5,表明各测量变量能够对各项潜变量进行有效测量;各维度的平均变异萃取量(AVE)均大于 0.5,组合信度(CR)均大于标准值0.7,表明各因子均具有良好的收敛效度。同时,所有潜变量 AVE 的平方根大于各变量之间相关系数的绝对值,说明该量表具有良好的区分效度。

表 4　区分效度检验

	AVE	CP	GS	OC	IC	KS	TA	RA	PI	UI
CP	0.8242	**0.908**	—	—	—	—	—	—	—	—
GS	0.7332	0.372	**0.856**	—	—	—	—	—	—	—
OC	0.5914	0.348	0.291	**0.769**	—	—	—	—	—	—
IC	0.7479	0.353	0.377	0.402	**0.865**	—	—	—	—	—
KS	0.6384	0.382	0.363	0.627	0.545	**0.799**	—	—	—	—
TA	0.7056	0.070	0.249	0.100	0.005	0.077	**0.840**	—	—	—
RA	0.5994	0.350	0.105	0.663	0.245	0.364	0.009	**0.774**	—	—
PI	0.6942	0.272	0.361	0.395	0.264	0.350	0.106	0.235	**0.833**	—
UI	0.7697	0.337	0.291	0.553	0.266	0.439	0.030	0.445	0.402	**0.877**

注:对角线上数字为 AVE 的平方根。

(二)模型拟合

表 5　适配度指标

拟合指标	适配度
CMIN/DF	1.575(<2)
RMSEA	0.056(<0.06)
SRMR	0.070(<0.08)
IFI	0.944(>0.9)
CFI	0.943(>0.9)
TLI	0.936(>0.9)
GFI	0.829(>0.8)

模型的拟合结果显示,CMIN/DF 为 1.575,小于 2 的标准值,RMSEA 为 0.056,小于 0.06,SRMR 为 0.070,小于 0.8 的最低限度,IFI、CFI 均大于 0.9,GFI 大于 0.8,

在可接受的范围内。根据 Breivik 和 Olsson 的拟合优度检验标准①,该模型的拟合程度较好。

表 6 模型拟合路径

路径			非标准化系数	标准化系数	S.E.	C.R.	P
KS	←	OC	0.589	0.541	0.109	5.405	—
IC	←	OC	0.502	0.302	0.136	3.68	—
KS	←	GS	0.121	0.159	0.056	2.163	0.031
IC	←	GS	0.278	0.239	0.09	3.072	0.002
IC	←	CP	0.184	0.152	0.094	1.971	0.049
KS	←	CP	0.106	0.134	0.057	1.849	0.064
PI	←	OC	0.333	0.309	0.092	3.617	—
PI	←	GS	0.2	0.265	0.062	3.195	0.001
PI	←	CP	0.049	0.062	0.062	0.781	0.435
RA	←	CP	0.141	0.213	0.052	2.709	0.007
RA	←	GS	−0.091	−0.143	0.049	−1.849	0.065
RA	←	OC	0.535	0.59	0.107	4.997	—
UI	←	PI	0.175	0.173	0.076	2.309	0.021
UI	←	KS	0.249	0.25	0.09	2.78	0.005
UI	←	IC	0.017	0.026	0.051	0.331	0.741
UI	←	TA	−0.064	−0.072	0.062	−1.039	0.299
UI	←	RA	0.373	0.312	0.102	3.669	—

根据模型的拟合结果,在 95%的置信区间下,组织知识存量($\beta=0.25, p<0.05$)、感知智媒利益($\beta=0.312, p<0.05$)和感知人机交互性($\beta=0.173, p<0.05$)对智媒体使用意愿具有显著的正向影响,H16、H18 和 H19 成立。技术焦虑($\beta=-0.072$, $p>0.05$)与采纳意愿成反比,但其直接影响并不显著,H20 不成立。组织创新文化($\beta=0.026, p>0.05$)对智能媒体使用意愿的作用同样不显著,H17 不成立。技术兼容性显著影响感知利益($\beta=0.59, p<0.05$)、感知人机交互性($\beta=0.309, p<0.05$)、组织知识存量($\beta=0.541, p<0.05$)和组织创新文化($\beta=0.302, p<0.05$),假设 H1、H2、H3 和 H4 均成立。政策支持对感知人机交互性($\beta=0.265, p<0.05$)、组织创新文化(β=

① BUNTING B P. Structural equation modeling: present and future. A festschrift in honour of Karl Joreskog[J]. British journal of mathematical and statistical psychology, 2001(54): 378-379.

0.239，$p<0.05$）和组织知识存量（$\beta=0.159$，$p<0.05$）同样具有显著影响，H6、H7 和 H9 成立。市场竞争压力对组织创新文化（$\beta=0.152$，$p<0.05$）和感知利益（$\beta=0.213$，$p<0.05$）具有显著的正向影响，H12 和 H13 成立，但对组织信息就绪度和感知人机交互性影响并不显著。

(三)中介效应检验

由 Preacher 和 Hayes 提出的 Bootstrap 检验法，通过从样本数据中重复抽样，根据每次抽样对直接效应和间接效应进行估计，从而对每个效应建立置信区间，当置信区间不包含 0 时效应显著。① 本研究使用 Bootstrap 法进行 5000 次抽样，在 90%的置信区间下，中介效应检验结果如表 7 所示。

表 7　中介效应检验

路径	效应值	下限	上限	假设
OC→UI	0.411	0.243	0.631	H5 成立
OC→KS→UI	0.148	0.06	0.294	
OC→IC→UI	0.009	−0.033	0.074	
OC→RA→UI	0.201	0.086	0.414	
OC→PI→UI	0.053	0.008	0.144	
GS→UI	0.033	−0.027	0.099	H10 不成立
GS→KS→UI	0.031	0.004	0.083	
GS→IC→UI	0.005	−0.018	0.037	
GS→RA→UI	−0.034	−0.083	−0.004	
GS→PI→UI	0.032	0.005	0.079	
CP→UI	0.092	0.043	0.153	H15 成立
CP→KS→UI	0.027	0.002	0.067	
CP→IC→UI	0.003	−0.01	0.035	
CP→RA→UI	0.053	0.022	0.104	
CP→PI→UI	0.009	−0.013	0.044	

检验结果表明，技术兼容性、竞争压力会通过组织信息就绪度、感知利益与感知人机交互性显著作用于智能媒体使用意愿，政策支持与使用意愿间存在“遮掩效应”，虽

① PREACHER K J，HAYES A F. Asymptotic and resampling strategies for assessing and comparing indirect effects in multiple mediator models[J]. Behavior research methods，2008，40(3)：879-891.

然政策支持仍通过组织信息就绪度和感知人机交互性对结果变量有一定的中介效应,但总效应不显著,此时值得考虑的问题应转变为"政策规制为何不影响使用意愿"①。

五、结论与讨论

(一)研究结论

本研究以 TOE 理论为基础,从传媒组织的视角出发建立起智能媒体组织使用意愿模型,引入技术兼容性、政策支持、竞争压力等 9 个变量,并考虑到智能媒体区别于其他媒体技术产品的创新特性,将感知智媒利益、感知人机交互性、技术焦虑等潜变量纳入研究框架进行实证检验。检验结果发现本研究模型适配度良好,表明传媒组织对智能媒体技术的使用意愿会受到技术、环境、组织与个人感知 4 个层面因素的影响。组织知识存量、感知利益和感知人机交互性对使用意愿存在显著的正相关关系,技术兼容性与市场竞争在以上潜变量的中介作用下,对采纳意愿存在积极的间接影响。

与假设相反,组织创新文化及技术焦虑对智能媒体使用意愿的直接影响并不显著,其主要原因可以归结为:第一,本次调查对象中,主流传统媒体占比较大,其组织性质使其文化结构存在惯性,在管理者看来,组织创新文化可能不是技术使用最重要的因素。第二,当前传媒业所应用的技术仍处于弱人工智能阶段,对人的帮助大于威胁。第三,样本数据量较小可能会对实证结果产生影响。

此外,与经验相左,政府政策对组织知识存量和创新文化有显著的正向影响,对创新使用意愿也具有一定的间接效应,但其总效应并不显著,这可能是由于政府目前为促进智媒技术采纳而采取的措施没有得到充分运用②。当前相关政策更多从宏观层面对媒体融合做出指导规划,缺乏针对不同创新阶段与类型的机构的系统化条例,也缺乏聚焦智能媒体技术创新商业化、产业化的操作性细节,未来,政府需要针对不同性质的媒体制定精细化支持政策,加强对中小民营媒体的扶持。

---

① MACKINNON D P, KRULL J L, LOCKWOOD C M. Equivalence of the mediation, confounding, and suppression effect[J]. Prevention science, 2000,1(4):173-181;温忠麟,叶宝娟.中介效应分析:方法和模型发展[J].心理科学进展,2014,22(5):731-745.

② LI Y H. An empirical investigation on the determinants of e-procurement adoption in Chinese enterprises:a multistage approach using the TOE framework[J].Journal of global information management,2008,17(1):70-84.

(二)实践建议

根据结论,本研究针对媒体创新实践提出以下三个方面的建议:

第一,技术因素通过组织与个人的中介变量积极作用于智能媒体使用意愿,且对使用的影响程度最大。这表明,智能媒体的技术特征越符合组织及员工的任务需求,组织就越倾向于采用这项技术。[①] 因此传媒组织在进行初期的市场识别与技术选择时,要明确组织的战略目标与业务流程,优先考虑采用同组织资源、业务相匹配的智能媒体技术,利用技术的兼容性来提高媒体从业者的工作绩效。

第二,外部环境是传媒组织创新的重要影响因素,且市场对智能媒体采纳的影响的显著程度大于政府规制,这表明媒体组织更多依靠市场的传导机制进行创新决策。当前,智能媒体应用成为时代趋势,后发组织为增强自身竞争优势,应充分考虑外部竞争者的影响,通过智能技术与组织价值网络的耦合发挥智媒技术的溢出效应,提高自主创新能力,实现对市场领导者的追赶,同时也要寻求应用智能媒体技术的制度合法性。

此外,这一结果也可以为政府加大对媒体数字化转型的鼓励与支持提供依据。"十四五"期间,政府与行业协会可以进一步针对不同的创新主体所有权与技术应用过程优化政策结构,从环境面、供给面与需求面多层次健全政策系统[②],降低智能媒体采用的技术、人才、资金与体制壁垒,释放积极的市场信号,为传媒组织采纳智能媒体技术,构建现代智能传播体系保驾护航。

第三,组织知识存量、感知智媒利益和感知人机交互性对智能媒体使用意愿的影响非常显著。这表明传媒组织内部管理者与员工对智能媒体的认知能够增加其对智能媒体有用性的了解,并能进一步促使媒体从业者与智能技术从交互走向协同。因此,媒体管理者应建立起组织内部的信息共享、交流与学习机制,营造开放合作的创新文化氛围,为员工提供智能媒体相关技能培训与情绪心理支持,促进知识要素在组织内部和外部的自由流通。组织内部技术、业务等部门员工应强化数据思维与技术逻辑,有效利用数据挖掘、可视化处理等智能技术来服务于业务需求,通过与智能媒体的融合降低技术焦虑,提高个人职业素养与工作绩效,进而为构建传媒组织的技术—内容—商业生态系统提供支撑。

---

① GOODHUE D L, THOMPSON R L. Task-technology fit and individual performance[J]. MIS quarterly, 1995,19(2):213-236.

② 张韵君.政策工具视角的中小企业技术创新政策分析[J].中国行政管理,2012(4):43-47.

(三)研究局限与展望

本次研究存在一定的局限性:第一,受限于组织用户样本的可获性,本次调查的数据量及样本代表性存在提升空间。第二,未来的研究可以进一步区分管理者问卷和员工问卷,从而使研究结果更具针对性。第三,未来的研究可以按照创新扩散的历时性顺序,研究组织采纳智能媒体后,在组织内部二次融合、组织绩效获取及组织外部价值共创中存在的影响因素。第四,用户与组织的价值共创是影响媒体组织采用交互融合媒体创新的重要因素①,研究者今后可进一步将组织使用与用户采用连接,考虑用户接受并参与内容生产对组织技术采用的影响程度。

〔张锐,北京电影学院管理学院副教授;张美伦,北京电影学院管理学院硕士研究生〕

〔特约编辑:叶明睿〕

① BOCZKOWSKI P J. The mutual shaping of technology and society in videotex newspapers: beyond the diffusion and social shaping perspectives[J]. Information society, 2004, 20(4): 255-267.

视听传播

融媒体报道中的音频创新*

——基于对中国新闻奖媒体融合类作品的分析

An Exploration of Digital Audio Storytelling in Convergent Reporting

—Study on the Award-winning Works of Media Convergence in Chinese News Awards

◎ 杨凤娇　宋一丹

Yang Fengjiao　Song Yidan

摘要：随着媒体融合发展的不断深入，具有现场感、空间感、伴随性等特质的声音重新被重视。声音作为人类感知世界的一种重要方式，在融媒体报道中可以为用户获取信息提供更多的选择，带来立体化的感官体验。本文聚焦融合新闻报道中的音频创新实践，以近年中国新闻奖中媒体融合类的获奖作品为例，尝试从观念革新、对话语境、故事场景、交互等方面分析当前媒体融合报道中的音频创新现状与可能，以期为融合新闻报道的创意性呈现提供借鉴和启发。

关键词：数字音频；媒体融合；对话；声音场景；交互

Abstract: Digital audio journalism has obtained widely attention in recent years, and the number of digital audio users is growing. As an important way for human beings to perceive the world, sound with a sense of presence, space and accompaniment can provide new media users with more choices to obtain information and bring three-dimensional sensory experience. This paper focus on the strategy of digital audio storytelling in convergent reporting, and take the case of the award-winning works of media convergence in Chinese News Awards in recent years. The innovative possibility of these works is analyzed from the following aspects: concept innovation, dialogue context, acoustic scenes, and interaction, which may provide insight for digital audio storytelling practice in future.

---

* 本文系国家社科基金重大项目“媒体深度融合发展与新时代社会治理模式创新研究”（项目编号：19@ZH043）的阶段性成果。

Keywords: digital audio, media convergence, dialogue, acoustic scenes, interaction

移动互联时代,伴随着智能音频终端的不断普及和用户视觉需求的逐渐饱和,声音的价值重新获得彰显,“耳朵经济”正悄然兴起。近年来,央视新闻、新华社、《人民日报》等主流媒体也纷纷通过推出融媒体音频作品、入驻头部音频平台、搭建自主有声平台等方式参与音频市场。在媒体融合发展的当下,主流媒体如何在新闻报道中创新性地进行音频探索,更富创意地呈现内容,优化用户体验,成为媒体融合实践的重要方向。

音频,既是一种声音信号的形式,也指声音的内容。随着技术的发展,记录声音的载体与形式在不断变化。从中国知网中有关音频研究的文献来看,电子技术发明后,当声音能够被转化为模拟信号通过无线电波或导线进行远距离传输时,“音频”这一说法开始出现。数字技术的发展,使得模拟音频信号可以通过数字化的处理转化为数字音频。从传统广播到互联网在线音频、便携式音频,数字音频技术让人们的收听方式更趋自主性、个性化和移动化。本文探讨的音频为移动互联网时代的数字音频,在数字技术驱动下,“所有以数字技术生产与传播的音频形态都被认为是数字音频”①,它既包括数字音频广播,也包括播客、互联网音频平台、智能音箱、富含音频元素的融媒体产品等基于数字技术的音频形态。

近年关于媒体融合趋势下主流媒体音频传播的研究,主要探讨音频传播的发展历程、背景、契机、问题、策略等问题,从具体的融合新闻实践角度深入剖析音频作品创作的研究较少。本文基于对中国新闻奖中媒体融合类获奖作品的分析,探讨当前融合新闻报道中音频创新的实践与创意叙事的可能。2018 年,在我国媒体融合发展的大趋势下,中国新闻奖增设“媒体融合”奖项,到目前为止,媒体融合类奖项的评选已进行四届。随着媒体融合进程的不断加深,媒体融合类获奖作品在音频创新方面也不断推陈出新,在关注声音价值的基础上越发重视音频在故事场景建构过程中带给用户的交互式体验。

一、观念革新:在声音中寻找叙事的更多可能

声音传播最早可追溯到口语传播时代,人们面对面地用语言进行交流。随着字

① 童云,周荣庭.数字音频产业价值链构成[J].编辑之友,2020(3):51-54.

母、文字的出现，人们获取信息的方式逐渐转向由视觉符号主导，直到电子技术发明后广播让声音在大众媒介传播系统中的地位得以提升。在随后到来的“追求图像优先原则”①的电视时代，视觉信息的重要地位得到凸显。进入互联网传播时代，数字技术的发展进一步推动着诉诸视觉的视频产业迅猛发展，在线视频、短视频、移动直播、VR视频等多种视频形态相继涌现，“现代文化产业日益演化为视觉独大的产业，视觉符号产品不断推出，视觉质量的追求向往极致，视觉成为压倒一切的主流，‘景观社会’‘拟像’‘读图时代’热度不减，而听觉以及其他感觉处于被漠视和压抑的状态”②。

然而，声音作为人类感知世界的重要方式，在人类传播活动中发挥着不可忽视的重要作用。声音能体现人物内心的情感与观点，正如《乐记·乐本》所言：“凡音者，生人心者也。情动于中，故形于声。声成文，谓之音。”声音的音调高低、响度强弱、特殊音色也能让用户获得对外部世界的感性认识。此外，声音还在满足用户的移动伴随需求方面具备优势，依赖于耳朵的听觉传播不需要独占用户的注意力，声音能伴随用户参与多样化活动。

近年来，“播客”在国内外的兴起体现出移动互联网时代声音的价值再次受到重视。“2020 年，12 岁以上的美国人中有 75％听过或了解‘播客’，有 55％收听过‘播客’，一个月内收听过‘播客’的人数比例为 37％ 。”③从我国的情况来看，音频市场的规模正在不断扩大。艾媒咨询(iMedia Research)的数据显示，2015—2020 年中国在线音频用户规模不断增长，2020 年中国在线音频用户规模为 5.7 亿人，预计未来继续保持稳定增长，2022 年将达到 6.9 亿人。④

音频市场勃兴，不过与传统广播时代的声音传播相比，互联网时代的音频在内容生产主体、风格样态、收听方式、消费终端等方面都已经有了很大的改变。广播时代，职业化的媒体从业者在有限的传播渠道中掌握内容生产主动权，用户只能通过收音机等特定设备在固定时间收听广播节目，获得信息和娱乐方面的内容；在参与和互动方面，用户一般是通过写信、拨打热线电话等方式提供新闻线索以及对节目的反馈。进入互联网时代之后，技术的赋权降低了音频内容生产与传播的门槛，非专业媒体机构、普通个体参与生产成为可能，极大地拓展了音频内容的来源、丰富了音频的样态与风

① 于德山.大众传媒时代的电视文化与当代中国叙事格局[J].中国电视，2001(12)：30-33.

② 隋欣.新媒介环境听觉文化复兴的可能[J].当代传播，2016(4)：45-47.

③ 史安斌，刘长宇.音频新闻：脉络、演进与特征[J].青年记者，2020(19)：80-83.

④ 米乎财经.在线音频行业数据分析：2022 年中国在线音频用户规模将达 6.9 亿人[EB/OL].(2021-05-07)[2022-01-16].https://www.sohu.com/a/465135276_120205287.

格,例如个人化叙事在播客媒体中的兴起①。用户的收听方式与需求也不同于广播时代的情形,用户可以通过智能手机等移动终端随时随地收听,可以自主选择感兴趣的内容,可以选择快速或慢速播放,可以通过网络留言或借助页面交互等方式互动,可以参与节目录制上传自己的声音,可以转发分享喜欢的音频。移动互联网时代的音频收听方式呈现出移动性、参与性、个人化、社交化等特点。

在音频市场发展的背景下,主流媒体也日益重视声音传播的潜力,例如通过"播客"进行音频新闻报道,以及在融合报道中借助音频创意性地呈现新闻内容,等等。本文主要探讨融合新闻报道中音频创新的实践与创意叙事的可能。声音价值的凸显意味着我们需要重新思考视觉和听觉的关系,声音不应仅仅作为视觉符号的背景角色存在,只要相关创作者把握好移动互联时代用户对音频的需求与收听方式,声音就可以成为融媒体报道中创新用户体验的发力点。

例如,第三十届中国新闻奖融合创新类一等奖作品《2019 对话 1949:时代变了 初心未变》以"平行世界,隔空对话"为创新点,依托三组人物的对话实现整个新闻作品核心内涵的传递。在这个融媒体作品中,小学生、职场女性、即将就业的青年分别与红岩烈士小萝卜头、女烈士杨汉秀、革命烈士王朴"对话",表达"时代变了,初心未变"的主题。在观看模式方面,该作品提供"单机"与"双机"两种观看方式,用户点击"单机模式",会看到两位不同时代的主人公同时出现在同一移动终端的左右两屏;点击"双击模式",页面则会出现"邀请好友扫码加入""将好友手机放在右侧"的提示,进入共同观看模式。华龙网-新重庆客户端的这个作品突出了声音在传递内心情感与信念方面的优势,并在交互性、社交性方面进行了探索,在重大主题类融媒体作品中令人耳目一新,获得了不错的传播效果,作品全网总点击量超过 2100 万人次。②

二、人物口述音频增强对话语境氛围

新媒体传播时代,新闻不再仅仅是信息的告知,对话交流的语态有助于建立与用户的连接。对话是哲学、文艺研究以及传播学等领域都非常关注的问题,在文艺理论家巴赫金看来,"语言只能存在于使用者的对话交际之中。对话交际才是语言的生命真正所在之处。语言的整个生命,不论是在哪一个运用领域里(日常生活、公事交往、

① 林格伦,袁邈桐.播客与个人化叙事[J].音乐与声音研究,2021(2):91-109.

② 《2019 对话 1949:时代变了 初心未变》中国新闻奖媒体融合奖项参评作品推荐表[EB/OL].(2020-06-29)[2022-03-21].http://www.zgjx.cn/2020-06/29/c_139174298.htm.

科学、文艺等)，无不渗透着对话关系”[①]。对话有狭义和广义的理解，“从狭义来讲，是指说话者与对话者之间的言语相互作用的形式之一。从广义上来讲，对话则包括不同范围、不同层次的言语相互作用的形式”[②]。作者与主人公、作者与读者、作者与评论者、读者与人物之间都存在对话性。在互相对话的过程中，人们的观念态度、思想感情也得以交流和沟通。融媒体时代的新闻传播强调传受方之间对等的对话式传播，因此传播者既要重视通过回复用户评论等方式建立对话关系，也要重视用户与作品精神和情感层面的交流与对话。

对话离不开语言符号。“对话关系是超出语言学领域的关系”，但同时，它又“不能脱离开作为某一具体整体的语言”。[③] 人的语音天然带有人际传播的特性，融媒体报道运用人物采访原声讲述新闻故事，不仅可以增强新闻故事的可信度，还能增强对话语境氛围与交流性。第三十届中国新闻奖融合创新类二等奖作品《大国工匠朱恒银：向地球深部进军》在运用“快闪＋手绘长卷＋动画＋一镜到底”等多种表达方式的基础上，嵌入高级工程师朱恒银的多段口述音频，讲述上海地铁四号线地面塌陷事件、安徽滁州琅琊山铜矿开采事件、汶川地震断裂带探测事件的发生过程和处置难点。用户在倾听口述音频的过程中，既能获取主要的新闻信息，又能从朱恒银工程师口语化的表达中感受到上海地铁四号线地面塌陷事件情况之危急、安徽滁州琅琊山铜矿开采之困难、汶川地震断裂带探测事件之重大，在听故事般的体验中进行情感的对话与交流。

三、声音元素助力故事场景建构

在叙事学中，场景对于故事情节的展现非常重要。热奈特在分析叙事时间时提到“场景”概念，认为场景中的叙事时间与故事时间存在某种相等。里蒙-凯南进一步讨论了场景的形式，包括人物对话、动作，“对一个事件的详细叙述也应该被看作场景式的”[④]。人物的对话与动作是发生在一定的场所与环境中的，场景建构离不开环境的交代，而音频中的环境类声响可以帮助听觉用户理解新闻故事发生的环境与氛围。

(一)“声”临其境塑造新闻现场感

融媒体新闻报道借助现场环境声音，能够塑造“声”临其境的现场感与代入感。保

① 巴赫金.诗学与访谈[M].白春仁，顾亚铃，晓河，译.石家庄：河北教育出版社，1998：242.
② 李衍柱.巴赫金对话理论的现代意义[J].文史哲，2001(2)：51-56.
③ 巴赫金.诗学与访谈[M].白春仁，顾亚铃，晓河，译.石家庄：河北教育出版社，1998：241-242.
④ 里蒙-凯南.叙事虚构作品[M].姚锦清，黄虹伟，傅浩，等译.北京：生活·读书·新知三联书店，1989：97-99.

罗·莱文森指出:“一切媒介的进化趋势都是复制真实世界的程度越来越高,其中一些媒介和真实的传播环境达到了某种程度的和谐一致。”[①]随着媒介技术的不断革新,当前融合新闻的呈现方式也越来越趋向于在实景还原中为用户营造更多的沉浸式感受,使用音频就是行之有效地营造“声”临其境现场感的一种手段。新闻作品有机地运用实时捕捉和记录下来的人物声音、环境音响、音乐等现场声音,有助于还原现场的情境和氛围,使用户感到仿佛置身其中,更直观地感受新闻现场、更好地理解新闻的价值和主题。

实景互动 H5 作品《海拔四千米之上》是第二十九届中国新闻奖融合创新类一等奖获奖作品。为了最大限度地呈现三江源国家公园的原真之美,该作品除了使用 360 度全景图片、VR 视频等手段外,还应用了大量音频来还原新闻现场。整个作品使用了大量的人声、风声、水波声、脚步声、生物叫声等现场环境声,观众可以在上下滑动屏幕观看全景的过程中,“声”临其境地感受三江源国家公园的每一个角落。第二十八届中国新闻奖“融媒界面”获奖作品《长幅互动连环画|天渠:遵义老村支书黄大发 36 年引水修渠记》也在长幅连环画中嵌入了音频,凡是有音频内容的地方就会出现“喇叭”形状的提示符号,用户可选择点击收听。用户能在山洪声、炸药声、渠水声等现场环境声中回到修筑“现场”,体会主人公黄大发带领村民引水修渠困难重重的过程。

(二)声音为媒再现历史时空

声音在特定社会文化中产生,同时反映并参与着社会文化空间的建构。正如学者王敦所言:“历史性与社会性不是游离于听觉之外的外壳,而是听觉变迁的内在原因。”[②]特定年代的声音,能唤起人们对特定环境和社会文化的感知、记忆与情感,而这种记忆与情感往往与个体经历相关联。媒体融合类作品在创作过程中,可以运用特定年代的声音实现历史时空的再现。不同时代的声音按照时间维度排列,在整体上不仅能让用户感受到时间变迁中的历史更替,还能唤起用户的心理参与。

第三十届中国新闻奖创意互动二等奖作品《复兴大道 70 号》在手绘长图的基础上运用了大量独具特色的音频元素,用声音来回顾新中国成立 70 年以来的重大事件,展现社会生活的巨大变迁。不断滑动手绘长图,观众能够听到不同年代的代表性歌曲、特殊事件的新闻报道原声、颇具时代特色的对话声和叫卖声。从开国大典的“中华人民共和国中央人民政府今天成立了!”到第一颗原子弹爆炸成功时的“三、二、一,起

---

① 莱文森.莱文森精粹[M].何道宽,译.北京:中国人民大学出版社,2007:34.

② 王敦.流动在文化空间里的听觉:历史性和社会性[J].文艺研究,2011(5):14-21.

爆”，从恢复高考的广播声到中国女排胜利的欢呼声，从《亚洲雄风》到《北京欢迎你》的乐曲声……这些不同年代的标志性声音在时间长河中以极强的空间感和指向性为我们搭建起了现实与回忆间的桥梁，让历史感扑面而来。

不同年代的声音作为唤起个人记忆的听觉契机，会使观众在特定的听觉空间中获得一种关于时代环境与空间的感知。尤其是在新中国成立70周年这样重大主题的作品中，具有历史意义的声音成为连接无数个“我”的历史记忆与文化记忆的纽带，有助于重大主题与个体感受的对接，且能调动不同年龄层用户的心理参与，从而拓展传播广度，增强重大主题作品的传播效果。

四、声音互动建立情感连接

交互是融媒体的基本特性。传统媒体时代，新闻的单向线性传播模式缺少对受众反馈的关注，受众与传播者进行互动的形式较为单一，并且不够及时。随着互联网技术的更新迭代，融合新闻在技术赋能下具备了通过多种形式与用户互动的可能。在融合类新闻中，一些作品创新性地将声音作为互动触发点，让声音成为用户参与的环节。这也是音频不同于传统广播之处。广播听众处于被动收听状态，而互联网时代的音频需要体现用户的自主性、参与性，在互动和参与中加强内容与用户的连接，增强用户黏性，为用户提供独特的听觉体验。

“互动之于新闻的意义，不仅体现为其创设了一种全新的接收和认知体验，而且更为重要的是，互动功能的嵌入，有助于新闻价值的实现。”[①]互动设计不仅可以让用户更好地理解新闻事实，还可以让用户通过“声音”直接感受到新闻人物的情感，或者通过交互设计增强新闻报道的趣味性。

第三十届中国新闻奖创意互动二等奖作品《72个红手印，究竟为了留住谁?》利用声音与用户进行互动，让用户在倾听中感受到村民对于扶贫干部的不舍情感。整个作品由“听心声＋看事迹”两个部分组成，用户点击不同的红手印就能听到不同村民的声音，从村民的讲述中听到村干部打动人心的扶贫故事，感受到村民对村干部的感激与不舍。

人的情感是丰富多样的，除了上文中的感动，一些游戏式的互动设计还能增强报道的趣味性。第三十届中国新闻奖创意互动一等奖作品《6397公里的守护》巧妙地将儿童的古诗词朗诵声与长江生态环境中的自然原声结合起来，用“古韵＋新声”的形式

---

① 刘涛，杨烁燏.融合新闻叙事：语言、结构与互动[J].新闻与写作，2019(9)：67-73.

记录了长江流域生态、文化保护的生动图景。在这里,声音成了一种互动的新形式。用户滑动地图,随着长江干流每流经一个省份,点击图中的"话筒"图标就能听到与该省有关的古诗词朗诵声和自然原声,完整点击长江干流所经11个省份的声音后才能成功解锁定制版的《长江之歌》并分享朋友圈。冰川水滴声、川江号子声、古诗词朗诵声……这些声音嵌入到闯关式的游戏互动中,有助于维持用户的浏览兴趣。

五、伴随特性满足移动需求

移动互联网时代,用户触媒时间更为碎片化,再加上现代人多线程化的工作特点,人们使用媒介的场景更为多样化。与靠眼睛感知世界的视觉传播方式相比,依赖于耳朵的听觉传播不需要独占用户的注意力,其伴随性能满足人们在通勤、运动、做家务、睡前等多元场景中的收听需求,为用户提供信息及情感陪伴。融合类新闻报道可以利用声音作为听觉媒介的优势,发挥其解放双眼和双手的伴随性,为用户提供诉诸不同感官的内容呈现形态,满足用户在不同移动场景中的需求。

第三十一届中国新闻奖融合创新一等奖H5作品《听·见小康》由"听小康"和"见小康"两部分组成,记录了全面建设小康社会的生动历程。在"听小康"部分,用户可以听到江苏全省13个区市及江苏对口帮扶的五省区不同讲述人所讲述的小康心愿,这些讲述人有的是脱贫奔小康的带动者,有的是帮扶者,每个人用40秒左右的音频讲述自己见证的小康故事,激发听众好奇心。用户点击作品右上角跳动的"见"字,就能跳转到"见小康"部分,看到关于该主人公小康故事的长篇文字报道和视频。若没有时间和精力完整阅读文字内容,用户还可以选择以听口述音频的方式听完整篇报道。媒体融合新闻作品中对音频的这般使用能够满足用户的伴随性需求,这与当下人们的时间越发碎片化、工作习惯逐渐多线程化的特点相契合。

结　语

声音是人类感知世界、传递信息和交流情感的重要方式。随着5G、智能语音等技术的发展,音频在网络传播环境下拥有了全新的实践与研究空间。尤其是随着媒体融合广度和深度的不断拓展,视觉画面的发展趋向成熟,如何在媒体融合类新闻作品中创新性地使用音频元素愈发成为值得人们思考的课题。从中国新闻奖中媒体融合类获奖作品的实践看,音频在提供事实证据、传递情感、营造现场感、对话感、空间感等方面具有独特价值,有助于多维度、多感官、立体化呈现新闻故事,丰富用户的媒介体验,获得更好的传播效果。

从国际音频传播实践看,许多国外媒体都在探索音频创新的路径。例如纽约时报的新闻作品《一秒钟九发子弹:拉斯维加斯枪击案枪手如何装备步枪加速射击》(*Nine Rounds a Second: How the Las Vegas Gunman Outfitted a Rifle to Fire Faster*),运用拉斯维加斯枪击案现场的枪声绘制出声音频率图,再与此前奥兰多夜总会枪击事件中的枪声频率和全自动武器的每秒枪响次数进行对比,从拉斯维加斯的枪手是如何装备步枪以提高射击速度的全新角度进行了新闻报道。从 2020 年开始,普利策新闻奖新增了"音频报道奖"。普利策奖评委会主席达娜·卡内迪(Dana Canedy)表示,近年来音频新闻的复兴带来了一系列杰出的非虚构故事。普利策奖委员会推出这样一个实验性奖项,以表彰那些为公共利益服务的揭示性报道和具有启发性的新闻故事①,音频的新闻叙事价值进一步得到突显。《洛杉矶时报》的《这样的美国生活》(*This American Life*)第 688 集《出局的人群》(*The Out Crowd*)、美国国家公共广播电台的《不妥协》(*No Compromise*)第 1—6 集分别在 2020 年和 2021 年相继获得该奖项。两个作品深度聚焦特朗普政府"留在墨西哥"政策下的难民群体和美国社会的枪支问题等公共议题,通过综合运用不同新闻人物的采访实录、现场环境音以及精心制作的背景音乐等声音,多角度展现了美国社会的现象和矛盾,极具社会价值。

在重视内容与形态之外,多个国家的新闻媒体也在积极尝试智能语音播报、语音交互技术,探索新的播报方式,并借助智能终端拓展音频新闻的应用场景。近年来,《华盛顿邮报》《卫报》等媒体纷纷与亚马逊、谷歌、苹果等公司推出的"回声"音箱、"谷歌之家"、HomePod 等智能音箱合作,共同为用户提供新闻服务。在国内,《南方都市报》《华西都市报》《沈阳晚报》《都市快报》等多家媒体也都与"天猫精灵"展开了内容合作,借助智能音箱的语音头条功能,每天晨间约有 600 万人通过"天猫精灵早上好"功能收听本地新闻。② 智能终端技术的发展将使得音频的收听场景更为多元,并推动音频新闻的内容类型进一步发展。

本文主要聚焦音频在融合新闻报道中的创意性运用,探讨其在对话语境、故事场景、交互等方面如何提升融合报道的传播效果。理解音频业,需要人们在文化、社会和技术的综合视角下将新兴技术、产业趋势和媒体格局统筹考虑③,随着网络

① Pulitzer Prize board announces new audio reporting category[EB/OL].(2019-12-05)[2022-01-16].https://www.pulitzer.org/news/pulitzer-prize-board-announces-new-audio-reporting-category.

② 壹观察.中国智能音箱市场的"黄金时代":阿里小米百度谁先胜出?[EB/OL].(2020-03-26)[2022-01-16].https://mp.weixin.qq.com/s/Bq-8aQA2jmuHkbsrdv8ohA.

③ 李建刚.5G 时代的音频业:场景延展与融合创新[J].中国广播,2020(2):33-37.

音频的蓬勃发展，主流媒体已开始从平台建设、内容生产、风格样态、交互设计、智能终端等多领域探索声音传播的运用，音频新闻的形态与应用场景会不断拓展，而用户需求始终是核心。媒体内容生产者要将用户需求放在首位，提供更高质量的内容与更有创意的收听体验，吸引更多用户关注，增强与用户的连接，提升主流媒体的传播力与影响力。

〔杨凤娇，中国传媒大学电视学院教授、硕士生导师；宋一丹，中国传媒大学电视学院硕士研究生〕

〔特约编辑：崔林〕

娱乐教育视角下健康类真人秀的模式创新研究*

——以奈飞视频节目《自闭症也有爱》为例

Research on Model Innovation of Health Reality Show from the Perspective of Entertainment Education

—A Case Study of Netflix's *Love on the Spectrum*

◎ 郭小平　李林蔚

Guo Xiaoping　Li Linwei

摘要：健康类电视节目形态单一、题材偏向明显，难以适应健康传播范式转换的要求。奈飞自制电视真人秀《自闭症也有爱》，通过积极阳光的角色塑造、"自闭症＋恋爱约会"的规则设计和轻松愉悦的基调营造，吸引观众的兴趣并建构了观众对患者的角色认同。娱乐教育与健康传播的融汇，真人秀的表演与健康知识的生产，提升疾患类弱势群体的媒体能见度，也彰显了传媒的公共责任担当。"自闭症＋恋爱约会"的节目创意，在电视娱乐化包装下，增进了观众对自闭症群体的理解与包容。然而，真人秀的电视逻辑强调节目参与者"秀"的特质，这在提升患者能见度的同时，也遮蔽了这一群体的媒介能见度，导致可见性的悖论。

关键词：娱乐教育；真人秀；模式创新；自闭症；健康传播

Abstract: Health TV programs have a single form and obvious theme bias, which is difficult to adapt to the requirements of health communication paradigm shift. Netflix's self-made reality TV show *Love on the Spectrum* attracts audience's interest and constructs audience's role identification with patients through positive and sunny character creation, "autism＋dating" rule design and light-hearted narrating style. The integration of entertainment education and health communication, the performance of reality shows and the production of health knowledge enhances the visibility of vulnerable groups with

* 本文系国家社科基金重大项目"提升面对重大突发风险事件的媒介化治理能力研究"（项目编号：21&ZD317）的研究成果之一。

diseases and highlight the media's public responsibility. "Autism+dating" show originality, under the entertainment TV packaging, enhances the audience's understanding of autism group. However, the logic of "reality show" emphasizes the performance of program participants, which enhances the media visibility of some patients, but lowering the media visibility of the group, forming the paradox of visibility.

Keywords: entertainment education, reality show, mode innovation, autism, health communication

媒介可以传递健康知识、提供医疗建议，也能塑造人们关于疾病的认知基模，形成关于疾病的社会文化印象。大众传媒承担着普及健康理念、消除疾病歧视的责任。相比于娱乐节目的流行与火爆，国内的健康类电视节目以纪录片、专题片、养生节目为主，受众多瞄准中老年群体，内容上对精神疾病重视不足，整体缺少对弱势群体的关怀。

据统计，我国 15 岁以上人口中，各类精神疾病患者人数超过 1 亿人。[①] 其中，自闭症谱系障碍人群至少有 1000 万人，该病的发病率居我国各类精神残疾之首。[②] 然而，自闭症题材的影视节目数量少，且多采用悲剧性的叙事基调，以健全人为叙事主体，讲述自闭症给家庭带来的负担和伤害。[③] 媒体报道中也常常用"天才"或"魔鬼"来隐喻自闭症。提升大众对于自闭症的社会认知有迫切的现实需求。随着"传者去中心化"和"大众生活社交媒体化"等公共传播基础改变的发生，健康传播也需要理念创新和范式转换，从宣传走向对话，从单纯的信息传递走向关系的建立与维护，并与受众达成情感、精神和价值的共通共融。[④]

在这一范式转换中，奈飞（Netflix）自制真人秀节目《自闭症也有爱》（*Love on the Spectrum*）为健康类电视节目的制作提供了样本。它以患有自闭症谱系障碍的年轻人恋爱求偶的故事为题材，在娱乐化包装下揭示了自闭症群体的困境，唤醒了人们对

① 王君平.我国各类精神疾病患者人数超过 1 亿[EB/OL].(2016-10-14)[2021-09-03].http://news.cnr.cn/native/gd/20161014/t20161014_523196819.shtml.

② 陈华罗，陈冬，李亚珍，等.1000 万个自闭症患者，和他们背后的家庭[EB/OL].(2021-04-02)[2021-09-03].https://www.bjnews.com.cn/detail/161732689315271.html.

③ 景银辉.残疾人题材影片创作的模式化突破与固化：从《海洋天堂》《星星的孩子》到《喜禾》[J].名作欣赏，2017(36):131-132.

④ 胡百精.健康传播观念创新与范式转换：兼论新媒体时代公共传播的困境与解决方案[J].国际新闻界，2012(6):6.

自闭症患者的理解和认同。研究其节目模式的创新，对优化国内疾患节目的视听表达、提高弱势群体的社会能见度和发挥电视的娱乐教育功能有重要作用。

一、娱乐教育：从电视剧到真人秀

（一）娱乐教育的起源、发展与理论基础

娱乐教育是指通过娱乐的方式进行巧妙的传播内容设计，以增加相关的教育知识，建立倾向性态度，转变不良社会习俗，改变受众行为的教育形式。[①] 娱乐教育不是一种交流理论，而是一种传播思想、促进行为和社会变革的策略。[②] 迥异于尼尔·波兹曼（Neil Postman）所描绘的电视“娱乐至死”现象，电视的娱乐教育功能在20世纪90年代就受到全球社会的重视。1984年，印度的娱乐教育剧《我们大家》播出并引发轰动，之后娱乐教育电视剧的生产技术扩散到了日本、美国等50多个国家。娱乐教育的应用范围也越来越广泛，涉及宣传计划生育、性别平等、反对家庭暴力活动、传播健康知识、预防青少年意外怀孕、艾滋病干预、环境保护等诸多领域。[③]

娱乐教育想要成功发挥作用，先要减少受众对说服信息的抵制。逆反心理、争辩、选择性避免以及自觉的无伤害等因素都会削弱说服效果。人们感到自己的态度和行为的选择遭到干预时，会认为自己的自由受到了威胁，本能地就会产生逆反心理；对待外来的信息，人们倾向于不信任，并且采取批判的眼光抵制被说服以及通过抗辩来抵挡外来观念；外来观点如果与人们原先的观点不一样，就会导致认知的不协调，进而使人们产生紧张焦虑的情绪，于是人们会通过选择性避免来抵制说服信息；最后，乐观的偏见使得人们认为风险或者负面后果很难落到自己头上，因此他们会对说服信息中包含的警示或劝阻视而不见。[④] 这些因素都解释了为什么传统的说服活动难以取得良好的效果。

受众卷入能够有效地缓解抵制心理。受众卷入可以分为两个层次，即叙事卷入（narrative involvement）和角色卷入（involvement with characters）。叙事卷入指的是受众对事件在故事中展开所表现出的兴趣，并在体验中产生对故事的替代认知和情感

---

① 韩鸿.娱乐教育剧的类型特征与价值探析：从电视剧《家有儿女》说起[J].中国电视，2009(2)：37.

② SINGHAL A, ROGERS E M. A theoretical agenda for entertainment-education[J]. Communication theory, 2002, 12(2)：117.

③ 陈士部.国外娱乐教育活动初探[J].湖北社会科学，2008(12)：174.

④ 毛良斌.受众卷入对娱乐教育节目说服效果影响的实证研究：以电视真人秀节目《爸爸去哪儿》为例[J].新闻界，2014(4)：30-31.

反应。角色卷入则指故事中的角色对受众产生了强烈的吸引。角色卷入有多种表现形式，包括：(1)角色认同(identification with characters)，即观众在叙事中体验角色的情感和认知。在这个过程中，观众忘记了自己的现实身份，暂时成为角色，接受角色的视角。(2)期望认同(wishful identification)，当观众想要模仿角色，体验到一种积极的"模仿人物的欲望"，并仰望角色时，就会产生期望认同。(3)感知相似性(similarity)，指的是个体感知到自己与角色相似的程度。这种相似性可以指物理属性、人口统计学变量、信仰、个性或价值观等。通过感知到与角色的相似性，观众会扮演角色并作为角色经历事件，进而产生同理心和共同情绪。(4)准社会交往(parasocial interaction)，是指将媒体人物当成真实的人，与他们建立准社会关系并进行互动，寻求他们的指导等。(5)喜欢(liking)，是指观众对一个角色的积极评价，这种想法也被称为社会吸引力和亲和力。喜欢与准社会交往相似，因为它涉及对一个角色的评价和对友谊的一些(即使是假设的)渴望。① 娱乐教育正是通过将说服的信息隐藏在叙事结构中，并利用剧情和角色对受众产生吸引力，使得受众卷入其中，产生了角色认同或是与角色建立准社会交往关系，愿意听从角色的建议，并从角色的经验中吸取教训，进而在不知不觉中接受了说服教育。

除了受众卷入，受众体验也能调节娱乐教育的效果。受众体验分为娱乐型体验、教育型体验、逃避型体验和审美型体验四种。娱乐型体验指放松身心、舒缓压力；教育型体验则是增进受众的知识或技能；逃避型体验指受众完全沉浸在角色世界里，短暂地逃避现实；审美型体验则指受众在身临其境的过程中获得的直观感觉，包括直觉型体验和情感型体验。研究发现，受众体验可以减少说服教育的负面影响。其中，逃避型体验对于缓解观众在接受说服教育时产生的逆反心理有较好效果；娱乐型体验和审美型体验能减少争辩和选择性避免。②

除了减轻受众对说服信息的抵抗之外，娱乐教育想要发挥作用还需要精心设计以将教育信息嵌入节目中。社会认知理论和延伸的精细加工可能性模式是研究者解释娱乐教育节目如何发挥教育作用时最常用的两种机制。社会认知理论认为，除了直接的体验式学习之外，人们还通过观察榜样进行替代学习。动机是该理论的核心要素，解释了人们并没有选择参与他们所学的每一种行为的事实。相反，个人必须有动机去

① MOYER-GUSÉ E. Toward a theory of entertainment persuasion: explaining the persuasive effects of entertainment-education messages[J]. Communication theory, 2008, 18(3): 409-411.

② 张婧.网络综艺真人秀中受众体验对娱乐教育说服效果影响的实证研究：以网络综艺真人秀《密室大逃脱》为例[J].东南传播，2021(7)：104-107.

实施这种行为。动机受结果预期和自我效能感的影响。结果预期是指观察者对某一行为可能产生的后果积极或消极的看法。观察一个角色因其行为而获得奖励，有助于积极激励和强化观众心目中的行为，而受到惩罚的行为则会得到消极强化。因此，很多娱乐教育节目中会设置积极榜样、消极榜样和过渡榜样，并为他们的行为规划针对性的后果，即积极榜样执行期望的行为并获得良好的结果；消极榜样不执行行为，获得不良的后果；过渡榜样从不执行到执行期望行为，他们的生活处境同时发生变化。[①]自我效能则是指观察者对自身的行为实施能力的信心，它也影响了模仿行为的动机。当观众看到类似的人完成一项具有挑战性的行为，他们自身关于这种行为的自我效能感会提高。延伸的精细加工可能性模型的核心假设是当观众专注于娱乐节目的戏剧性元素时，他们处于一种不那么爱挑刺儿的、更具沉浸感的参与状态。因此，观众不太可能对嵌入的说服性信息进行反驳，从而更容易改变自身的信念、态度和行为。这种参与的增强状态取决于故事情节的吸引力、制作质量和"说服性潜台词的不引人注目"[②]。所以，营造一个自然的叙事语境对于节目达成教育效果至关重要。

(二)娱乐教育的电视实践:从电视剧到健康类节目

娱乐教育电视剧的成功在全球范围内引发了关注，多个国家对其内在机理进行研究并生产出本土著作。南非推出了反对家庭暴力的电视剧《灵魂之城》；日本播出了电视剧《让上帝高兴只要一点时间》用以宣传艾滋病防护知识；美国制作了反对种族歧视的电视剧《济济一堂》……中国则创作了电视连续剧《家有儿女》，其核心主题是青少年的教育与成长问题[③]。

娱乐教育不仅适用于电视剧，还适用于健康类节目。健康类节目主要包括医疗救治、科普养生、生活服务等题材，如《我是大医生》《养生堂》《最强大夫》等。这类节目通过植入游戏、实验、参与性小品、真人拍摄、竞赛、互动等活动丰富环节设置，力图在轻松娱乐的节目语境及节目叙事氛围中传播医疗健康理念。[④]

近年来，真人秀在娱乐的框架下普及健康知识的功能也被发掘了出来。真人秀，又被称作"真实电视节目"(reality TV)，是一种位于新闻信息类节目、娱乐性节目、纪

---

① BOOKER N A, MILLER A N, NGURE P. Heavy sexual content versus safer sex content: a content analysis of the entertainment education drama Shuga[J]. Health communication, 2016, 31(12): 1439.

② MOYER-GUSÉ E. Toward a theory of entertainment persuasion: explaining the persuasive effects of entertainment-education messages[J]. Communication theory, 2010, 18(3): 407-425.

③ 韩鸿.娱乐教育剧的类型特征与价值探析：从电视剧《家有儿女》说起[J].中国电视，2009(2): 38-39.

④ 朱星辰.媒介融合时代的医疗健康类节目形态发展趋势[J].南方电视学刊，2017(3): 36.

录片和戏剧之间的节目形态。[①] 真人秀由真人按照一定规则无脚本展演,具有"假定性真实"的特征。2019 年,腾讯视频推出了真人秀《忘不了餐厅》,聚焦阿尔茨海默病群体,采用"疾病+餐厅经营"的创意模式,向观众传播了阿尔茨海默病的相关知识,并使他们能够学习如何与有认知障碍的老人相处。该节目当时在 CSM55 城市网首播收视率排行榜上一直位居前列,在社交媒体上也引发了广泛讨论。真人秀作为一种流行的电视节目形态,为提高疾病的社会能见度创造了一种影像传播的新途径。

虽然健康类节目都可以采纳娱乐教育的理念,但与《忘不了餐厅》"疾病+餐厅经营"的模式不同,奈飞自制节目《自闭症也有爱》提供了"疾病+恋爱约会"的新模式。《自闭症也有爱》自 2019 年在澳大利亚开播以来广受好评,国内豆瓣评分高达 9.2。这是一档以自闭症谱系青年恋爱约会为主题的节目。富有魅力的参演角色、精巧的环节设置和浪漫化的视听语言,赋予这一真人秀极高的欣赏价值。观众在娱乐中增长了疾病知识,也摆脱了对患者的偏见。研究其节目模式的创新之处,对于国内健康类真人秀制作有借鉴意义。

二、《自闭症也有爱》的节目模式创新实践

节目的内容创意、规范规则和制作技巧等构成了电视模式的内涵。[②] 真人秀包括七个基本元素:参与者、悬念、竞争、淘汰与选拔规则、时空规定、现场记录和艺术加工[③],每个元素的更新都对节目模式有所创造。《自闭症也有爱》在参与角色、规则设定和艺术加工三个元素上发挥创意,通过建构观众对患者角色的认同和引发观众对节目故事的兴趣,促进全社会对自闭症群体的理解和包容。

(一)角色展演:自闭症患者的认同建构

节目塑造出积极阳光的自闭症患者角色,这些角色凭借才华与人格魅力赢得观众的喜爱与认同。角色是真人秀的核心要素之一,而认同建构是娱乐教育的核心机制。自闭症患者参与节目的制作,既能在表演的过程中超越和克服创伤经历,建立对自身的认同,也能提供新的视角以打破主流叙事的垄断,消解有关自闭症行为的僵化、孤僻、冷漠的刻板印象,唤醒大众对患者的理解。

---

① 希尔.流行真人秀:真实电视节目受众的定性与定量研究[M].赵彦华,译.北京:中国国际广播出版社,2008:2.
② 周琼.从《奔跑吧》看电视真人秀节目模式创新[J].中国广播电视学刊,2017(11):118.
③ 尹鸿,陆虹,冉儒学.电视真人秀的节目元素分析[J].现代传播(中国传媒大学学报),2005(5):53.

首先，节目设置自我介绍环节，为患者提供在镜头面前展开疾病叙事的机会，并呈现患者自尊、自信的一面。疾病叙事(illness narratives)是指病人用自己的声音陈述个人经历，它使患者得以控制或超越创伤经历。[①] 弗兰克确定了三种类型的疾病叙事：恢复叙事(restitution stories)、混乱叙事(chaotic stories)和探索叙事(quest stories)(见表1)。[②] 探索叙事提供了一种对疾病经历的理解，促使患者以积极的方式探索疾病带来的生活变化。参与节目摄制的患者大多数都采取了探索叙事的策略，用“天赋”“礼物”等词语来描述自闭症，认为自闭症是一种能够让他们专注于一件事而不被打扰的能力。在节目参与者看来，自闭症患者并不低人一等，只是以不同的方式了解世界。在镜头面前讲述疾病经历，有助于患者梳理创伤经历、重获生命故事的主导权，并在大众见证下建构自我身份认同。同时，他们流畅的表达、自信的态度也散发出独特的人格魅力，有力地驳斥了对自闭症的负面评价。

表1　疾病叙事的三种类型

疾病叙事	恢复叙事	它遵循病人生病—接受医疗干预—恢复到患病前的生活的结构。
	混乱叙事	代表着复原的反面，它强调身体衰退、缺乏成功的治疗。
	探索叙事	在慢性疾病和残疾的情况下并不存在简单的叙事解决方案。患者意识到不可能恢复时，可能会采取替代性话语，如探索叙事，以防止叙事崩溃，保持或恢复自我意识、身份和心理健康。

其次，节目通过情境设定挖掘自闭症患者的天赋并展现角色的能力。节目组走进自闭症患者的房间，跟随自闭症患者参加活动，去拍摄他们的特长、爱好以及作品。节目还在约会环节中安排适合展示他们才艺的场景，记录他们在约会过程中的精彩表现(见表2)。

---

① EGEROD I, CHRISTENSEN D, SCHWARTZ-NIELSEN K H, et al. Constructing the illness narrative: a grounded theory exploring patients' and relatives' use of intensive care diaries[J].Critical care medicine,2011,39(8):1927.

② WONG N,KING T. The cultural construction of risk understandings through illness narratives[J].Journal of consumer research,2008,34(5):581; SHAPIRO J. Illness narratives: reliability, authenticity and the empathic witness[J].Medical humanities,2011,37(2):68; CARLESS D, DOUGLAS K. Narrative, identity and mental health: how men with serious mental illness re-story their lives through sport and exercise[J].Psychology of sport and exercise,2008,9(5):579-580.

表2 《自闭症也有爱》的部分情境设定

角色姓名	生活情节	约会场景	能力/特长
马克	介绍恐龙模型、书籍	澳洲博物馆、动物园	恐龙知识
吉米	一分钟解三阶魔方	台球俱乐部比赛	计算
凯文	画画	赤坂铁板烧餐厅	绘画、写作、日语
奥维利亚	剧社排练	陶泥手工坊	表演

自闭症患者自立、自强的品质赢得了观众的喜欢,观众在参与式传播中加深了角色卷入的程度,不仅没有对该节目中隐含的教育信息产生抵触,还主动向他人传递包容与关爱自闭症的理念,成为自来水式的宣传主力军。在哔哩哔哩网站和豆瓣网上,观众发表了许多关于《自闭症也有爱》的剧情和角色的看法。本文使用八爪鱼采集器软件对相关评论和弹幕进行了收集,共获得评论229条、弹幕454条,使用Python的中文分词工具"jieba"对文本内容进行分词,计算词频、获得基本分析语料库,并将出现频率最高的前50个词语导入WordArt生成词云图(见图1)。高赞评论称,观众在自闭症患者身上感受到相似的情感,消除了与患者的心理界限:"这个节目真的很好,星星的孩子们啊,除去偏见之后,我发现他们跟我们是一样的,一样渴望交流,渴望爱与被爱。"(哔哩哔哩用户@dgbetty)一些评论者认为自己获得了关于疾患的新认知:"刷新我对人类多样性的认知。ASD人士单纯、真诚、善良,而且各有各的强项,虽然在人际交往中会出现各种笨拙或尴尬,他们却用行动证明自己也有爱的能力。希望他们都能在缤纷的光谱中找到最适合自己的那束光,活得更加闪亮。"(豆瓣用户@毅)也有评论者呼吁社会为自闭症谱系障碍人群提供支持:"从来没有关注过ASD患者的情感故事。为ASD患者只能在同类患者中寻找爱情感到遗憾。希望社会能给予更多关注和理解。和ASD相处时要更有耐心和同理心。"(豆瓣用户@逢澶Ty)观众在互相交流中达成了"自闭症患者也有爱,并且需要爱"的共识,这成为新一轮的传播节点,观众对节目的回应从理性分析和情感唤起两个维度进一步引发网络社区的关注。

(二)规则设定:"自闭症+恋爱约会"的组合创新

规则是真人秀展开叙事的逻辑推手,也是催生真人秀节目趣味性的关键。不同元素进行组合叠加就能产生具有创意的规则。

节目以"自闭症+恋爱约会"为规则,打造了最大的看点。求爱是人性本能,不论残疾还是健康,人们都有对爱情的丰富幻想和热烈渴望。以自闭症为核心元素的电视节目,主要关注自闭症给家庭带来的困难、自闭症的救治、患者的才艺等话题,很少有

图 1 《自闭症也有爱》弹幕与评论的高频词词云

专门针对恋爱交友这一维度来制作的。不同于《忘不了餐厅》“疾病＋餐厅经营”的规则设定，《自闭症也有爱》聚焦自闭症患者的内心世界，解蔽了他们的情感需求，并为他们提供了约会的机会，开辟了疾病叙事的新视角。该节目模式所设定的规则，创造了节目与众不同的趣味性。《自闭症也有爱》一改以往关于疾患的专题片、纪录片平铺直叙的风格，在节目一开始就设置了悬念：自闭症患者的约会能否成功？已经成为情侣的几对能不能长远地走下去或走入婚姻的殿堂？这一悬念能够吸引观众对平时鲜为人知的疾患群体的故事产生兴趣，不断“追更”并深度卷入患者的生命叙事。与“平等看待自闭症患者”的电视宣教相比，真人秀的“娱乐教育”更能减轻观众的心理压力，从而提升健康传播的效果。

节目围绕恋爱设置了内容充实的多个版块，特别增加了约会辅导和复盘的环节，充分揭示了求偶的复杂性，为观众提供了替代性学习的机会。以恋爱交友为核心元素的电视节目，参与者本身都有比较丰富的社会经验和人际交往能力，但对于自闭症患者而言，沟通和交流都是需要习得的技能。节目将恋爱约会拆分为约会前的辅导培训、约会准备、正式约会、约会后的复盘等多个环节，并且邀请了人际交往专家进行指导和点评，使得观众认识到平常看似简单的事情对于自闭症群体来说却并不简单，从而增加对他们的包容度。看到不善交际的自闭症患者从不会表达爱意到熟练地运用社交技巧，并且逐渐与约会对象发展出良好的关系，观众也会受到积极激励和增强自我效能感。既然身患疾病的人都有勇气去挑战自己,勇敢追爱,健康的人又怎么能轻易地畏惧失败呢?因为这种感知相似性和榜样激励,观众替代性学习的动机增强了。在参演者约会的过程中,节目使用大量的跟拍和特写镜头,捕捉自闭症患者的表情、动作,观众通过观察角色的表现和约会的结果,可以体会出各种神态中的潜台词,进而总结出约会中的经验与技巧,在现实生活中进行模仿。

(三)艺术加工:轻松愉悦的基调营造

精美的艺术加工可以打造舒适的视听审美享受和高质量的叙事语境,使观众在不知不觉中接受节目隐含的教育性信息。与以往自闭症题材影像作品采用悲情的情感基调完全不同,《自闭症也有爱》致力于创造一种浪漫化的视听体验,以轻松愉悦的基调叙事。观众专注于节目的戏剧性元素时,会放下沉重的心理负担,进入一种沉浸式的参与状态,在审美性体验中体会到自闭症群体的处境。

节目为患者打造出浪漫的约会场景,既能够提高观众的收看积极性,又能够颠覆自闭症群体"情商低""不能表达爱"的错误认知。吉米在海边伴着钢琴声向女友夏奈求婚,托马斯为女友露丝准备了河滨晚餐的周年纪念仪式,文艺少女克洛伊和洛特斯在向日葵农场约会,这些场景和情节让观众享受爱情的甜蜜,也认识到自闭症群体内心拥有深厚的爱意。

节目还运用富有隐喻的空镜头来借物喻情、渲染意境,巧妙地呈现出自闭症患者内心细腻又难以言说的情感,达到控制叙事节奏与塑造审美意义的效果。第一集在表现自闭症谱系人群的求偶困难时,解说词谈到"身处谱系中的人社交通常都有困难,可能很难遇到潜在伴侣",相应的画面是一对蜜蜂采蜜的空镜头。"一对蜜蜂"隐喻着成双成对,反衬自闭症谱系人群的孤独。第五集中,前几次约会都失败的奥维利亚,终于遇到了一个和她交谈甚欢的男士杰克逊。他们两人都患有自闭症,所以能很快理解对方的感受。当奥维利亚分享自己的患病经历时,电视镜头呈现了鸳鸯戏水的画面,巧妙地和两人约会的场景形成了对应关系,表现两人惺惺相惜、相见恨晚的感情。

舒适的感官体验和温暖的情感性体验,给观众留下了唯美的直观感觉,观众因而能够放松身心、舒缓压力,也增加了对叙事的投入度,观看的持续性提升了。如果只是简单地讲述患者的故事,观众或许会使用选择性接触的策略,只挑选自己喜欢的角色和情节来观看。但是该节目精心设计了每一个画面,使得观众不忍心跳过和中断,在不知不觉中接受了节目陈列出的所有的观点与细节。

三、健康节目娱乐化的反思：充满悖论的可见性

健康类真人秀在娱乐框架下提供了提高疾患群体可见性的路径。可见性是指人物、事件通过媒体被社会所看见的程度，可见性与权力总是相互勾连。权力拥有者、资本控制者是媒体舞台上的主角，而社会底层和弱势群体往往是社会上的隐形人群。群体的可见性低也意味着其社会承认被削弱和剥夺。[①] 健康类真人秀对参与角色、规则设定和艺术加工等节目模式元素进行了创新，通过角色认同建构引发观看者对节目故事的兴趣，获得了较高的收视率。一部好的健康类真人秀节目能够起到设置公共议程的作用，激发人们讨论弱势群体的处境，改变关于疾病的社会认知，推动社会制度的变革。

然而，电视逻辑，尤其是平衡公共责任和商业诉求的张力，影响了弱势群体的社会能见度。娱乐真人秀的观赏性、趣味性对参与者提出了很高的要求。一般而言，电视节目制作方对参与者的形象、才艺、谈吐方面有所要求，但具有相应素质和能力的弱势群体仅占少部分。以《自闭症也有爱》为例，参与者都属于高功能自闭症患者，其中一部分人的能力甚至超过正常人，但实际上，智力水平超过 70 的自闭症患者只占总体的 44.8%，智力水平超过 115 的只占约 2.7%[②]。事实上，大部分病情严重到不能与人正常交流的自闭症患者被排斥在了节目的镜头外。与之相似的是，《忘不了餐厅》的参与者也大多是高文化水平、有一技之长的阿尔茨海默病老年患者。

如何把握娱乐和教育的平衡是健康节目娱乐化的难点。大众传媒具有娱乐功能，目前这或许还是它最重要的功能。许多传播行为本身就是一种超功利的游戏，人们看电视、听音乐、玩电子游戏并没有特别的目的，相反，人们追求的便是这种传播活动带来的主观上的体验，即一种暂时搁置现实而沉浸在幻想世界中的快乐。游戏是人的天性，遵循这一原则设计的健康节目自然能取得良好的收视效果。然而，大众媒体所倡导的娱乐精神和制造出的幻象也会对社会产生不良影响。正如赫胥黎的预言“毁掉我们的，不是我们所憎恨的东西，而恰恰是我们所热爱的东西”，娱乐精神会侵蚀我们的严肃思考。[③] 在传播渠道四通八达、娱乐内容铺天盖地的时代，受众不再是被动的接收者，而是主动的消费者，他们会因为娱乐节目带来的快乐与自由而选择主动观看和

---

① BRIGHENTI A. Visibility：a category for the social sciences[J].Current sociology，2007，55(3)：339-340.

② 康复资讯日报.高功能自闭症有什么特征？很容易出天才？不需要干预？[EB/OL].(2021-07-23)[2021-09-03]. https：//c.m.163.com/news/a/GFKGATOL05148F8J.html.

③ 波兹曼.娱乐至死[M].章艳，译.桂林：广西师范大学出版社，2011：201.

参与其中,即使已经认识到媒体对现实的粉饰,依然我行我素地追寻幻觉,在这一意义上,娱乐导向了一种对真相的冷漠。具体到健康节目而言,娱乐化呈现容易消解议题严肃性,不利于观众认识到弱势群体面临的严峻现实。健康类真人秀打造出患者积极、乐观、与家人和谐相处的景观,可能成为一种超现实仿真,模糊了现实的底色,让人们沉浸在视听体验带来的审美快感中,沦为单纯的符号消费者。事实上,配套医疗资源的缺乏,因病致贫陷入经济窘境,家人日常护理的艰辛,以及社会中的排斥与歧视等等,才是大多数病患面临的真实生活。因此,当运用娱乐教育策略进行健康节目生产时,节目生产者需要特别明确,娱乐只是手段,教育才是目的。不可盲目迎合娱乐风气,轻视疾患群体的困境,把他人的苦难当成观众的消遣。

娱乐化的健康节目也需要有严格的操作规范和伦理守则。在制作节目之前,制作者需要花足够的时间在调研和策划上,一方面需要确定核心的教育价值(如预防艾滋病、宣传计划生育等),另一方面还要与医疗机构、医护人员、卫生部门等展开协作,一一核实节目中涉及的健康知识(如疾病的原理、治疗和预防措施等),避免观众接收到错误信息,甚至对身体造成损伤。在节目的剧本策划和拍摄期间,制作者也需要征求患者的意见,不刻意营造人设,也不侵犯被摄者的隐私。最后,在节目播出和营销时,制作者应谨慎与医药公司进行合作,防止资本逻辑对节目内容的干预和扭曲。

娱乐教育的理念与健康传播的模式,为电视节目模式创新与社会责任回归注入了新的活力。然而,类似《自闭症也有爱》的节目模式创新要产生广泛的社会效果,还有赖于更加广泛的人际互动、社会支持、电视倡导与政策回应。

〔郭小平,华中科技大学新闻与信息传播学院教授、博士生导师;李林蔚,华中科技大学新闻与信息传播学院硕士研究生〕

〔特约编辑:崔林〕

文化距离对跨文化传播的影响研究*

——基于奥斯卡评奖结果的审视与分析

A Study on the Influence of Cultural Distance on Cross-cultural Communication

—Examination and Criticism of Academy Awards

◎ 池建宇　李写真

Chi Jianyu　Li Xiezhen

摘要：国家间文化距离的大小是影响跨文化传播效果的重要因素。本文使用奥斯卡最佳国际影片奖的获奖概率作为跨文化传播的代理变量，来分析文化距离对跨文化传播的影响。本文使用LOGIT模型进行实证检验，结果表明：文化距离对非英语电影获得奥斯卡最佳国际影片奖的概率存在负向影响，但这种负向影响可以被导演的背景有效地抵消。国家之间的文化距离确实是影响跨文化传播的重要障碍，但它并不是决定性因素。而且，文化距离的影响可以被其他因素所抵消。

关键词：文化距离；跨文化传播；奥斯卡奖；LOGIT模型

Abstract: The cultural distance between countries is an important factor that affects the effect of cross-cultural communication. This article uses the probability of winning an Academy Award Best International Film as a proxy variable for cross-cultural communication to analyze the impact of cultural distance on cross-cultural communication. We use the LOGIT model to conduct an empirical test, and the results show that cultural distance has a negative impact on the probability of a foreign film winning the Best International Film, but this negative can be effectively offset by the director's background. The cultural distance between countries is indeed an important obstacle affecting cross-cultural communication, but it is not a decisive factor. Moreover, the

* 本文系中国传媒大学亚洲传媒研究中心科研项目"'一带一路'倡议下中国电影东南亚传播效果研究"(项目编号：AMRC2021-1)的阶段性研究成果。

influence of cultural distance can be offset by other factors.

Keywords: cultural distance, cross-cultural communication, Academy Awards, LOGIT model

一、文化距离、跨文化传播与奥斯卡奖

文化是一种复杂体,它包括知识、信仰、艺术、道德、法律、风俗,以及人在社会上学得的其他能力与习惯等多方面内容。① 文化就是交流,跨文化传播是来自不同文化背景的个体、群体或组织之间进行的远距离或面对面的交流活动。如果一群人具有不同的国籍、工作方式、年龄、种族、民族、性取向、性别,那么他们进行交流时就会发生跨文化传播。② 跨文化传播能够使得一个国家的文化对另一个国家产生影响。各国通过文化传播形成其他国家对于本国本地的价值认识和情感接受,树立本国的国家形象。跨文化传播一直是推动国家之间的文化交流和世界文化繁荣发展的重要动力之一。在全球化与信息化快速发展的今天,跨文化传播对于各个国家的形象塑造和世界文化的发展具有更大的作用。

Hall 提出了语境(context of culture)概念,即双方交流时,共同了解的文化内容。③ 语境分为高语境和低语境,且这两种语境下的国家的人交流会更加困难。但现实情况是,由于各个国家社会习俗、语言表达、生活习惯等各个方面的差异,国家之间存在文化差异。即使是同处于一个语境之下,生活在不同国家的人对于彼此文化的完全理解还是存在困难,文化差异对跨文化传播造成了阻碍。现在,各个国家主要通过政治会议、商业贸易等来进行文化交流,增进彼此之间的了解。其中,携带着文化元素的文化产品,是各国文化传播最重要的载体。文化产品是专注于娱乐、教育和信息的服务输出和制成品,其中,电影是一种重要的文化产品。电影是文化内涵和思想价值的传播,展示着一个国家的现实生活和精神面貌,传递电影生产者的政治及价值观念。④ 作为当今重要的文化产品,电影是社会文化的展现。而不同国家有不同的文化背景,会产生文化距离,使得跨文化传播变得困难。影片中相同的叙事风格和电影元

① TYLOR E B. Primitive culture: researches into the development of mythology, philosophy, religion, language, art and custom, Vol. 1[M].3rd ed. NY, US:Henry Holt and Company, 1889.

② HURN B J, TOMALIN B. What is cross-cultural communication? [M]//HURN B J, TOMALIN B. Cross-cultural communication:theory and practice. London: Palgrave Macmillan UK, 2013:1-19.

③ HALL E T. Beyond culture [M]. Oxford, England:Anchor, 1976.

④ SCHILLER H I. Mass communications and American empire [J]. Science and society, 1971, 35(2):247-250.

素在不同的文化语境中会被观众解读出不同的意蕴。但是随着电影技术的发展和叙事手段的成熟，电影制作者会增强电影的视听效果，从而使得观众更容易接受电影传达的世界观。①

一个国家的电影实际上体现了这个国家特定的文化。这种文化能否有效地在国际上传播，可以通过电影在其他国家的票房反映出来。美国电影在全球占有的主导地位可以通过其全球电影票房反映出来。好莱坞电影代表着美国电影，美国的电影制作面向全世界。2019 年上映的好莱坞电影《复仇者联盟 4：终局之战》在全球获得了 27.9 亿美元总票房，成功成为那一年的影史票房冠军。《复联 4》的北美票房达到 8.54 亿美元，占总票房的 30.6%，而它的海外票房为 19.36 亿美元，占总票房的 69.4%。② 截至 2021 年年底，全球票房排名前十的电影均为来自美国的英文电影。③ 美国的文化价值观借助其电影在全球市场的流通，通过文化贸易成功地传播到全世界。

显然，一国的文化可以通过电影这一载体传播到其他国家。如果这部电影在其他国家获得较高的票房收入，那就说明这种文化传播是成功的。相较于好莱坞大片在全球票房市场所具有的主导性地位，其他国家的电影票房影响力相对有限。④ 不过，当一国电影走出国门之后，除了票房收入，还有一个维度可以说明其文化传播是否成功，那便是电影能否获得国际主流电影奖项。一部电影如果获得国际主流电影奖项的认可，说明国际专业的电影人士对电影表达了认可，一定程度上也体现了他们对于该国文化的认可。而且获得主要国际奖项，也将提高世界各国媒体对于获奖电影的报道频率，增强其他国家观众对于该电影的印象，电影获奖在一定程度上也能进一步提升电影的全球票房。⑤ 获得国际知名奖项，不仅能助力电影取得好的商业收益，还能增强普通消费者对于该电影的认同，帮助获奖电影实现更好的跨文化传播。⑥

一部电影如果想通过获得国际知名奖项推动文化传播，其最好的途径便是获得欧

① CUTTING J E. The evolution of pace in popular movies [J]. Cognitive research: principles and implications, 2016, 1(1): 30.

② 2019 worldwide box office [EB/OL]. (2020) [2022-04-20]. https://www.boxofficemojo.com/year/world/2019/.

③ Top lifetime grosses [EB/OL]. (2022-04-18) [2022-04-20]. https://www.boxofficemojo.com/chart/ww_top_lifetime_gross/?area=XWW&ref_=bo_cso_ac.

④ WASKO J. Critiquing Hollywood: the political economy of motion pictures [M]//MOUL C C. A concise handbook of movie industry economics. Cambridge: Cambridge University Press, 2005: 5-31.

⑤ PANGARKER N A, SMIT E V D M. The determinants of box office performance in the film industry revisited [J]. South African journal of business management, 2013, 44(3): 47-58.

⑥ GEMSER G, LEENDERS M A A M, WIJNBERG N M. Why some awards are more effective signals of quality than others: a study of movie awards [J]. Journal of management, 2008, 34(1): 25-54.

洲三大国际电影节和奥斯卡金像奖的认可。其中,创办于1929年的奥斯卡金像奖是美国历史最为悠久、最具权威性和专业性的电影类奖项,也是全世界具有极大影响力的电影类奖项之一,不仅在娱乐领域具有极大影响力,其评审电影的艺术价值也不容小觑。学者们对于奥斯卡奖的关注度非常高,但是对于影响奥斯卡最佳国际影片奖获奖因素的针对性研究较少。① 奥斯卡最佳国际影片奖作为奥斯卡奖中颁发给年度最佳非英语电影的奖项,通过影片的评比为各国电影文化交流提供了平台。这个奖项增加了获得该奖项的电影的曝光度与知名度,对于推动获奖电影在全球,尤其是美国传播具有重大作用。随着奥斯卡金像奖的影响力和包容性不断增强,获得最佳国际影片奖不仅是电影质量和导演实力的证明,还是获奖电影及其出品国家的文化得到了有效传播的证明,它表明了相关国家被以美国为主的西方文化成功理解并接受。

一部电影如果获得了奥斯卡最佳国际影片奖,一定程度上可以说明这部电影得到了西方观众的认可,获奖本身说明这部电影所承载的文化进行了成功的国际传播。电影在获得提名后,能否最终获奖取决于很多因素。本文认为,电影出品国与美国之间的文化距离是其中的一个因素。文化距离被用于各国文化产品的研究。Alaveras 等人发现文化距离会影响国家之间的电影贸易。影视产品的贸易量随着电影出口国和进口国之间文化距离的增加而减少。② 大量文献指出,文化距离的增加对电影票房有负面影响。③ 一国与美国的文化距离越大,这个国家所拍摄的电影所体现的美学内容越不容易被美国观众和评奖专家理解,从而越不容易得奖。因此,一部非英语电影要想获得奥斯卡最佳国际影片奖,需要克服文化距离带来的负面影响。

本文选取自1957年第29届奥斯卡颁奖典礼至2020年第92届奥斯卡颁奖典礼上进入最佳国际影片奖(2019年4月以前,该奖项名为"奥斯卡最佳外语片奖")最终提名短名单的全部320部影片进行研究。笔者将使用LOGIT模型来验证国家间的文化距离对非英语电影获奖概率的影响。本文的研究发现,一国与美国之间的文化距离可能并不是它拍摄的电影能否获得奥斯卡最佳国际影片奖的决定性因素。国与国之间存在的文化距离确实会阻碍跨文化传播,但这种影响可以被其他因素抵消。

---

① KIM J, HWANG S, PARK E. Can we predict the Oscar winner? A machine learning approach with social network services[J]. Entertainment computing, 2021,39(1):100441.

② ALAVERAS G, GOMEZ-HERRERA E, MARTENS B. Cross-border circulation of films and cultural diversity in the EU[J]. Journal of cultural economics, 2018, 42(4):645-676.

③ WANG X, PAN H R, ZHU N, et al. East Asian films in the European market: the roles of cultural distance and cultural specificity[J]. International marketing review, 2021, 38(4):717-735.

二、文化距离影响奥斯卡奖获奖概率的研究假设

我们首先分析文化距离与电影获奖概率的关系。根据文化距离假说，两个国家之间的文化距离越大，则其中一国人民对另一个国家的文化适应能力越差，即文化距离越大，文化传播越困难。人们在享受电影带来的视听美感之时，也是在接受电影拍摄者传达的思想感情与价值理念。当国家之间文化距离过大，其他语境下的人们会更难以接受电影的叙事方式，更难以理解电影传达的艺术情感。因此，本文提出假设 1。

假设 1：文化距离对非英语电影获得奥斯卡国际影片奖的概率具有负向影响。

奥斯卡最佳电影奖的评委作为电影界的专业人士，会从全面的角度，如故事结构、台词对白、场面调度、演员表现、服装道具等多方面去评判一部电影的质量。奥斯卡最佳国际影片奖作为奥斯卡面向世界的国际知名奖项，其在评选方面自然是十分专业和谨慎的。电影质量越高，越容易获得评委的投票。并且奥斯卡金像奖被公认为国际影坛最具影响力的奖项，想要获得奥斯卡最佳国际影片奖，电影的质量也要有所保证才能当此殊荣。只有让高质量的电影获得该奖项，奥斯卡最佳国际影片奖才能长期维护自身声誉。鉴于此，我们提出第二个假设。

假设 2：电影质量对非英语电影获得奥斯卡最佳国际影片奖的概率具有正向影响。

一部影片的执行决策者一般都是导演，因此导演的个人审美会直接呈现在影片的叙事和拍摄等多方面。导演的风格是导演的审美倾向、思想观念、人生价值等的电影表达，而这些都受到导演个人求学和工作经历的影响。美国三大电影学院（南加州大学电影艺术学院、纽约大学电影学院、加州大学洛杉矶分校戏剧影视学院）的毕业生几乎构成了整个好莱坞的学院派体系，众多的奥斯卡金像奖获得者来自美国著名的电影院校或好莱坞工业体系。有相同的教育背景或工作经历会让彼此之间的表达变得更容易理解，一定程度上会增加导演执导的影片的获奖概率。外国导演在美国的学习和工作经历不仅能减轻甚至消除跨文化传播中的文化距离，他们还更善于利用这种文化距离，制造出新奇的场景和故事打动观众。因此，本文提出第三个假设。

假设 3：外国导演在美国的学习和工作经历能够降低文化距离的影响。

三、基于六维度文化距离理论的实证模型

本文的因变量是“获奖”，即非英语电影最终是否获得奥斯卡最佳国际影片奖。由

于被解释变量是虚拟变量,因此本研究使用 LOGIT 模型进行回归。

我们用下面的 LOGIT 模型估计非英语电影获得奥斯卡最佳国际影片奖的概率:

$$\ln\left(\frac{p_i}{1-p_i}\right)=\beta X_i+\varepsilon_i$$

在上面的模型中,p 是非英语电影获得奥斯卡最佳国际影片奖的概率,X 是由解释变量构成的向量,包括文化距离、IMDb 评分、导演背景、导演获奖、影片获奖、主演获奖,β 是待估参数构成的向量,ε 是误差项,下标 i 代表电影个体。接下来,我们对这些变量的详细信息进行说明。

本文把“文化距离”定义为各个电影参评国家/地区与美国之间的文化距离指数。我们采用了 Kogut 和 Singh 提出的文化距离指数(cultural distance index)开展研究。这个指数具有可比性,可以体现不同国家的文化差异。① 很多学者在研究国家之间的电影贸易问题时,也使用了该指数。文化距离指数基于 Hofstede 的文化维度理论②进行计算。该文化维度理论包括了六个文化维度:权力距离(power distance)、个人主义(individualism)、不确定性规避(uncertainty avoidance)、男性气质(masculinity)、长期导向(long term orientation)和个人放纵(indulgence)。这六个维度可被用于计算国与国之间的文化距离指数。③ 本文假设电影出品国与美国的文化距离指数越大,则奥斯卡奖的评委对该国所拍摄电影的理解程度越低,从而该电影获得奥斯卡最佳国际影片奖的可能性相应降低。本文用以计算电影出品国与美国之间的文化距离指数的公式如下:

$$CD_j=\frac{\sum_{k=1}^{6}(I_{ku}-I_{kj})}{6V_k}$$

在这个公式中,国家 j 与美国的第 k 个文化维度的距离表示为 $I_{ku}-I_{kj}$,$k=1,2,\cdots,6$,CD_j 表示美国与 j 国总的文化距离,V_k 表示所有样本国家 k 维度指数的方差。

本文的“影片获奖”为虚拟变量,它的含义是参选影片是否在欧洲三大国际电影节主竞赛单元获得提名或者获奖。我们预期这个变量的系数为正,即非英语电影如果在欧洲三大国际电影节获得过提名,乃至获过奖,会提高该影片获得奥斯卡最佳国际影片奖的概率。

---

① KOGUT B, SINGH H. The effect of national culture on the choice of entry mode [J]. Journal of international business studies, 1988, 19(3):411-432.

② HOFSTEDE G. Motivation, leadership, and organization: do American theories apply abroad? [J]. Organizational dynamics, 1980, 9(1):42-63.

③ 详见相关网站:https://www.hofstede-insights.com/country-comparison/burkina-faso/。

我们把 IMDb 评分作为影片质量的代理变量。我们预期 IMDb 评分越高，非英语电影获得奥斯卡最佳国际影片奖的概率越大。

我们依据导演是否因教育、工作或其他原因在美国待两年及以上时间设置“导演背景”这个虚拟变量。我们假设导演有过相关经历会增加非英语电影获得奥斯卡最佳国际影片奖的概率。

我们认为，文化距离在一定程度上会阻碍文化的传播，但是文化距离的这种影响可以被其他因素抵消。具体来说，电影出品国与美国之间存在的文化距离会降低非英语电影获得奥斯卡最佳国际影片奖的概率。但如果导演具有在美国学习或工作的经历，则这种背景会有效降低文化距离的影响。

“导演获奖”这个变量也是虚拟变量，它的含义是导演是否在欧洲三大国际电影节上获得最高奖项的提名或者获奖。我们预测这个变量的系数为正。纵观历来获得最高奖项（金狮奖、金棕榈奖、金熊奖）的导演，往往也是奥斯卡奖的宠儿。最佳国际影片奖作为奥斯卡面向国际的一环，其评选必然也会受到三大国际电影节的影响。在欧洲三大国际电影节最高奖项上获得提名甚至获奖，不仅是对导演实力的肯定，同时也会提高导演的知名度。在进行奥斯卡最佳国际影片奖评选时，导演的名气在一定程度上也会影响评委的选择。

“主演获奖”这个变量为虚拟变量，它的含义是电影的主要演员是否在欧洲三大国际电影节或奥斯卡奖获得有关奖励演员演技的奖项提名或者获奖。主要演员演技是否在线对一部电影的成败可以起决定性作用。若主演曾经获得欧洲三大国际电影节或奥斯卡奖与表演相关的奖项，不仅证明了其演技，也表明其参演的影片水平值得肯定，评委也会考虑到影星的个人实力和影响力。因此，我们假设主演如果曾在欧洲三大国际电影节或奥斯卡奖获得与表演相关的提名或者获奖会对其参演的影片获得奥斯卡最佳国际影片奖的概率产生正面影响。

根据上面的描述，本文在表 1 列出了在回归中所使用的变量、变量含义，并给出各变量对影片获奖概率的预期影响方向。

表1　变量的含义

变量名	变量含义	影响方向
获奖	被提名后最终获得奥斯卡最佳国际影片,=1,未获奖,=0	/
文化距离	电影出品国与美国之间的文化距离	(−)
IMDb 评分	IMDb 评分	(+)
导演背景	导演有在美国学习或者工作两年及以上的经历,=1,没有,=0	(+)
导演获奖	导演曾在欧洲三大国际电影节获奖或提名,=1,未获得,=0	(+)
影片获奖	参评影片在欧洲三大国际电影节主竞赛单元获奖或提名,=1,未获得,=0	(+)
主演获奖	主演曾经在欧洲三大国际电影节或奥斯卡获奖或提名,=1,未获得,=0	(+)

本文的文化距离数据来自霍夫斯泰德官网(hofstede-insights.com),IMDb 评分数据来自 IMDb 官网(imdb.com)。导演获奖、导演背景、影片获奖、主演获奖信息来自于 IMDb 网站的影人及电影信息,通过影人词条查找相关信息并进行整理获得。

四、数据的描述性统计及分析

我们使用 1957—2020 年获得奥斯卡最佳国际影片奖提名的电影数据,共包括 320 部电影,其中最终获奖的电影共 64 部,占电影总数的 20%,获奖电影和未获奖电影的特征见表 2。从表 2 可以看出,获奖电影的平均 IMDb 评分高于未获奖电影,但前者的平均文化距离小于后者的。这似乎从侧面说明与美国文化距离比较小的非英语电影更容易获得奥斯卡最佳国际影片奖。与此同时,获得提名的电影中,在美国口碑比较好的电影更容易获得评委的青睐,也就更容易得奖。

表2　获奖电影与未获奖电影的特征比较

电影	未获奖 (256 部)		获奖 (64 部)		全部 (320 部)	
变量	均值	标准差	均值	标准差	均值	标准差
IMDb 评分	7.441	0.481	7.752	0.432	7.503	0.487
文化距离	2.137	1.067	1.914	1.021	2.092	1.061
导演背景	0.188	0.391	0.547	0.502	0.259	0.439
导演获奖	0.598	0.491	0.906	0.294	0.659	0.475
影片获奖	0.441	0.498	0.734	0.445	0.500	0.501
主演获奖	0.180	0.385	0.156	0.366	0.175	0.381

我们进一步考察电影出品国与美国之间的文化距离。这些国家拍摄的电影中,有的电影获得了奥斯卡最佳国际影片奖,有的电影没有获奖。我们在图 1 中画出历年来

未获奖电影和获奖电影所在国与美国之间的平均文化距离。可以看出，在 1957—2020 年的大多数年份里，获得奥斯卡最佳国际影片奖的影片出品国与美国的文化距离均小于未获奖影片的出品国与美国间的平均文化距离。不过，我们发现在这 64 年中，仍然有 5 年的获奖影片的出品国与美国间的文化距离极大。这 5 部电影是：《战争与和平：1812》(1969 年)、《德尔苏・乌扎拉》(1976 年)、《莫斯科不相信眼泪》(1981 年)、《烈日灼人》(1995 年)和《寄生虫》(2020 年)。①

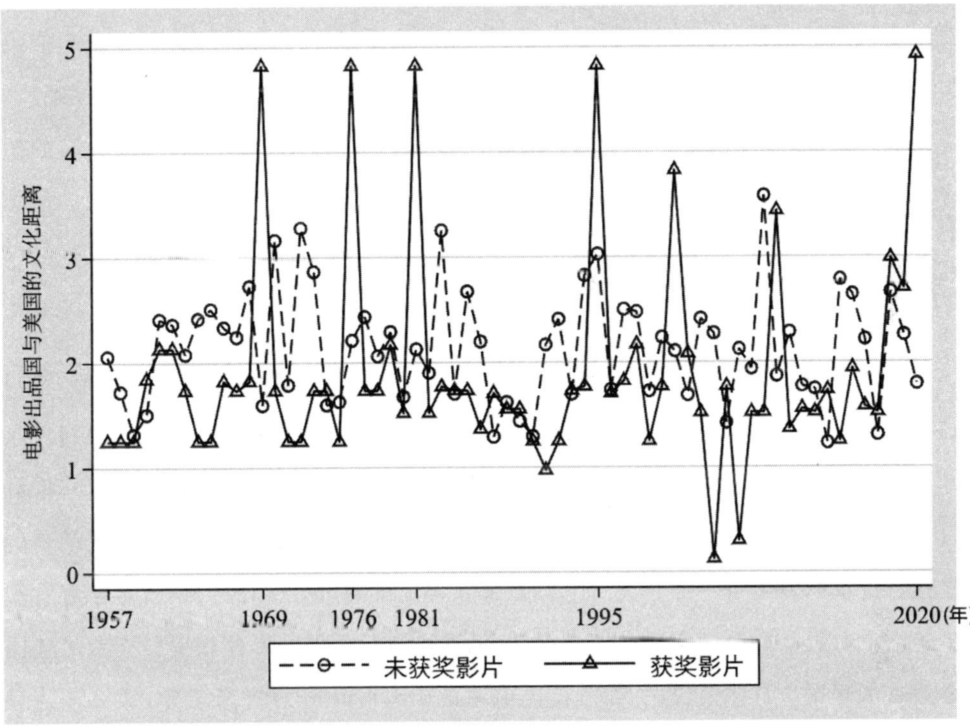

图 1　未获奖影片和获奖影片出品国与美国的平均文化距离(1957—2020 年)

《战争与和平：1812》及《莫斯科不相信眼泪》均来自苏联，《德尔苏・乌扎拉》为苏联和日本联合制片。《战争与和平：1812》改编自托尔斯泰的著名作品《战争与和平》，该书在世界范围内都具有广泛的知名度。《德尔苏・乌扎拉》则是日本著名电影大师黑泽明的作品。早在 1951 年时，作为奥斯卡偏爱的大师，黑泽明的《罗生门》就代表日本获得了奥斯卡最佳国际影片奖的前身，即奥斯卡影片特别荣誉奖。《莫斯科不相信眼泪》曾经获得第 30 届柏林国际电影节金熊奖最佳影片的提名。这 3 部电影讲述的故事主题包括反战、人与自然以及自强不息，它们都是能够引起全球观众广泛共鸣的

① 本自然段括号中标注的年份为影片获得奥斯卡奖年份。

母题。这在一定程度上降低了电影跨文化传播时文化距离的负面影响。而 1994 年上映的《烈日灼人》来自俄罗斯,讲述的是 20 世纪 30 年代斯大林统治下的苏联的“肃反”运动给人民带来的巨大伤痛。这部影片的内容是对苏联政治形式的反思,在一定程度上符合当时奥斯卡评委的审美和政治需求。

《寄生虫》作为韩国第一部获得奥斯卡最佳国际影片奖的电影,讲述了一个贫富分化的故事,借由优秀的电影剧本和演员们出色的表演打动了全球观众。贫富差距是全世界关心的主题,导演奉俊昊借助该电影,在戛纳电影节斩获了金棕榈奖。从导演奉俊昊的个人经历来看,为了寻找国际市场,他曾经拍摄过好莱坞风格的电影。奉俊昊有与西方导演、演员进行跨国合作的经历,对于好莱坞的讲故事模式已经驾轻就熟。

我们可以发现,文化距离对于文化的跨国传播的负面影响,有可能会被导演的拍摄方式所消解。

五、文化距离影响电影获奖概率的实证分析

本文用 LOGIT 模型来估计非英语电影获得奥斯卡最佳国际影片奖的概率,回归的结果见表 3。第(1)列只包含了 IMDb 评分,第(2)列加入了文化距离,第(3)列加入了导演背景、导演获奖和电影获奖,第(4)列则进一步加入了主演获奖。回归结果显示,IMDb 评分的系数在每一个回归中均在 1%的水平显著为正,这充分说明了结果的稳健性。这里的意思是一部非英语电影如果获得更高的 IMDb 评分,也就意味着它获得了美国电影观众和影评家更高程度的认可,这可以显著提升影片获得奥斯卡最佳国际影片奖的概率。具体来说,一部非英语电影的 IMDb 评分每提高 1 分,那么该片获得奥斯卡国际影片奖的几率比“p/(1-p)”就会提升 3.58 倍。显然,更高的 IMDb 评分,往往代表着该电影具有更高的拍摄质量。我们从 IMDb 评分的系数可以看出,一部非英语电影的质量是它获得奥斯卡最佳国际影片奖的关键因素。这样,我们就验证了假设 2。在表 3 中,文化距离的系数均为负,且至少在 10%的水平显著。这说明文化距离对非英语电影获得奥斯卡最佳国际影片奖的概率可能存在负向影响。一国与美国的文化距离越大,它所拍摄电影在获得提名后的获奖概率越小。这样,我们就验证了假设 1。另外,根据表 3 的回归结果,导演背景、导演获奖和电影获奖这三个因素均对电影最终获得奥斯卡最佳国际影片奖的概率有显著的正向影响。这说明外国导演在美国学习或工作的背景有助于他所拍摄的电影获得奥斯卡最佳国际影片奖。而且,非英语电影获得其他国际大奖有助于提升它获得奥斯卡最佳国际影片奖的概率。

值得注意的是，在我们的回归结果中，主演获奖不显著，这说明电影主演是否获得国际奖项并不显著影响电影获得奥斯卡最佳国际影片奖的概率。

表 3 LOGIT 模型估计结果①

变量及考察项	(1)	(2)	(3)	(4)	(5)
IMDb 评分	1.522***	1.636***	1.305***	1.313***	1.348***
	(4.43)	(4.59)	(3.16)	(3.15)	(3.27)
文化距离	—	−0.316**	−0.270*	−0.289*	−0.611***
	—	(−2.09)	(−1.66)	(−1.77)	(−2.79)
导演背景	—	—	1.646***	1.610***	—
	—	—	(5.00)	(4.85)	—
导演获奖	—	—	1.684***	1.764***	1.712***
	—	—	(3.25)	(3.36)	(3.40)
影片获奖	—	—	0.950***	0.931***	0.879**
	—	—	(2.68)	(2.63)	(2.47)
主演获奖	—	—	—	−0.381	−0.490
	—	—	—	(−0.93)	(−1.21)
文化距离×导演背景	—	—	—	—	0.743***
	—	—	—	—	(4.55)
常数项	−12.955***	−13.188***	−13.232***	−13.220***	−12.642***
	(−4.89)	(4.81)	(−3.92)	(−3.89)	(−3.68)
观察值	320	320	320	320	320
伪 R^2	0.071	0.086	0.252	0.254	0.253

根据表 3，我们可以知道，电影出品国与美国之间的文化距离对非英语电影能否获得奥斯卡最佳国际影片奖的概率确实存在一定的负向影响。即一国与美国的文化距离越大，则它拍摄的电影获得奥斯卡最佳国际影片奖的概率越小。我们可以用表 3 第(3)列中文化距离的系数来说明文化距离对非英语电影获得奥斯卡最佳国际影片奖的概率的边际效应。具体来说，一国与美国的文化距离如果增加 1 个单位，那么这个国家所拍摄的电影在获得奥斯卡最佳国际影片奖提名的前提下，最终获奖的几率比“p/(1−p)”会下降 23.6%。② 这个边际效应我们在图 2 中可以直观地看出来。显然，

① 表 3 括号中数字为根据异方差稳健标准误计算的 t 值；“*”“**”和“***”分别代表在 10%、5%和 1%统计显著。

② 计算过程如下：exp (−0.270) −1 =−0.236。

随着电影所在国与美国文化距离的增加,非英语电影获奥斯卡最佳国际影片奖的概率在不断下降。这样,我们就验证了假设 1。

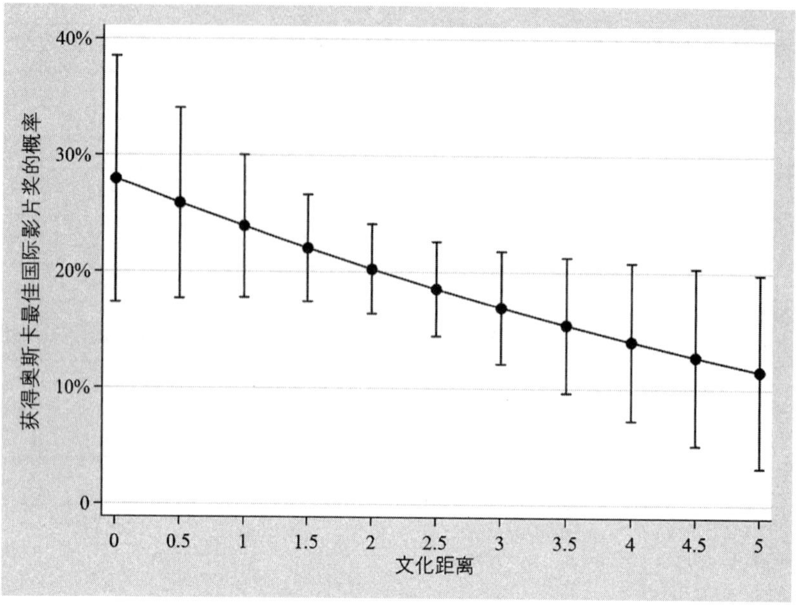

图 2　文化距离对电影获奥斯卡最佳国际影片奖概率的边际效应

六、电影的导演背景如何抵消文化距离的影响

我们在图 2 画出文化距离对非英语电影获得奥斯卡最佳国际影片奖概率的边际效应。图 2 表明,一个国家与美国的文化距离越大,那么它所拍摄的电影获得奥斯卡最佳国际影片奖的概率越小。比如,我们考虑与美国的文化距离为 1 的国家,这个国家拍摄的影片如果获得提名,那么它最终获得奥斯卡最佳国际影片奖的概率是 0.239。而与美国的文化距离为 2 的国家所拍影片获奖的概率则下降为 0.170。

考虑到导演背景有可能会抵消文化距离的影响,我们在表 3 的第(5)列中加入了文化距离与导演背景的交互项。结果显示,这个交互项的系数显著为正,说明非英语电影的导演如果有在美背景,那么确实会在一定程度上抵消文化距离的影响。

如果非英语电影的导演没有在美背景,那么文化距离对电影获得奥斯卡最佳国际影片奖的对数几率比“ln[p/(1−p)]”的边际效应是−0.611,即此时若文化距离增加 1 个单位会使得非英语电影获得奥斯卡奖的几率比降低 45.7%,这是一个很大的负向影响。

如果非英语电影的导演有在美背景,那么文化距离对电影获得奥斯卡最佳国际影片奖的对数几率比的边际效应是1.101，即此时如果文化距离增加1单位会使得非英语电影获得奥斯卡奖的几率比提升1.64倍。这说明非英语电影的导演拥有在美背景可以有效抵消电影出品国与美国之间的文化距离的负向影响。

图3可以更加直观地说明导演背景的重要作用。图中虚线反映非英语电影导演无在美背景的情形，随着电影所在国与美国之间文化距离的增加，非英语电影获得奥斯卡最佳国际影片奖的概率持续下降。而图中实线反映了导演有在美背景的情形，此时文化距离对非英语电影获得奥斯卡最佳国际影片奖概率的负向影响已经大大减弱。后一种情形下，电影出品国与美国之间的文化距离对该电影能否获得奥斯卡最佳国际影片奖已经不存在显著影响。显然，非英语电影的导演的在美背景有助于抵消文化距离的负向影响。这样我们就验证了假设3。

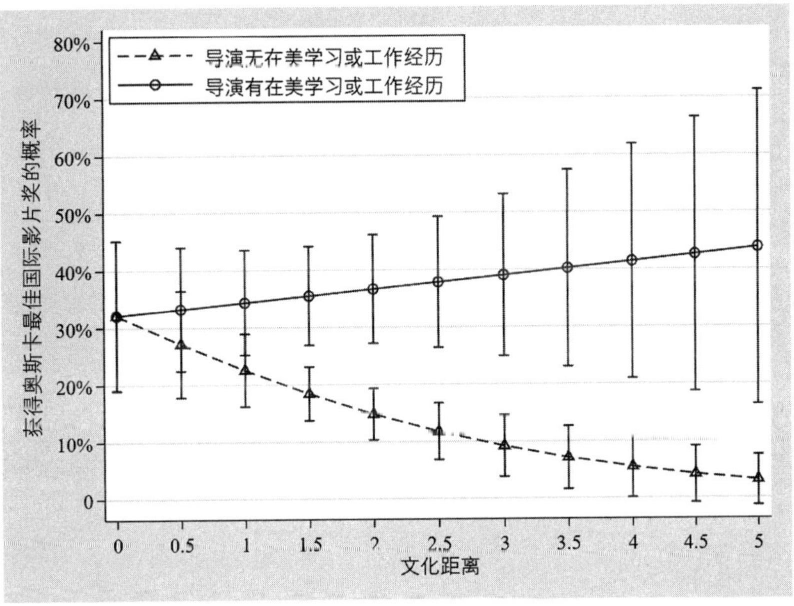

图3　不同导演背景下文化距离对非英语电影获得奥斯卡最佳国际影片奖概率的边际效应

结论与启示

通过分析非英语电影获得奥斯卡最佳国际影片奖的相关情况，本文发现国家间的文化距离对跨文化传播确实具有一定程度的负面影响，但这种影响并不是决定性的，它可以被多种方式所抵消。电影在国外获奖是跨文化传播的重要方式。非英语电影如果获得了奥斯卡最佳国际影片奖，可以说明该国的跨文化传播是成功的。非英语电影的质量对它能否获得奥斯卡最佳国际影片奖具有决定性的作用。与美国较大的文化距离显然不利于外国所拍摄的电影获得奥斯卡最佳国际影片奖。但导演的在美经历可以有效抵消文化距离的消极影响。随着互联网的发展,人们更多地接触其他国家的文化,更容易获取相关信息,这也会减少文化距离带来的负面效应。

本研究还发现,演员的选择对于非英语电影能否获得奥斯卡最佳国际影片奖并不存在显著的影响。部分原因是,面孔识别存在"异族效应"(other-race effect),即使是本国的国际知名的演员,对另一个国家尤其是不同人种的人们来说,他们分辨其面孔的难度系数会加大。所以,非英语电影在选择演员的时候,要注意到演员的演技往往比名气更重要。

〔池建宇,中国传媒大学经济与管理学院教授;李写真,中国传媒大学经济与管理学院产业经济学专业硕士研究生〕

〔特约编辑:崔林〕

理论与历史

后疫情时代建设性新闻对社会心理的调节与引导研究*

The Research of the Adjustment and Guidance of Constructive Journalism on Social Psychology in the Post-Pandemic Era

◎ 雷跃捷　侯　璐

Lei Yuejie　Hou Lu

摘要：在全国人民的共同努力下，国内大规模疫情得到有效控制，目前我国已进入以疫情防控常态化为特征的后疫情时代。社会心理问题作为新冠病毒肺炎疫情引发的次生危机，在后疫情时代依然存在。针对后疫情时代负面社会心理呈现出的应激性心理持续作用、社交回避行为显著化、个体自信弱化威胁群体信心等新表征，主流媒体可以采用建设性新闻的报道理念和方式发挥舆论引导的作用，秉持培植积极情绪、设置解决方案、开展务实行动以及面向未来的理念，通过媒介建构文化、社会关系和社会事件来影响社会心理，并将积极心理学技巧运用到建设性新闻报道中，营造积极向上的舆论氛围，进而培育健康良好的社会心态。

关键词：后疫情时代；建设性新闻；社会心理

Abstract: With the joint efforts of the whole nation, the domestic large-scale pandemic has been effectively controlled. At present, China has entered a post-pandemic era characterized by the regular pandemic prevention and control. As a secondary crisis caused by the COVID-19 pandemic, social-psychological problems still exist in the post-pandemic era. In view of the new characteristics of negative social psychology in the post-pandemic era, such as the continuous role of stressful psychology, the significant social avoidance behavior, and the

* 本文系国家社科基金重大项目“健全重大突发事件舆论引导机制与提升中国国际话语权研究”（项目编号：20&ZD320）的阶段性研究成果。

weakening of individual self-confidence threatening group confidence, the mainstream media can use the reporting concept and method of constructive journalism to play the role of public opinion guidance. Specifically, the mainstream news outlets can use the media to construct culture, social relations and social events to influence social psychology by adhering to the concept of cultivating positive emotions, setting up solutions, carrying out practical actions and facing the future, and apply positive psychological skills to constructive journalism reports to create a positive atmosphere of public opinion and cultivate a healthy and good social mentality.

Keywords: post-pandemic era, constructive journalism, social psychology

随着国内的新冠肺炎疫情得到有效控制,当前我国已进入以疫情防控常态化为特征的后疫情时代。后疫情时代并不意味着危机已经过去,社会心理问题始终如影随形。世界卫生组织调查显示,新冠肺炎疫情已造成全世界93%的国家的重要精神卫生服务受到干扰或中断,而各国对精神卫生服务的需求正在增加。[①] 因此,后疫情时代对社会心理服务工作提出了更高的要求,如何科学有效地对社会心理进行调节和引导,建构良好的社会心理以配合社会经济的复苏与发展,是目前各界亟须探讨和解决的问题。

党的十九大报告明确指出,要“加强社会心理服务体系建设,培育自尊自信、理性平和、积极向上的社会心态”,“使人民获得感、幸福感、安全感,更加充实、更有保障、更可持续”。[②] 在后疫情时代的社会心理重建过程中,新闻舆论可以发挥建设性的积极作用。建设性新闻在发挥正确舆论导向、营造健康积极的舆论氛围方面,具有重要的作用。

建设性新闻指的是媒体着眼于解决社会问题而进行的新闻报道,是传统媒体在新媒体时代立足于公共生活的一种新闻实践或新闻理念。[③] 虽然建设性新闻是一个舶来概念,但对于中国而言,新闻的“建设性”属性并不陌生。新闻建设性主要体现为坚持正面宣传为主的基本方针,同时强调加强和改进舆论监督报道[④],近十余年来国内主流新闻所创新的各种正能量新闻、暖新闻、民生新闻、问政节目和调查类新闻等,就

---

① 新华网.世界精神卫生日:重视疫情带来的心理健康问题[EB/OL].(2020-10-10)[2021-11-21].http://www.xinhuanet.com/2020-10/10/c_1126589344.htm.

② 习近平.决胜全面建成小康社会 夺取新时代中国特色社会主义伟大胜利:在中国共产党第十九次全国代表大会上的报告[N].人民日报,2017-10-28(1).

③ 唐绪军,殷乐.建设性新闻实践:欧美案例[M].北京:社会科学文献出版社,2019:1-5.

④ 李仁虎,文建.论新闻建设性的理论基础及价值追求[J].中国记者,2020(1):24-28.

有着鲜明的“建设性”特征①。随着国内建设性新闻理论研究的不断深入，建设性新闻实践也在同步展开。《中国青年报》的深度调查专栏《今日出击》和特色周刊《暖闻周刊》均以“建设性”为理念依托，前者倡导用理性的声音推动社会进步，后者聚焦具有新闻价值的温暖故事，传递“真善美”的价值理念，其中《暖闻周刊》已逐渐成长为国内具有成熟运营模式和标杆效应的建设性新闻品牌②。此外，凤凰网的《暖新闻》《政能量》栏目以及苏州广电总台的《共筑美好生活 苏城议事厅》节目，都是建设性新闻的中国实践，这些媒体主动生产优质建设性新闻内容的行动业已证明，建设性新闻在中国有其发展土壤。

基于此，相关行业将建设性新闻这种专注积极情感、倡导方案导向，以社会公共福祉为价值追求，以“积极”“参与”“悦纳”为核心理念的新闻生产纳入社会心理服务体系建设之中，发挥其通过舆论引导缓解社会焦虑、重建社会信任、动员公众参与的重要作用，为后疫情时代社会心理的调节与引导提供了新思路和新方法。

一、建设性新闻调节和引导社会心理的研究现状分析

席卷全球的新冠病毒肺炎疫情给民众的精神卫生健康造成了巨大影响，习近平总书记在中共中央政治局常委会会议研究应对新型冠状病毒肺炎疫情工作时的讲话中指出：“当前疫情防控形势严峻复杂，一些群众存在焦虑、恐惧心理，宣传舆论工作要加大力度，统筹网上网下、国内国际、大事小事，更好强信心、暖人心、聚民心，更好维护社会大局稳定。”③如何做好疫情期间的新闻舆论工作，如何通过舆论引导调节公众情绪、解决社会心理问题，成为新闻传播领域学者关注和研究的话题。在这些研究中，建设性新闻这一概念被多次提及。

党君认为针对重大突发公共卫生事件中公众的舆论性心理恐慌问题，舆论引导工作有必要引入建设性新闻的理念和实践，并提出舆论引导工作在实践中应该秉持呈现解决实际问题的方案、吸引社会公众共同参与、倡导建设性舆论监督、引导人民向善向上和传递中国特色价值观这五项基本原则。④ 邵鹏、叶森认为，疫情期间的建设性新闻报道展现了充满希望的、积极的新闻理念，积极的建设性新闻可以减少负面情绪，有

---

① 张艳秋.中国对非传播的建构性新闻学术话语建构：内涵与价值[J].新闻与传播研究，2019，26(S1)：87-90.

② 漆亚林.建设性新闻的中国范式：基于中国媒体实践路向的考察[J].编辑之友，2020(3)：12-21.

③ 习近平.在中央政治局常委会会议研究应对新型冠状病毒肺炎疫情工作时的讲话[EB/OL].(2020-02-03)[2021-11-21].https://www.ccps.gov.cn/xxsxk/zyls/202002/t20200215_138055.shtml.

④ 党君.重大疫情事件中建设性新闻对于公众情绪的调节与引导[J].当代传播，2020(4)：56-59.

利于人们理性处理和科学应对疫情。① 殷乐、王丹蕊以“信息疫情”中的公众认知失调现象为中心进行考察研究，发现建设性新闻能够通过建构积极的环境认知、寻求问题的解决之道、鼓励各方联动等手段，在一定程度上促进公众认知的再平衡。② 王江蓬、李潇凝论证了建设性新闻在重大突发事件中调节公众情绪的有效性，进而从媒体功能的宏观视角、媒体与公众公共协商的中观视角和媒体内容生产的微观视角探究重大突发事件中建设性新闻参与公众情绪的治理路径。③

步入后疫情时代，许燕提出灾难具有涟漪效应，社会应激反应在疫情爆发初期有内隐的特点和复杂的特征，会被很多管理者忽略，这会导致后续更严重的问题在后疫情时代逐渐显现，比如价值衰落、国家信任、集群倾向等，对此她从后灾难时代的社会心理建设层面提出了五点策略建议，即加强灾难前端的社会治理、推进灾难过程中的心理服务、提升政府应急管理质量、加强后灾难时代的应对策略研究以及加强后灾难时代社会心理服务体系建设。④ 徐平、李明分析了后疫情时期社会心态的变化，并发现这些变化给社会发展和人们的日常生活带来了复合影响，因此我国需要从价值引领、重点人群心理干预等方面加强后疫情时期社会心态综合治理。⑤ 但如何通过舆论引导的方式化解后疫情时代社会心理出现的各种新情况、新问题，目前新闻传播学界还没有相关的研究。本文认为，建设性新闻在疫情期间社会心理的调节与引导上发挥了良好的作用，学界和业界应在已有研究的基础上，进一步探究建设性新闻在解决后疫情时代社会心理问题方面的能力，做好后疫情时代的舆论引导工作，促进健康社会心态培育与经济恢复发展的良性互动。

二、后疫情时代负面社会心理的表征

社会心理是指人们在社会生产和社会生活中自发形成的、不定型的、非系统化的社会意识，它表现为直接与人们日常生产、生活、交往相联系的情绪、情感、风俗、习惯、成见等，具有生动性、易变性、缺乏稳定性的特征。⑥ 从疫情时代过渡到后疫情时代，

---

① 邵鹏，叶森.疫情报道中我们需要什么样的新闻与新闻业：兼论中国建设性新闻理论的构建[J].当代传播，2020(3)：46-50.

② 殷乐，王丹蕊.公共认知的再平衡：“信息疫情”语境下的建设性新闻研究[J].福建师范大学学报(哲学社会科学版)，2020(6)：58-65，169-170.

③ 王江蓬，李潇凝.建设性新闻视域下的公众情绪治理：以重大突发事件为中心的考察[J].中国编辑，2021(10)：16-19，24.

④ 许燕.后疫情时代的社会心理应对[J].心理与行为研究，2020，18(6)：724-726.

⑤ 徐平，李明.“后疫情”时期社会心态变化与综合治理[J].前沿，2020(1)：91-95，103.

⑥ 徐光春.马克思主义大辞典[M].武汉：崇文书局，2017：77.

危机的状态发生变化，外源性危机向内生性危机转化，即生命危机转向生存危机，负面社会心理也出现了新的表现形式。

(一)应激性心理持续作用

所谓后疫情时代，并不是我们原来想象的疫情完全消失，一切恢复如前的状况，而是疫情时起时伏，随时都可能小规模爆发、从外国外地回流以及季节性地发作，而且迁延较长时间，对各方面产生深远影响的时代。[①] 虽然大规模的疫情已经过去，但这场疫情对民众生理、心理乃至行为方面的负面影响不是一朝一夕间就能消除的，心理危机在后疫情时代依然存在。

具体而言，每当单点式的局部疫情发生，网民仍旧呈现出集体性的担忧、焦虑心理，甚至出现愤怒、焦躁等不良情绪，网络空间激愤的言论很容易成为舆论事件的导火索，扰乱社会秩序，威胁社会稳定。这种应激性心理不仅在疫情爆发期间普遍存在，还在后疫情时代持续作用，加之灾难在影响广度上具有波及性的特点，心理危机不仅体现为个体性的创伤后应激障碍，还扩散表现为群体性的替代性创伤心理。

创伤后应激障碍指的是一次性创伤事件所导致的个体延迟出现和持续存在的精神障碍，集中表现为对疾病的过度恐惧、入睡困难、重演创伤事件、接触创伤事件相关线索即产生心理痛苦和生理反应，以及注意力无法集中等症状。2003 年 SARS 过后，据统计有 10％到 25％的人群患有创伤后焦虑症的问题。[②] 必须引起注意的是，因新冠病毒肺炎疫情引发创伤后应激障碍的人数可能要比新冠病毒肺炎患者人数更多，因此疫情后全社会更要关注民众的心理健康问题，尽量做到及时调节民众的心理状态，将负面影响降到最小。

群体性的替代性创伤心理的出现是多种因素综合作用的结果。正在经历局部疫情的人们虽然身体行动受到限制，但他们仍可以通过网络与外界沟通。这种由鲜活的个体所描绘出的封闭环境、生理痛楚以及压抑心理的图景，极易激发疫区之外的人们的共情能力，具有强共情能力的人甚至会产生相似的痛苦感受，这些消极情绪在网络空间的积聚叠加将公众情绪推向崩溃的边缘。另外，负性偏向也是替代性创伤心理的影响因素。负性偏向是指人们在面对各类信息时，更容易注意、记住并传播负面信息，并容易将模糊不清的信息解读为负面信息的现象。这种感知机制是处于不断发展变

① 王竹立.后疫情时代，教育应如何转型?[J].电化教育研究，2020，41(4)：13-20.

② BROOKS S K，WEBSTER R K，SMITH L E，et al. The psychological impact of quarantine and how to reduce it：rapid review of the evidence[J]. The lancet，2020，395(10227)：912-920.

化环境中的人的生存本能,人们能从负面信息中预知周围环境的潜在危险,从而增加抵御风险的能力。但在重大灾难发生时,这种负性偏向对人心理建康状况的威胁也是巨大的。处于疫情外围的人们并没有真正接触病毒,媒介是他们获取疫情信息的主要渠道。对疫情担忧、焦虑的心理更容易促使人们关注并传播带有负面情绪的报道,这种非理性传播对人们的损害程度一旦超过心理和情绪的耐受极限,就会导致群体性的替代性创伤心理问题出现。

(二)社交回避行为愈加显著

社交回避主要是指在社交活动中,不喜欢与他人接触、交流,喜欢独处,回避人际交往的现象。有研究者在研究儿童社交回避成因时发现,儿童社交回避行为与抑郁感、社交焦虑感及同伴关系问题呈显著正相关。[①] 在后疫情时代,社交回避行为呈现出显著化的特征。

从个体心理的角度来看,由于疫情期间封闭式的防控管理,人的社会化关系被迫中断,高压精神状态下缺失同伴导致抑郁感和孤独感水平上升,情绪的持续低落状态削弱了人们的社交意愿,即使疫情过去生活逐渐恢复常态,抑郁的心理也将影响正常的社交行为。此外,长期远离人群的人们再一次回归社交环境,陌生的感觉还容易诱发紧张、焦虑的情绪,易催生自我保护性质的社交回避行为。

从人际关系的角度来看,新冠病毒肺炎疫情在人们心中留下了不可磨灭的伤痛印记,人们对疫情仍怀有恐惧心理,聚集性疫情的发生使同伴关系变得紧张,人际关系呈现出脆弱、疏离、信任缺失的特征。这种低趋近动机和高回避动机的交往心理加剧了社交焦虑,人们便容易产生社交回避行为。

(三)个体自信弱化威胁群体信心

由于灾难在持续时间上具有滞后性效应,有时灾后的损失甚至会大于灾难期间的损失,灾难滞后效应尤其表现在经济与社会稳定方面。[②] 皮尤研究中心的分析报告指出,2020 年新冠肺炎疫情造成的世界经济衰退使全球中产阶级减少了 5400 万人,这

---

① 丁雪辰,郑沁怡,邓欣媚,等.伤心,害怕还是被拒?儿童社交回避行为的成因研究[A]//中国心理学会.第二十二届全国心理学学术会议摘要集.北京:中国心理学会,2019:2.

② 许燕.后疫情时代的社会心理应对[J].心理与行为研究,2020,18(6):724-726.

是该数字近30年来的首次下滑，同时贫困人口增加了1.31亿。[①] 经济下行压力增大，劳动力市场受到冲击，失业危机和就业困难带来的生存压力就像悬在人们头顶的达摩克利斯之剑，时刻威胁着整个人类社会。

教育部、人力资源和社会保障部发布的数据显示，2022年我国高校毕业生规模将首次超过1000万，预计达到1076万人，增量创历史新高，就业形势复杂严峻。[②] 强竞争的态势给疫后初愈的社会心理带来巨大挑战，屡屡受挫的就业经历甚至会给个体自信带来毁灭性的打击，个体对生活的期望被迫降低，自我驱动力下降，出现"躺平任嘲""甘做咸鱼"等消极悲观论调。社会是由人构成的，群体社会心态来源于个体心态，个体自信的弱化必然会影响群体信心的提升。而且群体心态不是个体心态的简单累加，群体心态是蕴含更大能量、拥有更大影响力的情绪聚合体。经济压力带来的竞争压力削弱个体自信，规模化的个体自信弱化导致的群体信心缺失又以更大的力量反作用于经济，形成恶性循环。

三、建设性新闻对后疫情时代负面社会心理的调节和引导

建设性新闻是近年来国内外普遍运用的一种建构在积极心理学理论之上的新闻理念和实践。国外评估建设性新闻效果的研究证明，阅读带有积极情感的、对现有社会问题提出有效解决方案的新闻会让读者感觉更好，更能激发人的积极情绪，使人们做出亲社会行为的意愿更强。[③] 国内学者欧阳霞、王江城等运用实验法，从受众情绪、媒介可信度、受众行为(媒介参与行为、亲社会行为)三个维度探究了建设性新闻的本土化传播效果，实验结果发现，中国语境下的建设性新闻报道框架对受众形成积极情绪以及提高其媒介信任度有显著影响。[④] 这些实验均表明，建设性新闻能够从积极心理层面影响受众，这为媒体引导调节和疏导后疫情时代的群体焦虑、社交回避等负面社会心理提供了新的理念和实践方式。较之传统的新闻报道模式，建设性新闻强调从负面报道向倡导积极心态、提振公众情绪转变，从关注现象向发现问题、提供解决方案

---

① RAKESH K H.The pandemic stalls growth in the global middle class pushes poverty up sharply[EB/OL].(2021-03-18)[2021-11-25] https://www.pewresearch.org/global/2021/03/18/the-pandemic-stalls-growth-in-the-global-middle-class-pushes-poverty-up-sharply/.

② 教育部.教育部 人力资源社会保障部共同部署做好2022届全国普通高校毕业生就业创业工作[EB/OL].(2021-11-19)[2021-11-25].http://www.moe.gov.cn/jyb_zzjg/huodong/202111/t20211119_581164.html.

③ MCINTYRE K E. Constructive journalism:the effects of positive emotions and solution information in news stories[D].Chapel Hill:The University of North Carolina at Chapel Hill,2015:72.

④ 欧阳霞，王江城，白龙，等.情绪、信任、行动：建设性新闻本土化传播效果的实验研究[J].国际新闻界，2021,43(8):73-89.

转变,从告知信息向介入事件、促进公众参与转变,从报道过去向面向未来、给予公众希望转变。建设性新闻在报道理念和方式上以新闻积极对冲社会消极,在调节和引导社会心理方面具有独特作用。

(一)以积极心理引导公众情绪

积极心理学是建设性新闻的理论来源,吉登斯泰德从认知心理学的角度通过比较研究发现,新闻如果在报道手法上遵循积极心理学原则,则其既可有效引导公众情绪,又能不失客观、公正与平衡。[①] 在《持续的幸福》一书中,美国心理协会前主席、著名心理学家马丁·塞利格曼教授提出“PERMA”这一幸福理论。作为积极心理学的创始人之一,马丁·塞利格曼把获得满意的人生称为幸福 1.0 理论,而随着对积极心理学研究的深入,他认为自由人的终极追求是实现蓬勃的人生,此即幸福 2.0 理论。幸福 2.0 理论认为,一个人要想实现人生繁荣和蓬勃发展,就必须有足够的“PERMA”,它代表着构成幸福人生的五个元素——积极情绪(Positive emotion)、参与(Engagement)、关系(Relationship)、意义(Meaning)和成就(Accomplishment)。[②]

围绕积极情绪展开的建设性新闻建构,将“PERMA”理论引入新闻生产,从新闻报道的主题策划到采访提问、故事框架和叙事风格都强调激发公众的积极情绪。国家信息中心发布的《“新型冠状病毒肺炎”公众认知与信息传播调研报告》显示,在新冠病毒肺炎疫情期间,公众偏好传播疫情防护知识和抗疫事迹(见图 1)。[③] 防疫科普知识和抗疫一线感人事迹所获得的高关注度和高转发率,说明这些蕴含解决方案和积极情绪的信息在一定程度上起到了安定和抚慰人心的作用,激发了公众的积极情绪,这些信息获得了二次传播。因而对于后疫情时代公众情绪表现出的不稳定、低承压和高敏感的特征,我国媒体仍应继续践行建设性新闻的理念,用正向的情感激励人,以积极的报道内容鼓舞人,召唤社会信任的回归,努力将公众情绪带离悲伤、低落的洼地,培育和涵养良好、健康的社会心态。

---

① GYLDENSTED C.Innovating news journalism through positive psychology[D].Philadelphia:University of Pennsylvania ScholarlyCommons,2011:26-28.

② SELIGMAN M E P. Flourish:a visionary new understanding of happiness and well-being[M]. New York:Free Fresh,2011:16-20.

③ 国家信息中心.《“新型冠状病毒肺炎”公众认知与信息传播调研报告》正式发布[EB/OL].(2021-02-26)[2021-06-18].https://mp.weixin.qq.com/s/fris8JegwTG21PryG_YDFg.

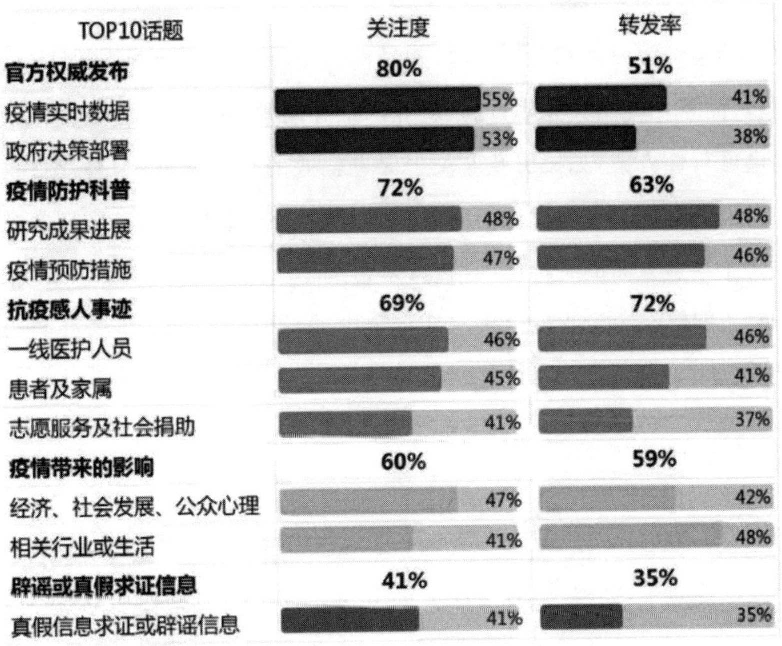

图 1　公众关注和转发的 TOP10 疫情相关话题

(二)以解决问题缓解社会焦虑

建设性新闻关注的议题主要集中于关系公众福祉的社会公共问题,麦金泰尔通过两个认知心理学实验得出结论,包含积极情绪和解决方案的新闻能使公众获得更为正向的情感体验。① 建设性新闻在发现问题的基础上,将解决问题作为主要原则,通过调查分析提出建设性的解决方案回应公众关切,这种务实的实践态度释放出积极的信号,有助于增强公众的安全感,进而缓解社会焦虑情绪。

进入后疫情时代,公众焦虑情绪主要来源于对疫情还未彻底消散的担忧和经济低迷引发的生存危机。主流媒体在对这两个公众普遍担心的议题进行报道时,积极采用建设性新闻的模式。在报道国内散发的局部疫情方面,建设性新闻更多关注当地政府的行动,并联系专家对防疫政策进行解读。比如央视新闻客户端发布的《国家卫健委:我国疫情防控坚持“动态清零”而非零感染》,通过报道对国家卫健委新冠肺炎疫情应对处置工作领导小组专家组组长梁万年的专访,让公众明白疫情防控常态化阶段的目标不是“零感染”,而是“动态清零”,政府有能力及时有效控制疫情,保护人民群众的生

① MCINTYRE K E. Constructive journalism:the effects of positive emotions and solution information in news stories[D].Chapel Hill:The University of North Carolina at Chapel Hill,2015:8-10.

命健康安全。①

在报道社会经济发展相关情况时,建设性新闻没有规避现阶段我国社会经济面临的诸多困境,而是在提出失业率升高、就业困难等问题的基础上,为促进解决民众的生活问题提供可行性方案,如援引政府关于促进就业的相关文件、为公众提供与政府进行沟通的渠道等。这样的建设性新闻报道不仅可以通过提出切实可行的解决方案为公众提供就业等多方面的有价值的信息,来帮助个人进行决策判断,"解决方案导向"的报道框架还能够在一定程度上缓解社会焦虑、凝聚社会共识、整合社会力量以推动社会问题的解决,化解社会危机。

(三)以行动导向促进公众参与

有学者基于角色理论将西方新闻业的社会角色归纳为八种,即把关人、守望者、支持者、策展人、释疑者、解困者、消遣者和局外人,并指出传统新闻业的社会角色更多局限于把关人、守望者、消遣者和局外人这几方面,但忽视了其他几个角色。② 建设性新闻可以看作是对新闻业"支持者""策展人""释疑者"和"解困者"角色的补充,建设性新闻不是对新闻事件的简单描绘,它要求记者转变身份,不再置身事外,而要成为积极的"参与者"介入事件,更好地寻求解决问题的方法。

在建设性新闻生产中,记者不仅凭借自己的知识水平和专业技能努力创造准确、高质量和富有吸引力的报道,还十分重视公众作为社会治理主体的作用。建设性新闻摈弃了传统报道惯用的二元对立框架和冲突框架,力求体现多元的声音并促成公共协商。建设性新闻通过对事件进展进行持续性报道,网罗多方建议,并以"参与者"的身份从中沟通协调,为公众和政策的制定者等多方主体创造对话的可能,努力调动起公众参与解决社会问题的积极性。如 2020 年年中新冠病毒肺炎疫情得到有效控制后,《中国青年报》刊发了《陕西团组织发放亿元贷款"输血"青创企业》一文,文章指出:"受新冠肺炎疫情影响,陕西众多小微企业陷入融资困境。'秦青优惠贷'项目的及时出台,为创业企业切实解决了资金难题,起到输血、救急作用,得到广大创业青年的一致点赞。"③《中国青年报》的这篇报道关注疫情逐渐平息后的现实问题,表明了小微企业

---

① 国家卫健委:我国疫情防控坚持"动态清零"而非零感染[EB/OL].(2021-11-13)[2021-11-25]. https://content-static.cctvnews.cctv.com/snow-book/index.html? item_id=11555380900879128767&toc_style_id=feeds_default&share_to=copy_url&track_id=ec864548-a764-4bdf-a657-3000d0894ecb.

② 王沛楠,史安斌.西方新闻业的社会角色:理论想象与实践探究[J].中国编辑,2019(4):4-10.

③ 孙海华,王孟男.陕西团组织发放亿元贷款"输血"青创企业[N].中国青年报,2020-05-07(2).

和创业青年的诉求,并通过多方采访对相关政策进行了详细解读,彰显了建设性新闻的"参与性"与"行动力"。此外,建设性新闻还致力于为公众参与搭建平台,强调发挥公众提供新闻线索、专业知识以及政策建议的作用,使公民产生为社会做贡献的荣誉感①,形成"积极报道—情绪赋能—公众参与"的良性通路。

(四)以未来视野唤醒公众希望

疫情期间的一项积极心理学研究提出,"使用时间距离"的方式对调节焦虑有所帮助,即想象未来几个月或几年后我们会怎样看待现在的负性经历,将来的某一天我们可能会对孙辈讲起2020年的新冠病毒肺炎疫情大爆发,用讲故事的方式告诉他们我们是如何渡过难关的。② 这种诉诸未来的思考方式提醒我们,大家正在经历的一切都只是暂时性的,能帮助人们重燃希望并阻止极端焦虑情绪的产生。而建设性新闻被视为一种未来新闻③,面向未来是其固有属性。区别于传统报道关注事件的过去和现在,建设性新闻作为一种以解决问题为目标的新闻模式,需要向事件的未来走向发问以得到最新的消息,从而站在未来的角度指导方案的制定。在重大突发灾难的报道中,这种对事件未来的关注为重塑公众集体记忆提供了契机。

新冠病毒肺炎疫情过后,公众心理刚刚从紧张、高压的环境中挣脱出来,但疫情期间密集的负面报道所建构出的危机社会图景仍影响着脆弱的公众情绪。根据亚伯拉罕·马斯洛的需求层次理论,生理需求和安全需求是人最基本的需求,只有在满足这些较低层的需求之后,人才会产生情感和归属、尊重和自我实现等较高层次的需求。因此,后疫情时代的建设性新闻报道关注社会心理的多重需求,拒绝再次揭开痛苦的伤疤,而以蕴含人文关怀的未来视野报道恢复与重建、复苏与发展。例如,新华社的视频报道《曾经的战"疫"阵地,如今花开春归》,展现了浙江省第一个整村居家隔离医学观察的新政村——新河村,疫情散去春暖花开的蓬勃景象④;《人民日报》微信端的《从湖北回杭州复工,打开家门他当场哭了》一文聚焦复工复产,讲述了邻居之间互帮互

① MCINTYRE K, GYLDENSTED C. Positive psychology as a theoretical foundation for constructive journalism[J].Journalism practice,2018,12(6):662-678.

② KROSS E, ANXIETY H. Imagining the future helps the present[EB/OL].(2020-04-12)[2021-11-28]. https://characterlab.org/tips-of-the-week/high-anxiety/.

③ 金苗.建设性新闻:一个"伞式"理论的建设行动、哲学和价值[J].南京社会科学,2019(10):110-119.

④ 新华社.曾经的战"疫"阵地,如今花开春归[EB/OL].(2020-03-09)[2022-03-04].https://baijiahao.baidu.com/s?id=1660689486612181396&wfr=spider&for=pc.

助、共克时艰的温情故事，为疫后复工注入了温暖的力量。[①] 这些建设性新闻都将提升人的获得感、幸福感、安全感作为落脚点，用真挚动人的故事疗愈受伤的心灵、唤醒公众的积极情绪，因为面向未来就意味着面向希望。

四、后疫情时代建设性新闻调节和引导社会心理的途径与策略

遭遇危机、应对危机是人类的基本在世状态。[②] 建设性新闻作为媒体为解决社会问题而进行的新闻报道[③]，对公共危机事件的关注和积极行动解决问题的导向是其建设性的集中体现。因此，面对后疫情时代社会心理出现的新情况、新问题，以建设性新闻对社会心理进行调节和引导，是媒体做好后疫情时期新闻舆论工作的重要面向。

（一）后疫情时代建设性新闻调节社会心理的途径

在新冠肺炎疫情期间，媒体通过新闻报道将真实的场景呈现在公众面前，使公众对疫情可知可感，可以说，人的体验和媒介运作共同建构起公众对疫情的整体认知。人的心理是由文化、社会关系、社会事件建构的。[④] 那么，媒体通过新闻报道建构或改变文化、社会关系和社会事件，就可以对人们的心理进行调节或建构。

1.媒体通过建构或改变文化进而调节社会心理

新闻是文化传播的重要载体，媒体通过改变新闻的文本建构可以在一定程度上改变文化，进而调节社会心理。新闻话语修辞是新闻文本建构的方式，新闻话语利用各种修辞手法赋予客观的人、事、物、时间、地点以象征意义，将客观现实以符号化的形式投射到主体的意识之中，形成主体对客观世界的认知。后疫情时代，媒体可以在建设性新闻文本的建构过程中因事制宜采用合适的修辞手法，以温暖、细腻的文字为公众创造积极的情感体验，持续向社会传递团结协作、互助友爱的正能量，在乐观向上的社会氛围中，引导公众以积极心态面对困难，从而对群体应激性心理进行调节和疏导。如 2020 年 5 月 13 日《中国青年报》刊发的《火雷兄弟，江湖再见》一文，该报道回顾了为援建火神山医院和雷神山医院从全国各地汇聚到武汉的建筑工人们的温情故事[⑤]，“火雷兄弟”成了民众

---

① 钱江晚报.从湖北回杭州复工，打开家门他当场哭了[EB/OL].(2020-04-26)[2022-03-04].https://baijiahao.baidu.com/s? id=1665013963303708121&wfr=spider&for=pc.

② 胡百精.危机传播管理[M].3 版.北京：中国人民大学出版社，2014：2.

③ 唐绪军，殷乐.建设性新闻实践：欧美案例[M].北京：社会科学文献出版社，2019：2.

④ 曹茹，王秋菊.心理学视野中的网络舆论引导研究[M].北京：人民出版社，2013：236.

⑤ 尹海月.火雷兄弟，江湖再见[N].中国青年报，2020-05-13(5).

不能忘记的感人记忆，也鼓舞了人们在疫情过后重启生活的信心。

2.媒体通过建构或改变社会关系进而调节社会心理

社会关系是人们在共同的物质和精神活动过程中所结成的相互关系的总称。互动和交往是结成社会关系的重要因素，而社会心理是社会成员心理互动的结果，是社会关系的心理学表征，因此，互动是改变社会关系和社会心理的关键。建设性新闻的互动能力体现在两个方面：一是由于互动的主导权往往掌握在社会地位较高、知识水平较高和控制力较强的一方手里，所以拥有更多资源的专业媒体居于互动的上游位置，可以对互动的内容、方式等进行调整，因此，建设性新闻可以将积极的思想观念、向上的精神力量融入媒体和公众的互动机制，从而影响社会心理的形成；二是建设性新闻理念强调改变以往传统新闻报道的单向传受关系，重视赋权公众促进多方对话的作用，话语权的提升在一定程度上激发了公众参与解决社会公共问题的积极性，建设性新闻提供的公共协商平台使得公众不仅可以依靠国家的力量走出疫情，还可以发挥自己的力量摆脱疫情的阴霾，这种多方主体的良性互动对形成良性的社会关系和社会心理具有积极作用。

3.媒体通过建构或改变社会事件进而调节社会心理

新闻媒体是大众获取信息的重要渠道，人们通过新闻报道了解和认识现实生活中的各种情况和问题，并在此基础上对客观事物进行判断和评价。新闻报道虽然不能改变客观社会事件，但可以通过设置报道议题有选择地对社会事件进行报道，从而影响人们对现实的判断和评价。需要注意的是，媒体选择性地呈现社会事件不是建构虚假的现实，而是借助媒体议程设置的功能将与公共利益紧密相关的社会事件推到公众面前，通过公共性质的讨论促进社会问题的解决，这与建设性新闻的报道理念相吻合。后疫情时代是困难丛生的时代，是矛盾迭起的时代，是备受挑战的时代，社会的复苏与发展需要积极情绪的引领，建设性新闻应放下疫情的沉重，将目光投向疫后恢复，选择将拉动经济、促进就业、保障民生等关系公众福祉的社会事件作为报道的主要内容。2020年5月到6月间，《中国青年报》集中刊发《发放援企稳岗补贴 支持复工复产贵在“精准”》[①]《招收40多万新教师 为教育谋未来》[②]《以保促稳·突出民生·实干为要——2020年〈政府工作报告〉解读》[③]等文，积极回应新冠病毒肺炎疫情得到有效控

① 欧阳晨雨.发放援企稳岗补贴 支持复工复产贵在“精准”[N].中国青年报，2020-05-08(2).

② 白毅鹏.招收40多万新教师 为教育谋未来[N].中国青年报，2020-05-08(2).

③ 胡敏.以保促稳·突出民生·实干为要：2020年《政府工作报告》解读[N].中国青年报，2020-06-01(2).

制后人民群众的生产生活问题,给疫后恢复重建打了一针"强心剂"。可见,后疫情时代的建设性新闻报道应始终以积极的报道理念、生动的报道内容关照个体的发展,为公众描摹生活回归正轨、社会经济平稳发展的社会景象,为增强公众信心提供正能量,塑造积极向上的社会心理。

(二)后疫情时代建设性新闻调节社会心理的具体策略

新闻媒体通过有意识、有计划地报道事实和发表言论,可以对社会心理产生影响,引导舆论朝着新闻传播者所希望的方向发展。[①] 积极心理学作为建设性新闻的理论源泉,为建设性新闻实践提供了丰富多样的实用心理技巧,主流媒体可以将这些技巧运用到后疫情时代新闻报道策略的制定中,引导社会心理走向正面、积极的方向,创造和谐稳定的舆论环境。

1.利用近因效应,改变公众认知

近因效应是指在对事物形成总体印象的过程中,新近获得的信息比以前获得的信息对人的认知影响更大的心理现象。[②] 近因效应的发生前提是人们原本已经对某一认知对象有所了解,但因为时间的流逝对该事物的记忆或印象有所淡化。后疫情时代的新闻报道要充分利用这一效应,在报道中更多强调现阶段疫情的可防可控性并积极报道防疫成果,改变公众对疫情的固有认知,从而预防局部单点式疫情发生时公众应激心理的产生。2021 年 6 月 23 日,《中国青年报》刊发了《传染病医学史上的中国抗疫奇迹》一文,"新冠肺炎疫情是百年来全球最严重的传染病大流行,面对严重威胁人民生命健康的传染病,中国共产党不惜一切代价保护人民生命安全","面对此次疫情大考,社会主义国家集中力量办大事、办急事、办难事的制度优势得到了充分体现","此次新冠肺炎疫情暴发以来,我国国药集团中国生物 98 天成功研制出新冠病毒灭活疫苗,并成为全球首家获得临床批件的新冠病毒疫苗"。[③] 这些振奋人心的文字无疑给危机过后的人们带来了巨大鼓舞,也更新了人们对疫情现状的认知。正如这篇报道一样,建设性新闻就像一把刷子,将灾难的苦痛记忆淡化,以新生与希望、美好与幸福为底色,重新绘就新生活的图景。

2.强化自己人效应,拉近心理距离

在人际交往中,如果对方把你和他归为同一种人,就更容易接受你的观点和立场,

---

① 郑保卫.掌握驾驭和引导舆论的艺术　提高应对和化解舆论危机的水平[J].新闻记者,2005(2):7-9.

② 迈尔斯.社会心理学:第 8 版[M].张志勇,乐国安,侯玉波,等译.北京:人民邮电出版社,2006:192.

③ 崔玉娟,刘昶荣.传染病医学史上的中国抗疫奇迹[N].中国青年报,2021-06-23(4).

这种现象被称为自己人效应。“善治必达情，达情必近人”，舆论的主体是人民，媒体要想真正发挥好舆论引导的作用，就必须与人民站在一处，始终坚持人民至上的原则，时刻牢记和践行为人民服务的宗旨，成为人民的“贴心人”。后疫情时代，新闻媒体要强化自己人效应，积极采用建设性新闻的生产方式，将涉及公众利益的问题作为报道的重点，传递人民的声音，坚持解决方案导向，为人民排忧解难。如新冠病毒肺炎疫情进入常态化防控阶段后，《中国青年报》连续刊发了《结对帮扶“手拉手”共同走上致富路》[①]《杭州下城区减税费优服务提振住宿业发展信心》[②]《央企携手小山村共奔小康》[③]等文，将人民群众关心的生产生活问题作为重点报道内容，拉近与公众的心理距离，从心理上抚慰公众，真正掌握舆论的主动权，促进社会平稳发展。

3.发挥权威效应，凝聚社会共识

权威效应又称权威暗示效应，是指当一个人地位高、有威信、受人敬重时，其言行较他人的言行更受重视并具有引导性，人们更容易相信其言行的正确性。[④] 在新冠病毒肺炎疫情期间，主流媒体积极利用权威效应进行舆论引导，借助钟南山、李兰娟等意见领袖持续进行科普、辟谣，取得了良好的效果。进入后疫情时代，面对疫情多点散发、经济增速放缓、竞争压力增大、就业形势严峻等情况，主流媒体应继续借助权威专家学者等意见领袖的力量扩大信息的传播面和影响力，及时、准确、有力地将国家关于疫情防控、稳定经济、促进就业等方面的重要信息传递给社会公众，形成主流媒体“设置公众议程—精准引导舆论—凝聚社会共识”的舆论引导路径。2021年3月3日，《中国青年报》刊发的《钟南山、高福、吴尊友、张文宏呼吁：尽快接种疫苗以达到群体免疫》[⑤]一文就是利用权威效应的典型案例，这篇报道通过引用四位防疫专家的讲话，向民众传达了只有“更多人群进行新冠疫苗接种，才能最快达到群体免疫，让疫情尽快结束”的观念，让人们从思想层面认识到接种疫苗的重要性，对国家推进疫苗接种工作有所助力。

4.善用习得性乐观，培育积极心理

“积极心理学之父”马丁·塞利格曼教授在长期研究习得性无助理论的过程中发现了“习得性乐观”现象的存在。面对生活中不可控事件的发生，人通常表现出“悲观”

① 王章和.结对帮扶“手拉手”共同走上致富路[N].中国青年报，2020-05-19(2).

② 王雨桐.杭州下城区减税费优服务提振住宿业发展信心[N].中国青年报，2020-05-19(2).

③ 仝乐.央企携手小山村共奔小康[N].中国青年报，2020-06-30(2).

④ 刘江静.陌生化视野下新闻标题的反权威修辞[J].新闻爱好者，2014(2)：61-63.

⑤ 叶雨婷.钟南山、高福、吴尊友、张文宏呼吁：尽快接种疫苗以达到群体免疫[N].中国青年报，2021-03-03(4).

和“乐观”两种解释风格。塞利格曼通过心理学实验证明，具有悲观解释风格的人，遭逢厄运后会出现抑郁倾向，与之相反，具有乐观解释风格的人，遭逢厄运后能抵抗抑郁。[①] 抑郁是个体长期无助的结果，那么一个人长期坚持对乐观心理进行训练，就有助于保持健康向上的心理状态。因此，后疫情时代，我国要警惕“躺平”、颓废等“丧文化”的侵蚀，避免人们因对现实不满和失望而造成的习得性无助，新闻媒体要采取积极的建设性新闻生产模式，以乐观的解释风格报道社会事件，比如新冠病毒肺炎疫情常态化防控期间《新京报》发布的《从封闭小区到医院，他们接力为白血病儿童送饭》[②]《因疫情74岁老人滞留医院数天 志愿者连夜驱车护送回家画面暖心》[③]等，都以乐观积极的笔触报道疫情信息，努力构建阳光积极、互助和谐的社会舆论环境，增强人们战胜困难的信念，培育乐观向上的社会心理，鼓励人们追求塞利格曼所强调的“持续的幸福”。

结论

当国家层面的宏观困难逐步解除后，对于社会的细胞——公众而言，灾难留下的心理创伤和现实困顿远未消弭。后疫情时代，是一个人们需要逐渐克服慌乱与焦虑、认知病毒并长期与之共存的时代。探究建设性新闻对后疫情时代社会心理的调节与引导功能，是学界和业界从舆论引导角度，同时也是从社会治理角度对解决因疫情导致的社会心理问题的回应。建设性新闻凭借积极的情绪引导、解决问题的方案导向、促进参与联结对话的实践方式和面向希望的未来视野，并在新闻报道中融合积极心理学的实用技巧，构建起疫后蓬勃向上的社会氛围，实现对社会心理的有效调节和正向引导，为后疫情时代的经济发展建构良好的社会心理基础。在这之中，主流媒体将发挥其作为社会治理主体之一的重要作用。同时，后疫情时代建设性新闻调节和引导社会心理的良好实践，也对未来新闻学学界进一步探究媒体参与重大突发公共事件的报道路径提供了理念指引和有益参照。

〔雷跃捷，湖南大学新闻与传播学院特聘教授、博士生导师，中国传媒大学传播研究院教授；侯璐，湖南大学新闻与传播学院2022级舆论学博士研究生〕

〔特约编辑：崔林〕

① 塞利格曼.习得性无助[M].李倩，译.北京：中国人民大学出版社，2020：3-10.

② 彭冲.从封闭小区到医院，他们接力为白血病儿童送饭[EB/OL].(2021-10-27)[2021-11-27].https://www.bjnews.com.cn/detail/163534305914869.html.

③ 杨雪莹.因疫情74岁老人滞留医院数天 志愿者连夜驱车护送回家画面暖心[EB/OL].(2021-11-15)[2021-11-27].https://www.bjnews.com.cn/detail/163697696914802.html.

回归传播本身：后人类时代社交机器人的阐释逻辑与理论路径*

Returning to Communication: The Interpretive Logic and Theoretical Path of Social Bots in the Post-Human Era

◎韩　霄　张承祖
Han Xiao　Zhang Chengzu

摘要：今天，不断迭代更新的传播技术使得"人—机"传播互动成为人类越来越普遍的经验，社交机器人已经发展成为社交媒体传播生态的一个重要参与变量，对政治、经济、社会产生明显影响。本文试图将社交机器人所产生的传播实践视为一种新传播现象，并挖掘其内在阐释逻辑。本文首先在计算机科学视域下对社交机器人的基本内涵进行了初步探讨；其次受科学技术学中拉图尔的行动者网络理论和"相互形塑"观点的启发，阐释社交机器人的传播主体性；最后，本文借助科技—文化研究框架，从技术批判视角反思了社交机器人与人类、文化结构与社会体系之间的关系。本文认为，对于传播研究来说，要想理解社交机器人及以其为代表的后人类时代的种种传播现象，研究者必得回归传播本身，从而厘清人类与技术之间复杂的依存关系。

关键词：社交机器人；人工智能传播；行动者网络；后人类

Abstract: Today, iterative communication technologies have made "human-machine" communication interaction an increasingly common human experience, and social bots have developed into an important participatory variable in the communication ecology of social media, with obvious impacts on politics, economy, and society. This paper attempts to consider the communication practices generated by social bots as a new communication

* 本文系2020年亚洲传媒研究中心资助项目"智媒背景下我国社交机器人的算法逻辑与传播路径"（项目编号：AMRC2020-1）的研究成果。

phenomenon, and to explore its inherent interpretive logic. This paper first explores the basic connotation of social bots in the context of computer science, and then explains the communication subjectivity of social bots inspired by Latour's actor network theory and the "mutual shaping" perspective in science and technology. Finally, the author reflects on the relationship between social bots and humans, cultural structures and social systems from a techno-critical perspective, drawing on the framework of technology-culture studies. This paper argues that in order to understand social bots and the post-human era of communication represented by them, we must return to communication itself and clarify the complex dependencies between humans and technology.

Keywords: social bots, artificial intelligence communication, actor networks, post-human

一、问题提出:社交机器人的崛起及其认知困境

2020 年年初,新型冠状病毒肺炎(COVID-19)在全世界的传播使得相互隔离的人们将信息的获取与生活的交流都转移到线上社交空间,社交媒体从未像今天这样对我们社会的联结具有如此重要的意义。然而,有研究者发现,国外社交媒体平台上关于新冠肺炎的讨论中存在大量的由社交机器人传播的不实信息,社交媒体平台上的社交机器人不仅是平台中的用户,也积极参与到社交话题和网络舆论的形成中。① 早在 2014 年 12 月,《连线》(*Wired*)杂志便刊发了名为《网络机器人数量现已超越人类》的特刊文章,指出社交机器人已自动生成了社交媒体平台上约 60%的内容。② 2018 年,美国皮尤研究中心(Pew Research Centre)发布统计数据,称推特平台上有超过三分之二的热门网站链接是由社交机器人发布的。③ 无独有偶,研究者通过对推特平台上的新冠肺炎疫情信息进行分析,发现社交机器人在 2020 年新冠肺炎疫情期间传播了

---

① 师文,陈昌凤.议题凸显与关联构建:Twitter 社交机器人对新冠疫情讨论的建构[J].现代传播(中国传媒大学学报),2020,42(10):50-57.

② MCMILLAN R. Bots now outnumber humans on the web[EB/OL]. (2014-12)[2021-07-20]. http://www.wired.com/2014/12/bots-now-outnumber-humans-web/all/1? mbid=social_fb.

③ WOJCIK S, MESSING S, SMITH A, et al. Bots in the twittersphere[EB/OL].(2018-04-09)[2021-07-20]. https://www.pewinternet.org/2018/04/09/bots-in-the-twittersphere/.

大量带有政治色彩的信息，[①]这说明社交机器人的用途并不限于简单的信息更新，这些机器人实际上既可实时回答真实用户各式各样的问题，亦可自动更新内容和生成信息，甚至还可散布不实信息、左右公众意见、操纵信用评价系统。可见，社交机器人已进入我们的社会生活中。

在概念层面，顾名思义，社交机器人（social bots）是由“社交”（social）和“机器人”（bots）构成的合成名词，前者既指向社交媒体平台，又包含广义的社交传播；后者则与自动化计算机程序紧密相连。牛津大学互联网研究院（Oxford Internet Institute）的研究发现，研究者较早关注到社交机器人是在2016年英国脱欧公投期间，不到1%的推特机器人账号生产出了超过1/3与英国脱欧公投相关联的推文；其中支持脱欧的自动化推特标签占到了7.6%，而反对脱欧的自动化标签只占到2.2%。[②] 这让学界关注到社交机器人对于社交平台舆论的影响力，除此之外，根据《金融时报》的报道，在英国脱欧公投前一周，最为活跃的20个推特账号均为机器人账号，这些账号每天发送推文150—1000次，每条推文至少使用一个标签。[③] 不难看出，强大的人工智能使社交机器人拥有了学习能力，它们始终处于学习人类用户行为的过程中，不断收集、挖掘、分析相关数据，再经过缜密的算法处理，成为自主且前后行为连贯的传播对话者（interlocutors），它们可模仿甚至替代人类成为传播过程中的支配主体（interpellated subject），[④]并在网络环境下对内容、意见产生影响。在此情境下，有学者指出，在纳入算法和大数据的社交媒体的土壤中，社交机器人已经获得了广泛传播信息的可能。[⑤]

社交机器人的强势崛起改写了“人类中心主义”的传播模式，对人际传播默认的基本假设带来一定的冲击。[⑥] 目前深度嵌入社交媒体中的社交机器人现象使学者意识到，人类不再是社会交互过程中的唯一主体，网络环境中，机器成为新兴的交流对象，传播主体的范畴开始跨越人类的边界。更为关键的是，社交机器人不简单

---

① FERRARA E. What types of COVID-19 conspiracies are populated by Twitter bots?[J/OL]. arXiv: 2004.09531[2020-03-18]. https://doi.org/10.48550/arXiv.2004.09531.

② HOWARD P N, KILLANYI B. Bots, #StrongerIn, and #Brexit: computational propaganda during the UK-EU referendum[EB/OL]. (2016-07-21)[2021-07-20]. http://ssrn.com/abstract=2798311.

③ BLOOD D. Brexit bots and the UK election[EB/OL]. (2016-07-21)[2021-07-20]. https://ig.ft.com/social-bots-of-brexit/.

④ JONES S. People, things, memory and human-machine communication[J]. International journal of media & cultural politics, 2014, 20(3): 245-258.

⑤ GEHL R W, BAKARDJEVA M. Social bots and their friends[M]//GEHL R W, BAKARDJIEVA M. Social bots and their friends: digital media and the automation of sociality. New York and London: Routledge, 2017: 1-16.

⑥ 牟怡. 传播的进化：人工智能将如何重塑人类的交流[M]. 北京：清华大学出版社，2017.

等同于参与人类社交互动的自动程序型智能体,它们对人类传播活动的介入将重构人与技术、人与人、人与社会的关系。① 正如美国传播学文化研究先驱人物詹姆斯·凯瑞(James Carey)所言:“技术的每一种根本变化——无论是书写、印刷、电报或其他任何形式的新兴技术,以及由此产生的文化体系中的每一种根本变化,都在不断重塑人类社会的传播边界。”②那么,随着人工智能技术日益渗透社交网络的传播生态环境,人类该如何与社交机器人进行有意义的传播互动?在社交机器人视角下,我们又该以怎样的方式理解正在形塑的新传播生态?什么样的传播思想能为我们理解社交机器人提供借鉴呢?

为此,本文首先以计算机科学领域为切入口,找到了两个显著的研究路径。一是社会构架(social architecting)路径,笔者认为其依循的是技术的“乌托邦”取向;二是信息安全(information security)路径,其体现出技术的“敌托邦”色彩。这两派学者就此对社交机器人的基本内涵、外延与社会影响展开讨论。其次,结合当前传播格局的最新变化,本文将基于科学技术学(Science and Technology Studies, 简称 STS)领域中布鲁诺·拉图尔(Bruno Latour)的行动者网络理论(Actor-Network Theory,简称 ANT),探讨社交机器人与人类用户之间的关系以及两者之间的界限问题。最后,本文将社交机器人作为一种新的传播主体置于“科技—文化”(techno-culture)框架中,在技术批判理论者唐娜·哈拉维(Donna Haraway)、卢西亚诺·弗洛里迪(Luciano Floridi)、许煜(Yuk Hui)、贝尔纳·斯蒂格勒(Bernard Stiegler)和弗里德里希·基特勒(Fredirch Kittler)的学说的基础上,试图厘清社交机器人与人类、文化结构及社会体系之间复杂的依存关系。

二、初探社交机器人:计算机科学领域中的“乌托邦”与“敌托邦”

现今有关社交机器人的学术研究多集中于计算机科学领域,并被莫藤·巴格·汉森(Morten Bagge Hansen)称之为“21 世纪的媒介”。③ 但是该领域的学者们对社交机器人也普遍持褒贬不一的态度,混杂着“乌托邦”与“敌托邦”的观点,分别从“社会构架”和“信息安全”视角聚焦社交机器人是如何模仿人类传播行为并与之互动的,形成

① GEHL R W, BAKARDJEVA M. Social bots and their friends[M]//GEHL R W, BAKARDJEVA M. Social bots and their friends: digital media and the automation of sociality. New York and London: Routledge, 2017: 1-16.

② CAREY J W. Historical pragmatism and the internet[J]. New media & society, 2005, 7(4):443-455.

③ HANSEN M B N. Feed-forward: on the future of twenty-first-century media[M]. Chicago: University of Chicago Press, 2015.

了两个态度迥异的派别。

(一)社交机器人的“乌托邦”:社会构架路径

社会构架路径对社交机器人持乐观论调,认为它有利于形塑社交网络实践及人类社交互动活动。蒂姆·黄(Tim Hwang)等学者认为,通过自动化内容生成,比如分享图片、更新状态、发送推文、参与话题讨论、接受好友请求等,社交机器人凭借其数量和速度的优势可以治愈内讧社会群体之间的断裂,以及弥补现存的社会差距,并通过在健康教育、冲突解决和多元文化交流等方面的应用打破不同社交用户群体之间的藩篱,重塑人类社交行为和关系形态。[①]

具体而言,社交机器人可以帮助人类用户与他人建立关系网络,提升社交网络连接增长率,增加用户信息获得渠道,消除社群隔阂障碍,检测不实信息,促进公民政治参与,以及其他有利于社会秩序建立的良好行为。[②] 在此情境下,蒂姆·黄等学者进一步强调,如果运用得当,社交机器人将会与真实用户建立良性互动,并建构关系紧密的社交网络。为此,蒂莫西·格雷厄姆(Timothy Graham)和罗伯特·阿克兰(Robert Ackland)开展了一次网络实验,在推特平台中通过追踪积极参与政治话题讨论并对人类无害的社交机器人,验证了社交机器人如何利用社交网络结构消除“过滤气泡”和政治分裂,并积极促进社交媒体中协商式民主的发展。[③]

然而,社交机器人目前在技术上还处于初级阶段,预测社会构架路径下的社交机器人造福人类的应用场景还言时尚早。但社会构架理论提醒我们,一个越来越清晰的趋势是,社交机器人将对社会结构产生深远影响,使其呈现出前所未有的新格局。

(二)社交机器人的“敌托邦”:信息安全路径

另一方面,以雅赞·博什马夫(Yazan Boshmaf)为代表的部分学者则沿着信息安全研究路径,对社交机器人持审慎态度,将社交机器人视为一种威胁,并认为人类用户可能成为这种威胁下的牺牲品。早在 2011 年,博什马夫及其合作者就通过研究发现,

---

①② HWANG T, PEARCE I, NANIS M. Socialbots:voices from the fronts[J]. Interactions, 2012, 19(2):38, 40-45.

③ GRAHAM T, ACKLAND R. Do socialbots dream of popping the filter bubble? The role of socialbots in promoting deliberative democracy in social media[M]// GEHL R W, BAKARDJIEVA M. Social bots and their friends:digital media and the automation of sociality. New York and London:Routledge, 2017:187-206.

脸书平台上存在大量的社交机器人,如虚假账户、恶意广告、病毒、网络钓鱼等,它们可轻而易举地与人类用户建立"好友"关系并下载其个人数据。根据研究结果,博什马夫团队尝试将社交机器人定义为:"一种在线社交网络中自主运行社交账号并且有能力进行自动发送信息、发送连接请求的智能程序,且它们最重要的特质是能不易被察觉地冒充人类。"①对此,博什马夫等研究者认为,社交机器人易被利益集团利用,用以进行传播虚假信息、操纵舆论、盗窃数据、窃取公民隐私等恶意行为,对整个社会技术系统的完整性充满威胁。随着社交传播生态的复杂化,美国南加州大学信息科学院科学家埃米利奥·费拉拉(Emilio Ferrara)及其合作者进一步指出,社交机器人其实已栖息于社交平台多年,本质是计算机算法,通过自动化软件代理生产内容,试图仿真及尝试改变人类行为,虽然有些社交机器人可辅佐人类,但多数发挥负面功能,通过篡改数据操纵甚至欺骗社交媒体真实用户。② 因此,费拉拉团队提倡人们应通过建立有效的社交网络防御保护机制来抵抗社交机器人入侵。显而易见,当前信息安全研究路径下的研究者们以技术逻辑为出发点,探讨社交机器人如何通过精心设计的算法和自动化技术干预公众舆论、盗取个人信息、发布虚假信息等裹胁人类,挑战现有传播秩序、社会规范和道德伦理。

综上所述,虽然社会构架路径和信息安全路径开始预设未来社交机器人的发展对人类及社会将带来"乌托邦"或"敌托邦"的冲击,但探讨社交机器人的价值仍然处于人类中心主义的范畴之内,没有跳出人类/机器的主客体二元对立。同时,这两派都主要从单纯的技术层面审视"人—机"关系,忽略了社交机器人类人的智能、情感和自我意识,忽略了"人类和智能技术越来越互相缠绕"③的后人类存在方式。对此,下文将首先从后人类视域阐释社交机器人的主体问题。

三、社交机器人的能动性:科学技术学中的行动者网络理论与"相互形塑"

面对上述挑战,本文认为可以借鉴科学技术学中布鲁诺·拉图尔的行动者网络理论,将社交机器人视为等同于人类的传播主体,赋予其主观能动性。拉图尔认为,无论是传统生物学意义上的人类(humans),还是非人类(non-humans),其在复

---

① BOSHMAF Y, MUSLUKHOV I, BEZNOSOV K, et al. The socialbot network: when bots socialise for fame and money[G]// ACSAC'11 Proceedings of the 27th Annual Computer Security Applications Conference. New York: ACM, 2011: 93-102.

② FERRARA E, VAROL O, DAVIS C, et al. The rise of social bots[J]. Communication of the ACM, 2014, 59(7): 96-104.

③ 陈世丹. 西方文论关键词:后人文主义[J].社会科学文摘,2019(9):112-114.

杂的社会关系网络中都可被视为行动者(actors),通过他们之间的互动、相互形塑、相互生产,社会场域得以构型。① 这一理论的核心观念是把技术和社会看作一个整体,而不是二元对立的,整个世界是一个异质多元化的社会,由各种各样不同的行动者组成——既包括人类,又包括非人类。更为关键的是,这些行动者在塑造社会的过程中都是平等的,具有同等地位。不难发现,行动者网络理论做出的主要贡献在于它不再强调主观能动性是人类行动者独一无二的属性,而认为非人类行动者同样也具有主观能动性,即两者之间不再有区别,都是社会交互过程中的共同行动者。这样一来,若将社交机器人放入行动者网络理论的研究路径中加以阐释,那么社交机器人便可被理解为具有相当程度的主观能动性和决策力的行动者。例如,有研究者发现,早在20世纪90年代的互联网中继聊天环境(Internet Relay Chat,简称IRC)中,社交机器人便可自行决定采取怎样的行动与人类用户进行交互。②

然而,拉图尔的行动者网络理论只解决了社交机器人是否具有主观能动性的问题,没有解决如何实现其主观能动性的问题。对此,本文认为可继续顺延科学技术学路径,并从其技术与社会"相互形塑"(mutual-shaping)的观点管中窥豹。科学技术学从发展伊始便与"技术决定论"(technological determinism)保持距离,认为技术不是形塑社会的单向度动力,并未决定社会形态的变化。③ 在这一核心逻辑影响下,后来的科学技术学研究逐步衍生出"科技的社会建构路径"(a social constructivist approach of technology),强调技术创新是通过工程设计师与用户之间的共建过程得以实现的。④ 换言之,科技物的构成取决于与之相关的不同社会群体内部和之间的相互作用、相互协商,是一种动态的符号意义交互的过程。

这一从行动者网络理论转向"相互形塑"的过渡实际上为社交机器人提供了一个重要的研究理论起点。社交机器人——或者更广义地说,社交机器人传播——已经开始摆脱源起于计算机科学领域中的"乌托邦"与"敌托邦"之辩,而逐渐在社交媒体平台中与真实用户相互承认、交织互动,使传播成为一个从设计者到使用者共同参与、相互

① LATOUR B. Reassembling the social:an introduction to actor-network theory[M]. Oxford, New York:Oxford University Press, 2005.

② LATZKO-TOTH G. The socialisation of early internet bots:IRC and the ecology of human-robot interactions online[M]//GEHL R W, BAKARDJIEVA M.Social bots and their friends:digital media and the automation of sociality. New York and London:Routledge, 2017:47-68.

③ WAJCMAN J, JONES P K. Border communication:media sociology and STS[J]. Media culture & society, 2012, 34(6):673-690.

④ PINCH T, BIJKER W. The social construction of facts and artefacts:or how the sociology of science and the sociology of technology might benefit each other[J]. Social studies of science,1984, 14(3):399-441.

作用的过程。在此种视野下,传播参与者对社交机器人的使用不仅仅是传统意义上的功能使用,而是通过对其科技能供性(affordances)的共同诠释创造新的互动模式。这在一定程度上也将社交机器人纳入了社会整合(social integration)过程中,促进了学者们将研究方向拓展至科技—文化路向,从更为宏观的层面重新锚定社交机器人与社会、文化机构之间的关系。

四、冲破二元对立:社交机器人的科技—文化路向

如前所述,随着在社交媒体中应用场景的延伸,社交机器人已从一种传播媒介转变为传播对话者,正在改变以人类为中心的传播格局。更进一步说,已有学者受凯瑞的启发,将社交机器人与人类用户林林总总的交织互动视为新的传播活动,并将其定义为一个多元、变化、持续存在的文化过程。[①] 正如凯瑞在《作为文化的传播》一书中所言:"无论是在科学交流还是数学表达中,我们都必须把传播作为首要、主要的经验现象,而不是现实的派生物。"[②]引入这一视角,社交机器人将不仅仅存在于信息交流层面,而是作为一种新的媒介形式,参与文化创造,对社会生产与现实生活产生深刻影响。

然而,一直以来,传播学主流叙述却将人与媒介物质区分开来,并由此衍生出科技与文化的二元对立。[③] 但,纵观历史,媒介技术——从纸莎草纸、石碑、竹简、陶器到报纸、广播、电视,再到计算机、互联网、人工智能,已然渗透人类文化进程的方方面面,不能被视为与文化和社会结构相分离的割裂要素。此外,来自于拉图尔的行动者网络理论视角亦提醒我们,人类与社交机器人的互动关系已经不能单纯地以主客体的关系来讨论。一方面,作为非人类行动者,社交机器人本身已具备主体行动能力,并可从本体论层面上引发人类对于主体、认同、存在状态的重新省思。另一方面,人类不再是传播过程中的唯一主体,已经慢慢地将自己与科技的发展融合在一起,进而重塑社会文化形貌。这在一定程度上促进了"人/主体—物/客体"回归一元论路线,激活了被掩盖已久的对科技—文化理论的探讨。

科技—文化研究路径不再假定人、符号(如媒介文化)与物质基础(如媒介技术)之间是一种相分离的主客体关系,而是冲破二元对立,主张人、技术实体与文化存在于同

---

① GUZMAN A L. Making AI safe for humans[M]//GEHL R W, BAKARDJIEVA M. Social bots and their friends:digital media and the automation of sociality. New York and London:Routledge, 2017:69-85.

② CAREY J W. Communication as culture:essays on media and society[M]. New York:Routledge,1989:53-54.

③ 章戈浩,张磊.物是人非与睹物思人:媒体与文化分析的物质性转向[J].全球传媒学刊, 2019(6):103-115.

一世界里。[①] 从词源学上来看,科技—文化(techno-culture)是科技(technology)与文化(culture)的合成体,也就是说,科技是人类文化进程中不可或缺的一部分,甚至我们可以说:“文化一直是科技的,科技也一直是文化的。”[②]在此视角下,社交机器人虽是人工智能技术革命的产物,但却不囿于技术层面,开启了人—机传播的新局面,对整个社会传播环境产生影响,并将对人类社会进行重组。在这其中,后人类主义源流中的具身(embodiment)概念可谓从一个相当前沿的视角帮助我们接续审视社交机器人现象,其中唐娜·哈洛维的赛博格(cyborg)理论最具启示性。在哈洛维笔下,赛博格是一种控制论机体,既是机器和有机体的混合体,亦是现实物与虚构物的混合体。[③] 赛博格的出现一方面冲击了西方自启蒙运动以来主客体二元对立的哲学传统,另一方面为关照新传媒技术语境下社交机器人的传播实践提供了难得的逻辑切入点。若将社交机器人视为一种赛博格,那它就不再是外在于身体的人类替代工具,而是身体与技术的耦合。换言之,随着人工智能技术的广泛渗透,拥有智能身体的社交机器人将与人类身体经验无缝链接,全面嵌入人类时空,并从根本上改变传播与人及世界的关系。[④] 牛津大学技术哲学研究者卢西亚诺·弗洛里迪以其著作《第四次革命:人工智能如何重塑人类现实》延续了后人类主义的具身命题,认为在人工智能技术浪潮裹挟之下,赛博格已经转向“信息体”(inforg)——即任何存在体都是由信息构成的,而不是存在层面的物质实体。[⑤] 在此视角下,社交机器人可被视为一种摆脱身体桎梏的信息体,从“具体”走向了“抽象”,从“赛博空间”(cyberspace)走向了“信息圈”(infosphere),从“它们”转变成“我们”,与人类一样,成为复杂的信息处理系统,具有超级自我意识(hyper-self-consciousness)。

但是,技术理论家许煜却不认为弗洛里迪的信息体视角适用于今天的科技空间。许煜以本体论为出发点发问:为什么人类被理所当然地假定为控制论机器,且人类具身经验等同于演算问题?[⑥] 许煜进一步反驳,在人类的日常生活中,并不是所有的“物”都已信息化,除却信息,人们仍在继续与“物”交流,包括由“物”产生的具身、感知、情感、愿望体验等。对此,许煜在吉尔伯特·西蒙东(Gilbert Simondon)

① 邱志勇.导言:处于第四转折的当代生活世界[J].数位媒体与科技文化,2006(9):2-3.

② SLACK J D, WISE J M. Culture and technology:a primer[M]. 2nd ed. New York:Peter Lang, 2005:33.

③ HARAWAY D. Simians, cyborgs, and women[M]. New York:Routledge, 1991:46-49.

④ 孙玮.交流者的身体:传播与在场——意识主体、身体—主体、智能主体的演变[J].国际新闻界,2018(12):83-103.

⑤ FLORIDI L. The fourth revolution: how the infosphere is reshaping human reality[M]. Oxford: Oxford University Press, 2014:24-29.

⑥ HUI Y. On the existence of digital objects[M]. Minnesota:University of Minnesota Press, 2016:67-68.

和马丁·海德格尔(Martin Heidegger)的理论基础上引入了“数码物”(digital objects)这一概念,并以此为切入口探讨了技术的本质及在其系统与社会文化组织中的存在结构。许煜指出,数码物本质上是由计算机本体形式化的数据(包括元数据),诸如在线视频、图像、文本文件、电子邮件、社交媒体平台活动等。但这些数据本身并非作为单独实体存在,而是经由后台计算模式的合理组织,相互关联而产生意义。因此,许煜所强调的数码物的存在是关系的而非实体的,继而突出了数码物的“关系之物”(object of relations)的色彩。意识到这一点,“去实体化—关系—存在”的逻辑就为社交机器人增添了新的内涵。首先,前文已述及,社交机器人的本质亦是数据,这样一来,社交机器人便可被视为一种数码物。但如果主张社交机器人中存有实体,那这个实体究竟是什么?是二进制码,算法程序,或是技术系统?显而易见,社交机器人不是通过实体存在的,而是通过与不同的人类与非人类行动者建立关系,不断在技术进程中解构其意义、符号和规则,从而内嵌于社会文化结构中。

同时,讨论技术的关系存在,不可忽略法国技术哲学家贝尔纳·斯蒂格勒,他逆转了将技术边缘化的柏拉图式哲学传统,在海德格尔的基础上更进一步,以“代具”(prothèse)视角重新探讨技术与人类存在(being)和形成(becoming)之间复杂的双向关系。在《技术与时间(第一卷):埃庇米修斯的过失》中,斯蒂格勒借用古希腊神话指出,由于存在原始的缺陷,人类需要与外在的技术代具——包括从史前的石器到现代的科学技术——共在协作以延续其存在。① 如是观之,社交机器人自发明初始便自带劳动属性,首要功能就是解放人类体力劳动,更为关键的是,在新传媒技术环境下,社交机器人正在成为人的“代具”,与人类“共生”②,重塑传播空间。斯蒂格勒还借助胡塞尔的时间意识现象学,用时间观照技术,认为技术不是工具,而是构成人类意识和记忆的存在本质,为人类提供了一个跨越过去、现在和将来的生存世界。斯蒂格勒进一步论证道,时间可通过技术体系从外部构成影响人类的公共记忆和意识,是以客观物质技术来书写的人类意识和记忆载体,甚至构成和主导了人类的思维和注意力的投射。③ 不难推论,社交机器人凭借其科技可供性可抹平人类活动的空间差异性和距离,且其自身的高超机器学习算法既可保存人类过去的回忆,亦可帮助人类感知当下,甚至预测未来。

---

① STIEGLER B. Technics and time 1:the fault of Epimetheus[M]. Stanford:Stanford University Press, 1994.

② 张洪忠,段泽宁,韩秀. 异类还是共生:社交媒体中的社交机器人研究路径探讨[J]. 新闻界, 2019(2):10-17.

③ 王广禄,吴楠,刘冰菁. 如何在技术时代开创未来[N]. 中国社会科学报, 2015-04-13(A05).

但是,若顺着斯蒂格勒的思路推想,这是否说明在“无序的时间”(timeless time)①作用下,社交机器人得以建构新的人类记忆,甚至控制人类的思想呢?

为了理解社交机器人及其代表的智能技术传播主体,我们还可以从德国媒介理论开拓者弗里德里希・基特勒那里寻找理论启发。他的理论为我们认知技术的时间机制及其对社会文化系统的影响提供了重要的哲学视野。基特勒用“媒介决定了人们的处境”这样激进的观点,通过对分别代表声学、光学和自动化书写技术的留声机、电影和打印机这三种原始媒介的分析,使人们意识到“人所能维持的就是媒介所能存储和传播的”②,因为媒介技术拥有改变人类时间经验的力量,将生物钟时间转化为“可以被挪动甚至被逆转”③的技术时间。也就是说,媒介技术不是人的延伸,而是使人机结合的技术,人们使用机器的时候也就成了技术系统的一部分。在此种状况下,技术对人类记忆存储的改造,对历史时间的改写,都将推动社交机器人重建人类的存在方式,进一步将去人类中心化的视角导入有关社交机器人传播的理解之中。

五、结语:回归传播

通过对一系列理论的梳理,笔者尝试着从三个不同的面向对社交机器人建构跨学科的研究领域与对话空间(参见图1)。第一个面向是在计算机科学视域下,笔者将社交机器人的机器属性及其与人类之间的传播互动关系分别以倾向于“乌托邦”的社会构架路径与倾向于“敌托邦”的信息安全路径呈现出来。第二个面向是行动者网络理论赋予了社交机器人主观能动性,将社交机器人视为等同于人类的传播主体。第三个面向是科学—文化的视角,侧重于从本体论层面探讨社交机器人与人类、文化结构和社会体系之间的关系,与后人类主义、技术哲学和科技唯物主义有广泛联系。

毫无疑问,传播学研究正面临着“人—机”传播边界被持续打破的、充满全新挑战的社交媒体生态。社交机器人行为复杂又普遍,它们既可建构逼真的社交网络,又可生产可信度极高的传播内容,因此,如何将其逻辑地纳入既有传播研究传统是一个亟待学界探究的重要问题。我们不仅需要重新定义机器,更需要重新定义人类,以及人与人、人与机器人,甚至机器人与机器人之间的交流互动。

---

① CASTELLS M. Communication power[M]. Oxford:Oxford University Press, 2009:132-133.

② KITTLER F. Gramophone, film, typewriter[M]. Stanford:Stanford University Press, 1999:67-69.

③ KITTLER F. Literature, media, information systems:critical voices[M]. Amsterdam:OAP, 1997:99-102.

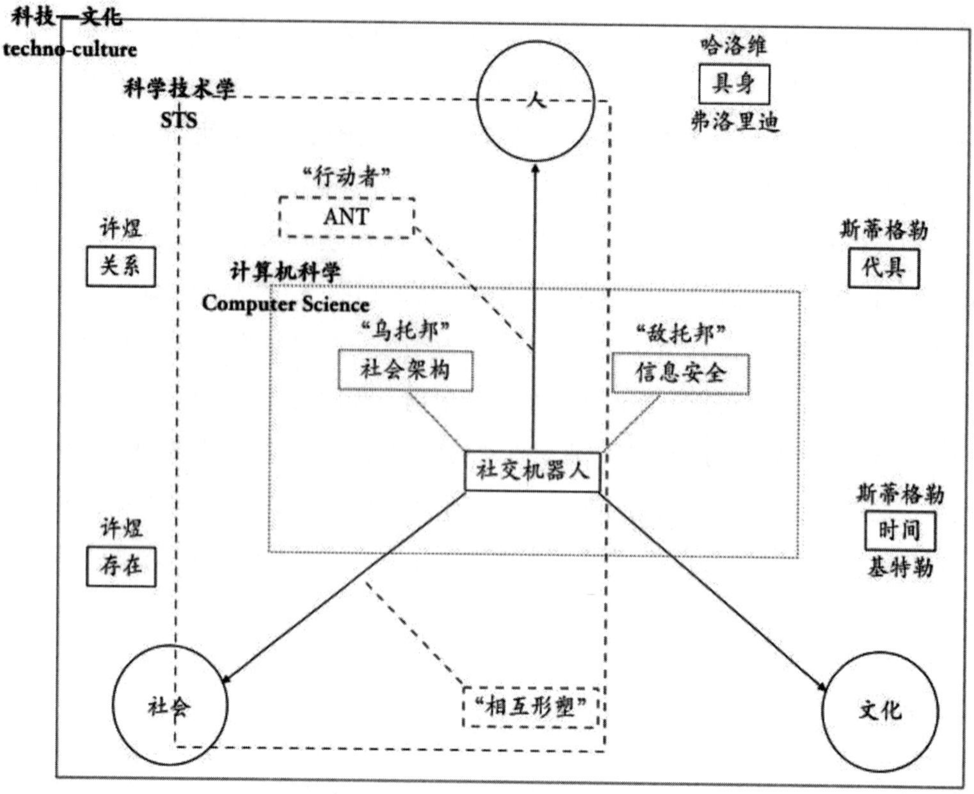

图1　社交机器人的跨学科阐释路径

对此,我们或许可从美国媒介史学者丽莎·吉特尔曼(Lisa Gitelman)所观察到的“所有的媒介都曾经是新媒介”(all media were once new)这一观点中获得启发。① 若将社交机器人视为人工智能技术发展历程中的一种“历史物”(historical subjects),那么社交机器人即是令人—机传播成为可能的另一种技术,而不是“新”媒介技术。伴随着历史的发展和时代的进步,人们终将对社交机器人与人类之间的传播交互习以为常,既不寄望深厚,亦不望而生怯,因为真正令社交机器人产生传播意义的是围绕技术系统而成长起来的社会和文化“协议”(protocols)。至此,吉特尔曼与凯瑞相呼应,强调技术是传播化的,传播也是技术化的,传播是文化的核心。总而言之,社交机器人不仅是一种通过提供新的传播可能性来调节人类经验交流的技术,还将发展为一种更为广泛的传播现象,重新组织社会信息系统。这一改变的背后是技术从应用层面向社会和文化层面的渗透,因而也就亟待研究者从更宏观的社会治理的高度来审视新兴的社

① GITELMAN A. Always already new: media, history, and the data of culture[M]. Cambridge & London: The MIT Press, 2006.

交机器人现象，这也为社会管理者治理新兴的社交机器人提出了新的要求。在这种人机交互的社交媒体生态中，我们是不是对社交机器人所参与和影响下的新信息环境和社会舆论，有足够的认识并能够采取相应的处理方式？

因此，回归传播，不仅是回归传播的哲思，还须考量传播现象的规范。面对同为社交媒体环境中的行动者，社交机器人的治理将从何思考也是笔者关注之处。

社交机器人由计算机算法所驱动，因为社交机器人的规制应从算法规制入手，而算法的治理正是现在社会管理者进行信息社会治理的关切点。习近平总书记在十九届四中全会上就提出，信息是国家治理的重要依据，要发挥信息在国家治理进程中的重要价值。① 一方面，算法应被用于协助国家进行社会治理；另一方面，管理者也要加强对算法本身的治理。中国成立国家新一代人工智能治理专业委员会，并于 2019 年 6 月颁布《新一代人工智能治理原则》文件，当中就明确提出需要发展负责任的人工智能。② 而同年发布的《人工智能数据安全白皮书(2019)》也明确提出，关注人工智能算法和信息数据安全，确保人工智能对于国家长治久安发挥正向的作用。③

早在 2017 年，面对人工智能技术带来的新传播生态变化，国内就有学者呼吁新闻专业主义中的公共性价值的回归④，而国外对人工智能算法的研究也已经由算法技术层面的应用研究，逐步转向对技术背后所承载的技术价值观念的反思，并对算法的公共性价值进行讨论⑤。所以笔者借此提出公共算法的概念，从公共算法的公共价值出发，驱动社交机器人向正向善发展。从公共算法的内涵层面来看，我们需要在法律、伦理、技术本身和社会应用这四个方面对人工智能算法及其应用进行反思。通过这四个方面的反思和审视，我们才能够形成一种科技和人文的协作，使得算法技术真正实现服务于人，而非让算法技术凌驾于人的尺度之上，并让社交机器人在舆论和社会治理中发挥更为积极的影响，而不是成为破坏人类认识世界和彼此协作的负面力量。

因而，本文将“回归传播”立场引入社交机器人研究，期冀有助于从事相关研究的

① 关于《中共中央关于坚持和完善中国特色社会主义制度 推进国家治理体系和治理能力现代化若干重大问题的决定》的说明[EB/OL].(2019-11-06)[2022-04-20]. http://politics.people.com.cn/n1/2019/1106/c1024-31439535.html.

② 中国日报网.发展负责任的人工智能：新一代人工智能治理原则发布[EB/OL].(2019-06-17)[2022-03-16]. https://baijiahao.baidu.com/s? id=1636572677631086443&wfr=spider&for=pc.

③ 中国信息通信研究院安全研究所.《人工智能数据安全白皮书(2019)》发布 首提 AI 数据安全体系架构[EB/OL].(2019-08-12)[2022-03-16].http://www.cbdio.com/BigData/2019-08/12/content_6150334.htm.

④ 潘忠党，陆晔.走向公共：新闻专业主义再出发[J].国际新闻界，2017，39(10)：91-124.

⑤ 蒋忠波，师雪梅.国外算法新闻研究的进展与思考[J].新闻界，2019(6)：87-100.

学者能更有效地与其他学科的研究者围绕传播技术从存在论和本体论视角展开对话,并通过提出公共算法概念助力社会对新兴的社交机器人现象的规制,并以此进一步开拓学界对社交机器人研究的想象力。

〔韩霄,中国传媒大学媒体融合与传播国家重点实验室副研究员;张承祖,中国传媒大学媒体融合与传播国家重点实验室硕士研究生〕

〔特约编辑:崔林〕

青年视点

全球新闻数据可视化实践研究*

——基于2021年西格玛数据新闻奖作品的内容分析

The Practice of Global News Data Visualization

—A Content Analysis of the 2021 Sigma Awards Finalists

◎ 陈积银　李　月　聂汉林

Chen Jiyin　Li Yue　Nie Hanlin

摘要：西格玛数据新闻奖是自2019年起举办的全球数据新闻竞赛。本文对2021年入围该奖的106个独立作品，从入围作品国家与地区分布、生产机构、作品主题、数据来源、使用工具、呈现方式、交互要素7个维度进行分析，以呈现当前全球新闻数据可视化的实践特征。本研究发现，当前不少国家和地区都参与了新闻数据可视化的实践；作品主题相对聚焦；数据源公开程度高；工具使用凸显记者数据素养；可视化呈现方式多样；交互要素对受众个性化体验重视不够等。根据以上特点，本文提出未来新闻数据可视化作品可关注社会聚焦议题；保障新闻透明性与数据合法使用；重视人才培养；注重可视化图表合理性；丰富交互要素，注重用户个性化阅读体验等建议。

关键词：数据可视化；西格玛数据新闻奖；数据新闻；内容分析

Abstract: Sigma Awards is a global data journalism competition launched since 2019. This article analyzed the content of the 106 independent works shortlisted in 2021. Seven dimensions are analyzed to present the practical characteristics of current global news data visualization, which are the national and regional distribution, production organizations, themes, data sources, tools, presentation methods, interactive elements. The study found that many countries and regions are trying to produce news data visualization projects; the themes are relatively focused; the degree of openness of data sources is high;

* 本文系2021年中组部万人计划"全国青年拔尖人才项目"阶段性成果；2021年国家社科基金后期资助项目"智能推荐型视频媒体产业价值链研究"(项目编号：21FXWB003)阶段性成果；2021年科技部高端外专项目"智能信息传播与社会治理研究"(项目编号：G2021170010L)阶段性成果。

the use of tools highlights the data literacy of journalists; there are various ways of visual presentation. In addition, interactive elements do not pay enough attention to the experience of audience. This article proposes that future news data visualization projects can focus on the value of topics. Projects should guarantee the transparency and the legal use of data. Related majors must attach importance to personnel training. The projects should also pay attention to the rationality of visual charts. Finally, it is necessary to enrich the interactive elements and follow users' reading experience closely.

Keywords:data visualization, Sigma Awards, data journalism, content analysis

大数据时代每时每刻都有大量数据产生,处理和分析这些数据,探索其背后隐藏的信息和规律,对于各行各业的发展有着重要意义。数据可视化(data visualization)是关于数据视觉表现形式的科学和技术的研究①,利用图形、图表、图像和模型等形式将看似海量、无规律且复杂的数据进行直观和美观的视觉呈现,从而让人们直接看出数据的规律,甚至预测事件的发展趋势,因此数据可视化被逐渐应用于各个领域。

近年来,数据可视化的研究和实践也延伸至新闻传播领域,即新闻数据可视化(journalism data visualization)的发展,这种新闻的"量化转向"(quantitative turn)直接影响并重构着新闻的生产过程。新闻数据可视化是指人们通过收集相关数据,对数据进行一定处理和分析,再将其以恰当的可视化方式呈现。其主要应用于互联网时代的新闻报道,包括数据新闻(data journalism)或数据驱动新闻(data driven journalism)、新闻报道中使用的数据图表、短视频新闻中的动态交互图表,以及基于人工智能的 VR、AR 数据图表等。新闻数据可视化的核心特性有三点,即服务于新闻媒体报道、以各类数据为基础、以可视化为呈现方式。

从 2009 年开始,英国《卫报》、美国《纽约时报》等媒体相继建立数据新闻编辑部,数据新闻作为一股新闻实践风潮在全球范围内迅速扩散。②《数据新闻手册》(*The Data Journalism Handbook*)是第一本专门探讨数据新闻的小册子,它率先提出了数据新闻的概念③。2013 年国外学术界开始出版刊物《数据新闻》(*Digital*

① 左圆圆,王媛媛,蒋珊珊,等.数据可视化分析综述[J].科技与创新,2019(11):82-83.

② 陈积银,杨廉.中国数据新闻发展的现状、困境及对策[J].新闻记者,2016(11):64-70.

③ GREY J, BOUNEGRU L, CHANBERS L. The data journalism handbook: how journalists can use data to improve the news[M]. Cambridge: O' Reilly Media, Inc., 2012.

Journalism)，为大数据时代下的新闻传播研究提供了专门的平台。在学科发展上，“数据新闻学”作为一个应运而生的学科分支，正越来越受到学界和业界的关注和重视。[①] 数据新闻虽已发展十余年，全球业界实践热潮却并未退去，国内外先后设立多项赛事以表彰优秀的数据新闻可视化作品，例如全球数据新闻奖（Data Journalism Awards）、凯度信息之美奖（The Kantar Information is Beautiful Awards）、中国数据新闻大赛（China Data Journalism Competition）等。

一、研究方法与设计

近年来，一些学者逐渐选择用量化分析的方法对数据新闻作品进行研究，较传统案例分析方法而言，这种方法增强了数据新闻作品研究的科学性与规范性。国外有研究对加拿大媒体向在线新闻协会、全球编辑网络和加拿大记者协会提交的数据项目进行内容分析，以探讨什么样的数据新闻作品是高质量的[②]；有学者对 2019 年数据新闻奖作品类型、互动性以及功能加以分析，得出信息图表是最广泛使用的呈现方式，但作品互动性不强的结论[③]；在新冠肺炎疫情期间，有研究从新闻报道类型、数据源、可视化呈现等维度对比分析美国当地报纸《达拉斯晨报》和《休斯敦纪事报》关于疫情的报道[④]；有研究从透明性、交互性、多样性等维度对《华盛顿邮报》和《纽约时报》的数据新闻进行内容分析[⑤]；国内有学者曾对 2012—2017 年全球数据新闻奖的提名作品与获奖作品做量化分析，探究如何确立数据新闻领域的专业规范[⑥]。

西格玛数据新闻奖（Sigma Awards）是自 2019 年开展的全球数据新闻竞赛。该赛事与世界各地数据新闻竞赛合作，包括菲利普·迈耶奖（Philip Meyer Award）、韩国数据新闻奖（Korea Data Journalism Awards，KDJA）等，媒体合作单位包括数据新闻网（Data Journalism.com）、镝数图表、全球调查新闻组织（Global Investigative

① 丁柏铨.数据新闻：价值与局限[J].编辑之友，2014(7)：6-10.

② YOUNG M L，HERMIDA A，FULDA J. What makes for great data journalism? A content analysis of data journalism awards finalists 2012-2015[J]. Journalism practice，2017，12(4)：1-21.

③ CORDOBA-CABUS A，GARCIA-BORREGO M. Evaluating the transparency in reference data journalism. Study of the stories published between 2018 and 2019 [J]. Revista Icono 14-Revista cientifica de communicacion y tecnologias，2021，19(2)：364-387.

④ PAUL N，NISBETT G. The numbers game：how local newspapers used statistics and data visualizations to cover the coronavirus pandemic[J]. The Howard journal of communications，2022，33(3)：297-313.

⑤ ZAMITH R. Transparency，interactivity，diversity，and information provenance in everyday data journalism [J]. Digital journalism，2019，7(4)：1-20.

⑥ 刘建坤，方洁.数据新闻领域专业规范的确立与变化：基于全球数据新闻奖历届作品的内容分析[J].新闻与写作，2017(12)：80-84.

Journalism Network)等来自15个国家或地区的组织机构。值得一提的是,第二届大赛中,澎湃新闻与财新传媒的数据新闻作品均入围决赛。参赛作品对全球数据新闻实践者具有启发作用,也有学者对获该奖项的作品进行分析。María等对2012—2020年全球数据新闻奖(DJA)、西格玛数据新闻奖以及在线新闻奖(OJA)的获奖作品进行定性的内容分析,探究数据新闻作品的透明性与隐私性①;Alba和Manuel对2019年全球数据新闻奖和2020年西格玛数据新闻奖获奖报道进行描述性统计分析,旨在核查数据来源和数据类型是否影响数据新闻作品的透明性②。

本文试图对2021年西格玛数据新闻奖入围决赛的106个独立作品进行内容分析,统计入围作品的国家与地区分布、生产机构、作品主题、数据来源、可视化呈现方式、交互要素以及使用工具,以探究以下问题:作品的国家和地区分布如何?生产机构类型有哪些?主要聚焦哪些议题?数据来源有哪些?使用了何种工具?可视化呈现方式与交互要素是什么?本文对上述7个维度进行一级和二级编码后,得到内容编码表(见表1)。本文旨在通过从不同维度分析2021年西格玛数据新闻奖的入围作品,量化呈现当前新闻数据可视化的实践特征,找到学界与业界关于数据新闻可视化的未来方向,一方面丰富其相关理论的发展,另一方面有助于新闻数据可视化在未来的新闻报道实践中持续发挥更重要的作用。

表1 内容编码表

编码项	一级编码	二级编码
国家与地区分布	C	1.阿根廷 Argentina 2.澳大利亚 Australia 3.巴西 Brazil 4.波黑 Bosnia and Herzegovina 5.德国 Germany 6.俄罗斯 Russia 7.法国 France 8.菲律宾 Philippines 9.芬兰 Finland 10.哥伦比亚 Colombia 11.韩国 South Korea 12.荷兰 Netherlands 13.吉尔吉斯斯坦 Kyrgyzstan14.加拿大 Canada 15.卡塔尔 Qatar 16.肯尼亚 Kenya 17.马来西亚 Malaysia 18.美国 United States 19.秘鲁 Peru 20.南非 South Africa 21.尼日利亚 Nigeria 22.葡萄牙 Portugal 23.萨尔瓦多共和国 El Salvador 24.塞尔维亚 Serbia 25.西班牙 Spain 26.新加坡 Singapore 27.印度尼西亚 Indonesia 28.英国 United Kingdom 29.智利 Chile 30.中国内地(大陆)China Mainland 31.中国台湾 Taiwan,China 32.中国香港 Hong Kong,China
生产机构	O	1.新闻媒体 2.非营利性新闻组织 3.商业公司/机构/工作室 4.其他组织(包括社会团体、大学、政府机构)

① CHAPARRO-DOMINGUEZ M, DIAZ-CAMPO J. Data journalism and ethics: best practices in the winning Projects (DJA, OJA and Sigma Awards) [J/OL]. Journalism practice,2021-09-27[2022-06-15]. https://doi.org/10.1080/17512786.2021.1981773.

② CORDOBA-CABUS A, GARCIA-BORREGO M. Visualisations as a critical information source for data journalism:analysis of the typology, interactivity, and functions in the 2019 Data Journalism Awards[J]. Doxa comunicación, 2020(31):87-105.

续表

编码项	一级编码	二级编码
作品主题	W	1.新冠疫情 2.政治 3.经济 4.战争/犯罪 5.社会/公共服务 6.环境/灾害 7.人口/性别 8.科技 9.城市/交通
数据来源	D	1.政府等官方公开数据 2.自采集数据 3.商业/社会组织/学术机构数据
使用工具	T	1.图形动画 2.图表设计 3.数据存储 4.网页开发 5.地图工具 6.数据挖掘
呈现方式	P	1.时间轴 2.单一图表 3.复合图表 4.静态地图 5.动态地图 6.视频 7.动画
交互要素	I	1.标记 2.详情 3.筛选 4.探索 5.抽象/详细 6.重新设置 7.转发

二、全球新闻数据可视化实践特征

(一)众多国家和地区参与,作品主题相对聚焦

本文对入围作品的国家和地区进行分类,得到下表(见表2)。研究发现,共有32个国家和地区的作品入围,美国入围作品数量最多(32个),巴西次之(10个),中国内地(大陆)有来自澎湃新闻和财新传媒的两个作品入围。虽然涉及国家和地区较多,但获奖情况在空间上分布不均衡,以美国为首的欧美西方国家在作品数量上占较大比例,而亚洲、非洲、澳洲入围作品数量相对较少。

表2 入围作品国家和地区分布

国家和地区	编码	入围作品数量	国家和地区	编码	入围作品数量	国家和地区	编码	入围作品数量
美国 United States	C18	32	尼日利亚 Nigeria	C21	2	塞尔维亚 Serbia	C24	1
巴西 Brazil	C3	10	南非 South Africa	C20	2	萨尔瓦多共和国 El Salvador	C23	1
新加坡 Singapore	C26	6	马来西亚 Malaysia	C17	2	秘鲁 Peru	C19	1
德国 Germany	C5	6	吉尔吉斯斯坦 Kyrgyzstan	C13	2	肯尼亚 Kenya	C16	1
英国 United Kingdom	C28	5	荷兰 Netherlands	C12	2	卡塔尔 Qatar	C15	1
中国香港 Hong Kong, China	C32	4	韩国 South Korea	C11	2	加拿大 Canada	C14	1

续表

国家和地区	编码	入围作品数量	国家和地区	编码	入围作品数量	国家和地区	编码	入围作品数量
中国台湾 Taiwan, China	C31	3	菲律宾 Philippines	C8	2	哥伦比亚 Colombia	C10	1
西班牙 Spain	C25	3	法国 France	C7	2	俄罗斯 Russia	C6	1
芬兰 Finland	C9	3	波黑 Bosnia and Herzegovina	C4	2	澳大利亚 Australia	C2	1
中国内地(大陆) China Mainland	C30	2	智利 Chile	C29	1	阿根廷 Argentina	C1	1
葡萄牙 Portugal	C22	2	印度尼西亚 Indonesia	C27	1			

从生产机构规模看,入围作品的生产机构中有 65 个为大型新闻机构,如美国《纽约时报》、路透社新加坡分社、英国《金融时报》等,剩余 41 个机构为小型工作室,如美国 The Pudding 工作室、南非新闻媒体 News24 等。从生产机构性质看,本文将入围作品的生产机构性质划分为新闻媒体、非营利性新闻组织、商业公司/机构/工作室以及其他组织(包括社会团体、大学、政府机构),统计结果见表 3。统计结果显示,新闻媒体作为作品主要生产者,创作的作品数量占总数的 60.14%,其中美国纽约时报团队参与创作的 7 个作品入围;纽约市曼哈顿区的一家非营利公益新闻调查机构(ProPublica)入围 3 个作品。此外,一些作品由不同机构合作完成,例如作品《哪些城市在 COVID-19 核酸检测中的种族差距最大?》(*Which Cities Have the Biggest Racial Gaps in COVID-19 Testing Access?*)由美国专注于数据咨询新闻的网站 FiveThirtyEight.com 和美国广播公司共同制作。

表 3 入围作品生产组织性质统计

生产组织性质	编码	频数	占比
新闻媒体	O1	89	60.14%
非营利性新闻组织	O2	8	5.40%
商业公司/机构/工作室	O3	30	20.27%
其他组织	O4	21	14.19%

对于入围作品的主题，本文将其分为新冠疫情、政治、经济、战争/犯罪、社会/公共服务、环境/灾害、人口/性别、科技、城市/交通共9类，并对入围作品进行主题统计，统计结果见表4。由于2020年新冠肺炎疫情在全球范围爆发，且本届大赛着重表彰新冠疫情报道中优秀的数据新闻作品，因此新冠疫情相关议题的作品占比最高(34.91%)。对于同一类议题，不同的数据新闻可视化作品的报道角度也有差异，例如澎湃新闻关于新冠疫情的数据新闻可视化作品《11699位患者和我们的这一年》(*What 11699 Cases Tell Us About COVID-19?*)将患者流调详情信息制作成数据库，可视化呈现传染途径、患者关系、患者症状。来自美国马歇尔项目机构(The Marshall Project)的作品《15个月逐州观察监狱中的冠状病毒》(*A State-By-State Look at 15 Months of Coronavirus in Prisons*)则重点可视化呈现美国各地联邦和州监狱中因感染新冠病毒而患病和死亡的犯人，可见不同维度的数据可讲述截然不同的故事。

表4　入围作品主题统计

作品主题	编码	频数	占比
新冠疫情	W1	37	34.91%
政治	W2	20	18.87%
战争/犯罪	W4	14	13.21%
环境/灾害	W6	11	10.38%
社会/公共服务	W5	10	9.43%
经济	W3	5	4.72%
城市/交通	W9	5	4.72%
科技	W8	2	1.89%
人口/性别	W7	2	1.89%

(二)数据源公开程度高，政府与自采集数据较多

Karlsson指出新闻透明性可分为制作透明和参与透明两种表现方式①，在新闻数据可视化作品的生产过程中，其透明度的最直观体现就是研究所使用的数据库的公开程度，即在作品中详细阐述数据来源与使用情况，且公众可通过超链接或其他方式访

① KARLSSON M. Rituals of Transparency: evaluating online news outlets' uses of transparency rituals in the United States, United Kingdom and Sweden[J]. Journalism studies, 2010,11(4):535-545.

问相关数据集[①]。而在数据新闻可视化作品中,发布者不完全公开数据来源或选取数据不够客观,也会降低新闻的专业性和权威性。[②] 因此数据来源的公开和数据选择的客观在数据驱动的可视化报道中显得十分必要。在本文所统计的106件作品中,有96件作品标注了数据来源,大部分作品都建立了公开数据集供受众核查或再利用,数据源公开程度较高。

Paul等在分析美国本地报纸关于新冠疫情的数据新闻报道时,将数据来源分为7种:商业与工业数据、教育或学术资源、政府等官方公开数据、非营利组织数据、自采集数据、其他新闻媒体组织数据、医院数据。[③] 本文将以上数据源进行进一步概括,按政府等官方公开数据、自采集数据、商业/社会组织/学术机构数据这3种数据来源分类进行统计,对标注了数据来源的96件作品进行统计分析,得到的结果如表5所示。政府等官方公开的数据由于具有权威性,因此仍然是数据新闻可视化的重要数据来源,在本文分析的作品中占比59.38%;自采集数据也逐渐成为重要的数据来源,在所统计的作品中占比53.13%。值得注意的是,通常一件作品的数据来源不是唯一的,为了使叙事更加深入和全面,数据新闻可视化作品的生产者会获取多方面、多维度的数据。路透社新加坡分社的作品《评估澳大利亚生态灾难》(*Assessing Australia's Ecological Disaster*)对澳大利亚的生态环境进行了分析,使用了国际自然保护联盟(IUCN)的数据、美国宇航局资源管理系统(FIRMS)的火灾信息数据以及马里兰大学全球土地分析与研究实验室(GLAD)的相关数据等。

表5 入围作品主要数据来源

作品数据来源	编码	频数	占比
政府等官方公开数据	D1	57	59.38%
自采集数据	D2	51	53.13%
商业/社会组织/学术机构数据	D3	37	38.54%

① TANDOC E C, OH S K. Small departures, big continuities? Norms, values, and routines in The Guardian's big data journalism[J]. Journalism studies, 2015, 18(8):1-19.

② BURROWS R, SAVAGE M. After the crisis? Big data and the methodological challenges of empirical sociology[J]. Big data & society, 2014, 1(1):191-211.

③ PAUL N, NISBETT G. The numbers game: how local newspapers used statistics and data visualizations to cover the coronavirus pandemic[J]. The Howard journal of communications, 2022,33(3):297-313.

(三)编程与地图工具使用频率高,体现记者数据素养

在新闻数据可视化作品生产过程中,相关人员必然要对海量数据进行处理,主要的处理技术可分为统计分析、数据挖掘、自然语言处理、机器学习、空间分析等类别①,不同类别的分析可借助不同工具实现,这些新技术和新工具的加入也为传统新闻报道提供了机遇与挑战。有研究通过对英国主流媒体数据记者的半结构化访谈,得出结论称,由于一些小型编辑室缺乏先进技术设施,数据记者缺乏计算机相关技能,他们便需要花更多的时间寻找现成的自动化工具来满足调查或分析需求。② 本文统计了106件作品使用的25种工具,按照功能将其分成6类,分别为图形动画、图表设计、数据存储、数据挖掘、网页开发以及地图工具(见表6)。本文经编码和统计后发现,有37.74%的作品使用了爬虫技术(Scraping)进行数据获取,40.57%的作品用到Python语言,20.75%的作品在制作过程中使用了R语言;共有34件作品使用了地图工具,具体主要有OpenStreetMap、Google Earth Pro、PostGIS和QGIS。值得注意的是,作品的大部分图表都不是可视化工具一键生成的,而是利用脚本语言通过编程生成的,且有7件作品使用人工智能/机器学习技术,可见信息化与大数据的时代对记者的数据素养和处理数据能力的要求进一步提高。

表6 入围作品主要使用工具统计

工具类别	一级编码	使用工具	二级编码	频数	百分比
图形动画	TA	Animation	TA1	21	19.81%
		3Dmodelling	TA2	7	6.60%
		Canvas	TA3	14	13.21%
		Three.js	TA4	4	3.77%
		Adobe Creative Suite	TA5	28	26.42%
图表设计	TB	R/RStudio	TB1	22	20.75%
		Microsoft Power BI	TB2	1	0.94%
		Flourish	TB3	1	0.94%
		D3.js	TB4	36	33.96%

① MANYIKA J, CHUI M, BROWN B, el al. Big data: the next frontier for innovation, competition, and productivity [R/OL]. (2011-05) [2021-11-08]. http://www. mckinsey. com/Insights/MGI/Research/Technology_and_Innovation/Big_data_The_next_frontier_for_innovation.

② BORGES R E. Unravelling data journalism: a study of data journalism practice in British newsrooms[J]. Journalism practice, 2016,10(7):833-843.

续表

工具类别	一级编码	使用工具	二级编码	频数	百分比
数据存储	TC	PostgreSQL	TC1	10	9.43%
		Json	TC2	49	46.23%
		Google Sheets	TC3	60	56.60%
		CSV/ Microsoft Excel	TC4	71	66.98%
网页开发	TD	OpenDataKit	TD1	1	0.94%
		Anime.js / Ink.js / Node.js	TD2	30	28.30%
		JQuery	TD3	12	11.32%
		Personalisation	TD4	11	10.38%
		Drone	TD5	4	3.77%
地图工具	TE	OpenStreetMap	TE1	13	12.26%
		Google Earth Pro	TE2	1	0.94%
		PostGIS	TE3	5	4.72%
		QGIS	TE4	15	14.15%
数据挖掘	TF	Scraping	TF1	40	37.74%
		Python	TF2	43	40.57%
		AI/Machine learning	TF3	7	6.60%

(四)可视化呈现方式多样,作品多以网页为载体

可视化图表是数据新闻可视化作品中必不可少的要素,国外有研究指出媒体在进行数据可视化报道时应结合新闻思维和视觉设计思维①。传统的信息图表包括条形图、饼状图、时间轴、折线图等。随着新闻数据可视化的发展,信息图表呈现出多样性,旭日图、桑基图、数据地图等图表类型的应用让作品更美观、充实。有研究根据视觉吸引力对呈现方式进行如下排序:文本分析、数字引用或表格、时间线或列表、静态地图/图表、动态地图/图表。② 在本次统计的作品中,可视化呈现方式主要分为时间轴、单一图表、复合图表、静态地图、动态地图、视频以及动画 7 类,除去链接失效的作品,本研究共统计 91 件作品的可视化呈现方式,结果见表 7。其中,复合图表有两种类型,第一种类型表示在同一张图表中,不同数据以不同的图表形式呈现,如作品《大型水坝是否会让尼罗河消失?》(*Could Mega-dams Kill the Mighty River Nile ?*)中的一张图表结合了地图和饼状图两种可视化呈现类型(见图 1);第二种是图表或者地图以

① YI J S, KANG Y A, STASKO J T, et al. Toward a deeper understanding of the role of interaction in information visualization[J]. IEEE transactions on visualization and computer graphics, 2007, 13(6):1224-1231.

② KNIGHT M. Data journalism in the UK:a preliminary analysis of form and content[J]. Journal of media practice, 2015,16(1):55-72.

“组图”的方式呈现，作品《为什么西班牙女性不再在周末或节假日分娩》（*Why Women Stopped Giving Birth on Weekends or Holidays in Spain*），以组图形式呈现西班牙各地一周中每天出生人数与年日均值相比的百分比变化（见图 2）。复合图表在所有作品可视化呈现方式中占比 57.14%。动态地图较静态地图最大的差异是具备交互性，人们可对地图进行缩放、搜索地区或展示某区域详情的操作，占比 42.86%。视频是新闻报道的重要呈现方式，且短视频已经成为人们获取信息的重要途径，视频在本文所统计的作品中占比 26.37%。从作品的呈现载体看，大部分作品依托网页呈现，一种为生产者自主开发的网页，作为独立作品供受众阅读；另一种依托于生产机构的平台，人们在浏览作品时可以看到该机构其他的新闻报道。

表 7　入围作品可视化呈现方式

呈现方式	编码	频数	占比
时间轴	P1	33	36.26%
单一图表	P2	56	61.54%
复合图表	P3	52	57.14%
静态地图	P4	22	24.18%
动态地图	P5	39	42.86%
视频	P6	24	26.37%
动画	P7	33	36.26%

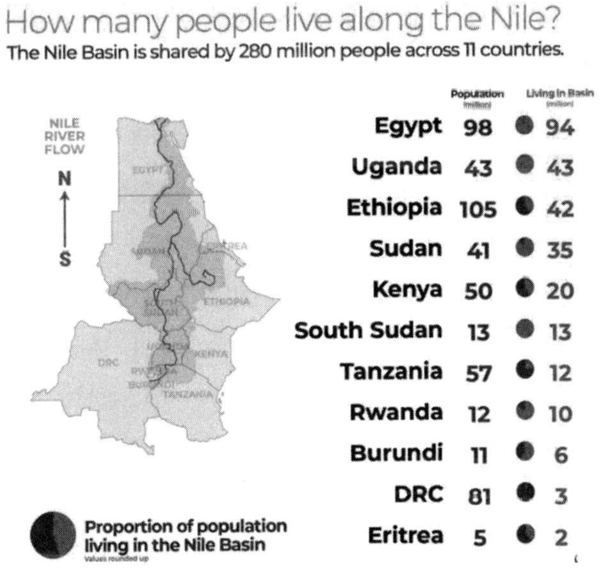

图 1　《大型水坝是否会让尼罗河消失?》作品复合图表示例[①]

① 图片来源：https://interactive.aljazeera.com/aje/2020/saving-the-nile/index.html。

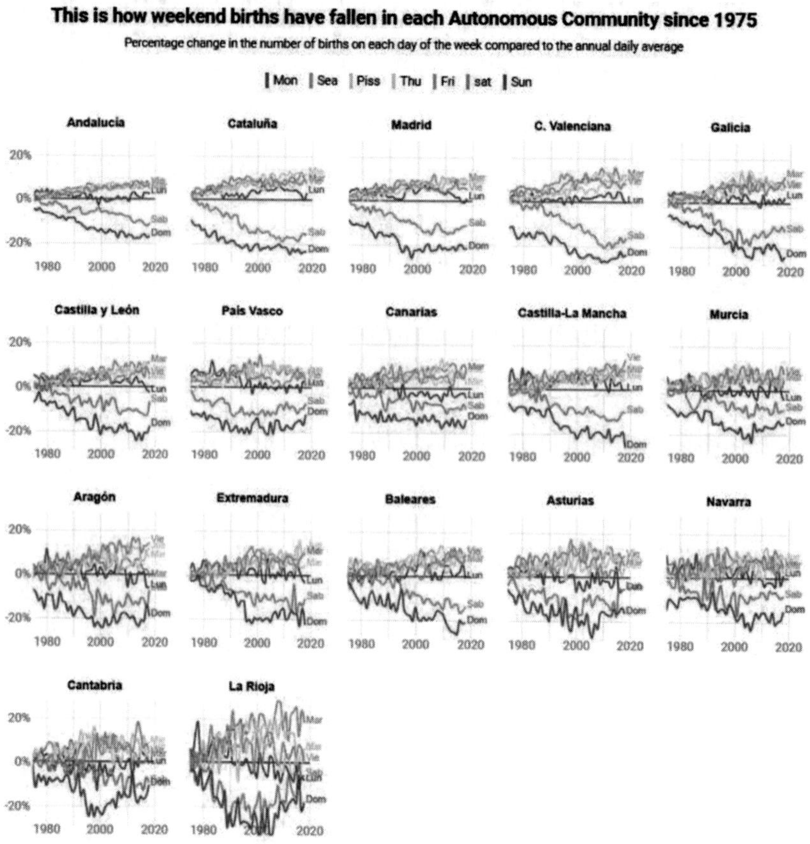

图 2 《为什么西班牙女性不再在周末或节假日分娩》作品复合图表示例①

(五)具备交互要素,但不够重视受众个性化选择

交互性(Interactivity)的概念在20世纪90年代末随着在线新闻网站的出现而兴起,随着技术的发展,交互性逐渐成为评价数据新闻可视化作品足够出彩的指标之一。Yi等人于2007年提出了信息可视化(Infovis)中广泛使用的7类交互要素,即选择(Select)、探索(Explore)、重新配置(Reconfigure)、编码(Encode)、抽象/精心设计(Abstract/Elaborate)、过滤(Filter)和连接(Connect)②;Boy等人针对数据新闻特征,将"检查"(Inspect)和"叙述"(Narrate)纳入数据新闻交互要素指标③。此外,如今可

① 图片来源:https://www.eldiario.es/nidos/no-ninos-nacen-toca-dar-luz-semana-21-probable-hacerlo-lunes-viernes_1_6400307.html。

② YI J S, KANG Y A, STASKO J T, et al. Toward a deeper understanding of the role of interaction in information visualization[J]. IEEE transactions on visualization and computer graphics, 2007, 13(6):1224-1231.

③ BOY J, DETIENNE F, FEKETE J D. Storytelling in information visualizations: does it engage users to explore data? [C]//ACM Conference on Human Factors in Computing Systems.New York:ACM, 2015.

共享链接已成为新闻网站上的一项常见功能，有学者指出这是一种扩大影响范围和增加受众的有效方式[①]。基于以上分类标准，本文将交互要素分为标记、详情、筛选、探索、抽象/详细、重新设置以及转发7类。其中，标记是指将某元素以特殊符号记录，例如下划线突出显示某元素、点赞等；详情是指更多信息，例如用户单击鼠标或鼠标悬停在某元素可以查看更多信息或跳转到新的页面以了解新的信息；筛选指有条件地显示某些内容，例如从菜单栏中选择某一具体项；探索指用户手动输入/查询相关内容，并得到相应反馈；抽象/详细是针对于图表或地图而言的，指显示更多或更少的细节，例如放大或缩小地图视图以调整抽象级别；重新设置指显示不同的排列，例如用户可以将某一版块或要素上下移动或将折线图手动变换为堆叠的条形图；转发指将某元素或作品网页分享到其他平台，一般包括弹出想要分享的平台或生成分享链接。

本文经统计后发现，详情类交互要素占比最高(87.91%)，体现出数据新闻可视化作品为了避免信息过于冗余复杂，或为了防止受众被他们不太关注的信息所影响，增加详情交互的要素，供受众自主选择想要进一步了解的信息。一些新闻可视化作品包含多个链接，用户在主作品页面可以自主筛选跳转到其他分页面或分章节，筛选类交互要素便主要存在于以上情况中。重新设置类交互要素最能体现受众对图表的个性化设计与操作，但本文分析的作品中只有23.08%的作品具备该要素，说明目前的作品对受众个性化选择体验关注较少。随着社交媒体的兴起，可共享链接已成为新闻网站的常见功能，本文统计作品的转发功能后发现，81.32%的作品具备一键分享至Twitter、Facebook等平台的链接或按钮。

表8　入围作品交互要素分析

交互要素	编码	频数	占比
标记	I1	15	16.48%
详情	I2	80	87.91%
筛选	I3	50	54.95%
探索	I4	20	21.98%
抽象/详细	I5	23	25.27%
重新设置	I6	21	23.08%
转发	I7	74	81.32%

① SINGER J B. User-generated visibility: secondary gatekeeping in a shared media space[J]. New media & society, 2013,16(1):55-73.

三、讨论

(一)关注社会焦点议题,凸显作品选题叙事之意义

数据新闻可视化投入实践的十余年间,其对政治、金融、医疗、犯罪、体育等各类新闻议题几乎都有涉及,所报道的社会类议题也更聚焦社会痛点。数据新闻可视化设计者需要具备内容与用户的关联意识①,即策划选题之前应当思考这个选题与读者会有什么联系以及联系是否紧密。新冠肺炎疫情在全球大流行的这两年时间,受众有获取最新疫情信息的需求,且可视化图表较文字报道能更清晰地呈现疫情态势,因此国内外媒体团队制作了大量疫情相关的数据新闻可视化作品。数据新闻与传统新闻报道相比,独具的特征便是预测功能,分析海量的数据可以了解事件的走势或发展规律,这项功能通常会被应用于政治选举、环境演变以及人口增长等议题。美国FiveThirtyEight.com网站在2020年美国大选期间推出作品《2020大选预测》(*2020 Election Forecast*),通过收集各州的民意调查数据,并借助计算机模拟4万次选举,预测出拜登赢得大选的概率为97%,且特朗普赢得超过50%选票的概率为1%。可视化作品在叙事时,除了使用数据进行可视化呈现,还可结合与选题相关的深度访谈,以个人视角加深报道深度,凸显作品选题意义。例如萨尔瓦多共和国的《今日报》媒体团队生产的作品《冲突的面孔和声音》(*Rostros y voces del conflicto*),以幸存者和受害者亲属的证词,揭示该国1972—1992年的武装冲突发生之前和发生期间出现的侵犯人权的行为。

(二)保障新闻透明性,降低数据非法使用之风险

统计本文所研究作品的数据来源,可以发现政府等官方公开的数据被用得最多,如美国联邦政府数据、各国统计局数据以及联合国或世界卫生组织公布的数据等。非官方数据也逐渐被应用于数据新闻可视化作品中,例如国际自然保护联盟(IUCN)等社会组织的数据,或通过爬虫抓取的数据。此外,"众包数据"(Crowdsourcing Data)和实时监测的"传感器数据"(Sensor Data)正作为新的数据来源,在作品中占有越来越大的比例。"众包"是指一个公司或机构把过去由员工执行的工作任务,以自由自愿的形式,外包给非特定的大众网络的做法,众包数据库表示众人合作构建数据库,其核

---

① 张超,钟新.新闻业的数据新闻转向:语境、类型与理念[J].编辑之友,2016(1):76-83.

心是数据的自愿上传和分享①,例如利用 OpenStreetMap 工具中的开放地理数据进行新闻叙事。因此国内外用户可通过众包的方式,共同上传、监督和使用数据库中的数据信息。由于非官方数据可能是生产者自我采集的,因此可能会出现数据的合法使用问题。相关部门应加快数据安全法律法规的制定与实施,对数据分级管理,明确哪些数据可以被共享,哪些数据需要征求数据生产方的许可后才能使用。业界媒体可视化团队要提升自身数据素养,保障用户数据安全,从数据收集、清理、分析到可视化呈现,记录整个数据新闻可视化过程,标注数据来源,这将在保证数据真实性的同时便于确定责任归属。

(三)注重人才培养,提升"数据为我所用"之能力

对生产作品使用的工具统计结果表明,当下和未来的新闻数据可视化实践除了需要相关人员具有传统新闻技能外,还需要他们具备计算和编程技能、数据挖掘与分析技能、图表设计与可视化技能等。这对大数据时代的新闻数据可视化专业人才培养提出新的要求,高校课程安排的规范性日益重要。国外著名高校为培养新闻数据可视化相关人才,在教学上的改革具有引领作用和参考价值,如英国威斯敏斯特大学为数据、文化与社会文学硕士开设数据可视化课程;英国华威大学为大数据与数字未来理学硕士开设可视化、数据挖掘、大数据研究等相关课程;美国哥伦比亚大学开设"新闻与计算机双硕士学位项目"(Dual M.S. in Journalism and Computer Science),制定新闻专业与计算机等理工专业联合培养人才的政策,鼓励学生根据自身能力水平和兴趣进行跨学科学习实践。因此,首先,国内高校新闻传播相关学院可以借鉴英美等国家的数据新闻教育经验,结合学生具体学习能力和知识吸收情况,开展由浅入深、多元平衡的新闻数据可视化相关内容的教学工作。其次,以赛促学也是培养学生的数据思维、提升技术能力的有效方式,例如作为全国新闻教育学界唯一持续举办的全国性专业比赛,中国数据新闻大赛贯彻新文科发展理念,不断推动中国新闻数据可视化的实践创新与发展。最后,高校可多与业界展开合作,让新闻传播相关专业的学生了解当前业界需要具备哪些技术的人才,并在实践中学习大数据相关技术,这样高校才能在保证发挥学科传统优势的同时,顺应时代变化,培养出更符合行业和时代要求的人才。

(四)回归新闻价值,思考可视化图表使用之合理性

数据可视化在一定程度上确实吸引了更多读者的注意力,但一味追求可视化效果

① HOWE J. The rise of crowdsourcing[J]. Wired, 2006,14(6):176-183.

却忽略新闻价值和新闻报道的社会功能，是本末倒置的现象。设计再精美的可视化图表，如果无法引发受众的思考，对社会发展没有推动作用，也不能称为好的新闻作品。在新闻作品中，可视化图表并非越丰富多样越好，图表使用的合理性与类型选择的恰当性要比其丰富性更重要。例如，时间轴是体现时序数据变化最常用的图表类型，新冠肺炎疫情相关议题的新闻数据可视化作品大多用到了时间轴，以呈现不同地区的疫情相关数据（如确诊人数、死亡人数、痊愈人数）在一定时段内的变化。在统计过程中，笔者发现大部分作品的图表并非整个新闻报道的重要内容，而是辅助报道。一张图表想要呈现的要素过多，数据类型多且图表花哨复杂，图表过长并不适配移动端设备等问题并不罕见，过度复杂的可视化内容不仅不利于用户对相关内容的理解，还会减少其阅读兴趣，从而弱化新闻传播效果。在“万事皆能可视化”的当下，学界与业界都应当思考新闻报道如何破解“泛可视化”之困。因此，下一阶段的数据新闻可视化实践应适当将图表化繁为简，将易读性作为设计过程中考虑的重要方面。让体量较为庞大的数据更具易读性，整个作品的核心依旧是叙事，体现专业记者依然将新闻价值放在最重要的地位。

此外，长久以来，人们普遍认为呈现更多量化的数据比主观文字描述更能体现信息的真实性[①]，正如有学者评价“数据携带着科学主义的先天合法性，又暗合实证主义逻辑传统”[②]，因此以数据为基础的可视化新闻既直观又具权威性。以地图为例，制图师对颜色、图标和地图方向的选择可以引导观众以完全不同的角度看待世界。[③] 2020年波士顿公共图书馆 Leventhal 地图与教育中心举办的名为“弯曲线：地图和数据的扭曲到欺骗”（Bending Lines：Maps and Data from Distortion to Deception）的地图展览，便旨在揭示地图数据可视化如何有目的地呈现特定议题或观点。[④] 在“相同的数据，不同的故事”（Same Data，Different Stories）展区展出的数据作品《马萨诸塞州西部的开放空间与非开放空间》（*Open or Closed Space in Western Massachusetts*），以同样的数据集呈现出相同地区截然不同的开放程度。在一张地图（见图 3）中，绿色区域（本文呈现图片中的深灰色部分）展现了大量土地可供公众使用，而另一张地图（见图

① NGUYEN A. News，numbers and public opinion in a data-driven world[M]. New York：Bloomsbury Academic，2018.

② 刘涛.理解数据新闻的观念：可视化实践批评与数据新闻的人文观念反思[J].新闻与写作，2019(4)：68.

③ LAUREN K. Truth in mapping[EB/OL]. (2020-12-18)[2022-06-15]. https://www.technologyreview.com/2020/12/18/1012996/truth-in-mapping/.

④ Leventhal Map & Education Center at the Boston Public Library. Bending lines：maps and data from distortion to deception[EB/OL]. (2020-05-27)[2022-06-15]. https://www.leventhalmap.org/digital-exhibitions/bending-lines/.

4)却讲述着众多区域限制公众进入的故事。可见新闻报道中的数据可视化在某些情况下会制造陷阱,以影响人们对事实的判断。在追求可视化美观性之前,新闻客观性和真实性永远是优秀作品的前提。

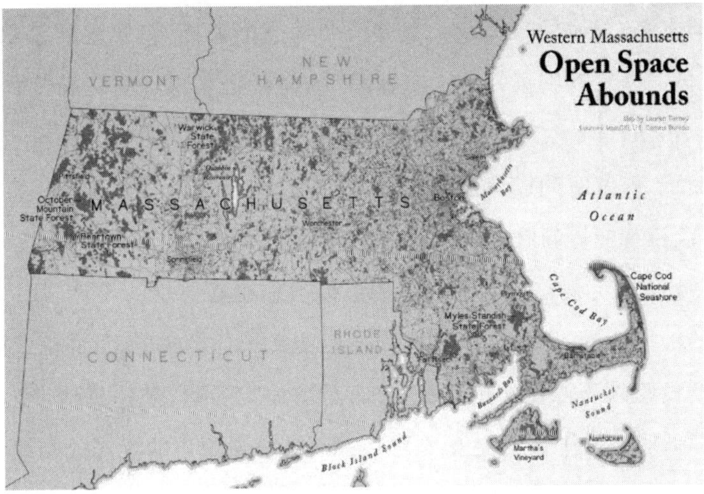

图 3　马萨诸塞州西部地区的众多开放空间①

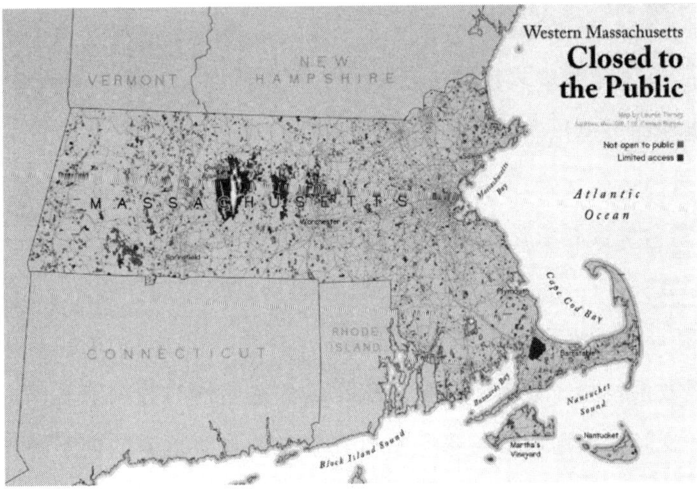

图 4　马萨诸塞州西部地区不对公众开放②

(五)丰富交互要素,增强用户个性化阅读之体验

在技术不断发展的当下,用户越来越追求新闻阅读体验,传统文字报道甚至静态

① 图片来源:https://collections.leventhalmap.org/search/commonwealth:rr173g37d。

② 图片来源:https://collections.leventhalmap.org/search/commonwealth:rr173g35v。

的数据新闻作品已无法满足所有受众的阅读需求。本文通过对作品的统计,发现大部分生产者都比较重视作品的易传播性,即分享功能。随着智能移动端的普及,作品被一键共享到其他平台后,如何适配和兼容是未来数据新闻可视化作品生产者必须考虑的问题。本文统计的交互要素占比情况表明,当前作品在探索和重新设置等方面的交互设置还不够丰富,假设用户可以一键变换个性化图表样式,实现间接参与新闻生产过程,或许将极大激发其阅读兴趣。如作品《为何新冠病毒在室内传播的风险如此之高?》(*Why is the Risk of Coronavirus Transmission so High Indoors?*),让用户自主选择房间面积、停留时间以及房间人数,以模拟新冠病毒在室内传播的速度和影响范围。未来,人工智能等新技术的发展也将为交互要素的丰富带来更多可能性,VR、AR 技术在数据新闻可视化作品中的应用可以增加交互体验的维度,用户可以置身新闻报道构建的虚拟场景,交互要素不再局限于本文所分析的标记、详情、筛选、探索、抽象/详细、重新设置以及转发这几个维度,而是增加"在场""肢体感应"等交互要素,进一步增强用户体验感。丰富的交互要素一方面会增强用户的沉浸式阅读体验,另一方面也会提升用户分享的欲望,从而优化作品的传播效果。

结语

通过分析 2021 年西格玛数据新闻奖的 106 件独立入围作品的内容,本文论述了当前全球数据新闻可视化实践的特征。优秀的新闻数据可视化作品能较好地体现新闻价值,数据来源多样且公开,保证了新闻透明性;作品可视化呈现方式虽然多样,但并未"喧宾夺主",其核心依然是新闻的社会价值;作品具备丰富的交互要素,共享性强。国内新闻数据可视化经过十年的发展,已经历兴起期和探索期,并逐渐走向沉淀期,未来如何让新闻数据可视化的热度延续?怎样生产出引起社会共鸣的好作品并提升作品的传播效果?如何平衡新闻可视化作品的透明性与数据隐私问题?怎样进一步增强作品的交互性和用户参与感?如何克服专业人才培养的一系列难题?这些问题都值得我们进一步思考。

〔陈积银,西安交通大学新闻与新媒体学院教授、博士生导师;李月,西安交通大学新闻与新媒体学院硕士研究生;聂汉林,西安交通大学马克思主义学院博士研究生〕

〔特约编辑:顾洁〕

数字化动漫的视觉语言与东方意境构建*

Visual Language of Digital Animation and Construction of Oriental Artistic Conception

◎ 赵春华　张雨濛　龚俊杰

Zhao Chunhua　Zhang Yumeng　Gong Junjie

摘要：本文以视觉语言为切入点探讨数字化动漫的东方意境构建，主要运用文献调研法和案例分析法。创作者在充分了解传统文化的基础上整体协调好色彩、形状、空间、运动等视觉认知元素就能在动漫场景中构建出东方意境。数字化动漫的东方意境是由"内"而"外"构建的，"内"为传统文化影响下的视觉语言的创新性设计；"外"即数字媒体技术所做的符合当代审美的个性化表达。同时，数字媒体技术可进一步创造出独具东方意味的"太虚幻境"。

关键词：数字化动漫，数字媒体技术，视觉语言，东方意境，时尚传播

Abstract: This paper explores the construction of oriental artistic conception of digital animation from the perspective of visual language. It mainly uses the methods of literature research and case analysis. On the basis of fully understanding the traditional culture, coordinating the visual cognitive elements such as color, shape, space and motion as a whole can build the oriental artistic conception in the animation scene. The oriental artistic conception of digital animation is constructed by "inside" and "outside". "Inside" means the innovative design of visual language under the influence of traditional culture; "outside" means personalized expression in line with contemporary aesthetics through digital media technology. At the same time, the use of digital media technology can further create a kind of imaginary realm called "Taixu illusion" with unique oriental meaning.

---

* 本文系北京市优质教材课件建设项目(项目编号:NHFZ20200210/004)、北京服装学院高水平教师队伍建设专项资金项目(项目编号:BIFTTD202201)研究成果。

Keywords: digital animation, digital media technology, visual language, oriental artistic conception, fashion communication

一、引言

随着信息技术的快速发展,数字化动漫逐渐成为数字化媒体产品的新生力量。在21世纪初,动漫还是以漫画杂志、漫画单行本、电视动画等为主的,而其主导地位如今已被各种数字化动漫产品所取代。近几年出现的一批像《白蛇:缘起》《白蛇2:青蛇劫起》《新神榜:哪吒重生》《哪吒之魔童降世》《姜子牙》等质量上乘的国产动漫作品,用精心设计的视觉语言深刻表达了东方意境,在国内外引发了一股东方文化潮流。

数字化动漫是运用数字媒体技术制作出来的计算机动画和漫画。数字媒体技术通过现代计算和通信手段,综合处理文字、声音、图像等信息,使抽象的数码变成可感知、可管理、可交互的一种信息形式,为动漫设计开拓了崭新的创造空间,丰富了其资源和素材,进一步提升了动漫视觉语言的广度和深度。经过数字媒体技术的加工修饰,更加多元化的动漫艺术风格脱颖而出。因为数字媒体技术以计算机和具有共享特性的互联网为依托,由此,数字化动漫在很大程度上表现出开放性与交互性,这也是促使其视觉语言变得更加生动有趣的关键。此外,数字媒体技术令动漫创作挣脱了传统手工绘画的束缚,将复杂的工作简单化,在保证工作效率的同时提升了作品的质量。画面在数字媒介上可以随时、随意地调整,任何效果都容易实现。虽然以目前的技术来看,数字化动漫还是缺乏传统动漫那种手绘于纸上的质感与温度,但它能通过复制提高生产效率,利用数字影像、虚拟现实等技术提高视觉表现力和意境的渲染水平,将科技、人文与艺术融为一体,给受众带来极强的意境感和视觉冲击力。

二、数字化动漫的视觉语言分析

视觉语言以色彩、形状、空间、运动等视觉认知元素为沟通方式,在特定的范围或场景内适当表达,进行特定的信息传递。丰富多样的视觉认知元素都可以被看成是不同的语言陈述,通过和谐、平衡、变化、统一的色彩和形状的铺排、搭配与架构,这些元素能形成特定的图像或影像,从而有组织地传达意义。创作者将思想情感融于各种视觉认知元素的有机结合体中,通过特定的艺术表现手法与受众沟通。这种重构视觉语言的过程涉及了视觉审美、视觉规律、心理影响等多个方面。①

基于互联网及各种移动终端,数字化动漫具有很大的发展潜能。除了电子漫画、动画,它也涵盖了辅助有一定声效、特效的动态漫画,其动感与互动性为观者带来了一种全新的视听体验。利用数字化手段,动漫形成了具有特定艺术风格的全新视觉语言,在图像的美观性、仿真性和虚拟化方面,色彩、形状、空间、运动等视觉认知元素得到了充分应用,将动漫的主体性、艺术审美性和表达意境推向了新高度。灵活运用数字媒体技术能在造型和场景的设计与绘制、描线、上色、特效等一系列环节提升视觉语言的表达层次,数字化动漫画面中物体的结构搭配,色调的选择,前景、背景、主体、陪体之间位置的协调,以及线条走向、影调明暗、虚实对比等构图因素的控制,都能使众多物象之间产生某种关系,整合成有秩序的指意场。② 具体分析如下:

(一)色彩

色彩文化是民族文化中最突出醒目的部分。色彩有着明显的象征性,是在一定的文化背景、民族地域中培养出来的。③ 色彩作为角色造型设计的基本元素,也是视觉语言中最重要的部分。阿恩海姆曾说:"人们在传统上把形状比作富有气魄的男性,把色彩比作富有诱惑力的女性实在不足为奇。色彩和形状的结合对创造绘画是必需的。"④

作为一种视觉生理现象,色彩会使人产生不同的生理反应。色彩的本质特征使其常常被用来表现个性、特点、身份等,或被用来象征一个民族的思想意识、社会制度、宗教信仰及风俗习惯。这些作用类似于符号与标志,其目的在于视觉传达。不同的色彩选择和层次都会根据表达的主次来进行匹配。日趋成熟的数字媒体技术不仅真实记录并再现了自然界的色彩,还能渲染出更为缤纷炫酷、变幻万千的超现实色彩。⑤

(二)形状

形状,即造型,主要指用艺术化手段创造的图形。造型除了对客观的人与物的构造,还可以引申至更大的范围,即在被限定的空间中有意识地、主动地驾驭基本型,通过组合、再造、编排发现更多的美。动漫造型是由创作者通过对现实的提炼以及对大

① 郜明.广告学原理与视觉传播[M].上海:文汇出版社,2008:8.
② 钟大年,雷建军.纪录片:影像意义系统[M].北京:北京师范大学出版社,2006:17-23.
③ 杨明刚,刘振艳,胡珊.传统文化视觉元素在动画角色设计中的价值及应用[J].设计,2014(6):64-66.
④ 黄吉春,赵涛.色彩在动画角色造型中的应用[J].现代营销(学苑版),2012(7):253.
⑤ 殷俊,王平.动画视听语言[M].北京:人民邮电出版社,2014:66.

量以故事为基础的生活素材的加工，综合运用夸张、拟人、变形等手段设计出的能够推动剧情发展的独具生命力与感染力的艺术化形象。造型设计既是为了更好地凸显人设，为故事展开做好铺垫，也是创作者表达主观感受与精神世界的载体。动漫造型设计可大致分为三类：一是拟人化造型设计，即先提炼出动植物等客观事物的外在形态的鲜明特征，能使观者快速、有效地识别出相关信息，在此基础上，设计者再进行一定的艺术化处理，赋予角色人类的性格特质；二是写实类造型设计，指忠实于客观世界人与物的本来样貌的设计；三是写意类造型设计，多见于艺术动画中，充满意识流色彩，主要以动态变幻的视觉效果激发观者的联想，不论造型还是色彩都表现得很灵活随性，这往往是创作者在把握作品整体风格基础上的即兴发挥，能很好地表达出其个人鲜明的情感特质。①

(三)空间

空间，即构图与场景的统称，借助画框中物象之间的关系以及物象的组织构成来表达意义，是体现意境的重要手段。创作者通过对视觉信息的选择、重组、突出等构成创造性的空间形态，利用人们的心理机制进一步扩展空间，从视觉上引导观者进入特殊的世界中，图像语言的基本语意便由此产生。图像并非现实本身，却最大限度地消除了画面与现实的隔阂，让观者身临其境。动漫能再现现实空间，也可以重构超现实空间。场景构图是人物形态要素在空间构成形式上的扩展和延伸，能加强人物形态和镜头画面结构的内在联系，形成人物存在的现实感和空间表现的丰富性，进而增强画面的意境感。镜头是动态的，而画格是静态的。一个镜头由无数画格(24 个/秒)构成。其构图就是要在有限的空间中寻找具有视觉价值的点，将被摄主体及其存在空间中的线条、色彩、形状、透视、视点、幅式按一定的视觉美感加以组合，使场景空间与角色形成互动，塑造出场景的客观空间和心理空间，从而表达出创作者的情感，并引发观者产生共鸣，使观众的观看体验由视觉快感上升为心理快感。②

(四)运动

动画的本质就是使影像活动起来。因此，运动可谓动画最根本的视觉认知元素，而动画则是不断创造运动意境的语言系统。数字媒体技术打破了动漫创作的物理限制，极大地拓展了其造型与展示能力，使其不仅继承了传统动漫空间布局的优点，还吸

① 李天赐.国产动画角色造型研究：以(2005—2016)三维动画角色分析为例[D].辽宁：沈阳师范大学，2016.
② 殷俊，王平.动画视听语言[M].北京：人民邮电出版社，2014：40-73.

收了视觉艺术中的运动要素，并在表达上增加了听觉感知和时间流动两个新型审美维度，大大提升了人物的真实性、过程的完整性和特效的冲击力，令动画具有独特的艺术特性和视觉语言规则，在时间流动中呈现出动态美学，并表现出思想情感及意识流动的状态。运动摄影作为视觉语言独特的表达方式体现了时间演变和空间转换，可突破动画的固定画幅比例，扩展视野，丰富造型形式，增强画面的动感和空间感。它既有利于描绘事件发生、发展的真实过程，表现事物在时空转换中的因果和对比关系，增强真实感，又为角色表演的连贯性提供有利条件。运动镜头使得画面富于变化而形成动态美感，观者在注视画面内容之后，会下意识感受运动形式对画面内容所产生的功效。①

数字化动画更符合客观运动规律，角色动作更加流畅自然。三维技术扫描、动作捕捉技术、虚拟现实技术等为数字化动画制作带来更便捷、高效、精细的技术支持，进而为动漫视觉语言带来新的表现力。

三、东方意境的特点

“意境”是东方文化中非常重要的概念，属于中国传统美学思想的范畴。东方意境是艺术美与自然美的融合，是物质、心灵与精神三界合一的体现。中国哲学推崇“天人合一”，追求心理与精神层面的境界，道、释、儒的思想内核成为贯穿中国古今的精神沃土：道家遵循“道法自然”，禅宗追求“物我合一”，而儒家则推崇“中和之道”，这些都为中国美学的意境表达提供了独特的思维方法。

东方意境的主要构成是“象”“意”“境”，特定的“象”表现出东方美学之“意”，从而建构起特定的“境”，体现出独特的美学理念和审美习惯，常见于具有浓郁中国风格的艺术作品中。东方意境是从涵盖中国哲学和美学的传统文化中孕育出来的意蕴深远的审美境界。从古至今，意境都是东方审美的重要追求。意境在创作审美意识上具备两重结构：一是客观事物的艺术再现，二是主观精神的真实表现。二者的有机结合便构成了东方文化的意境美。如今的“意境”指文艺作品中描绘的生活图景与所表现的思想情感融为一体而形成的艺术境界。凡是能感动观者的艺术，总会在反映对象“境”的同时相应表现创作者的“意”，即“寓情于景”，借助形象表现心境。②

---

① 殷俊，王平.动画视听语言[M].北京：人民邮电出版社，2014：76-77.

② 张立喜.舞剧《易·文》的美学精神表达[J].人文天下，2019(16)：56.

四、现代动漫的东方意境的构建

"东方美学中,'无'是很重要的部分,它既是无穷,是留白,也是一切。"[①]动漫本身具有技术美、运动美、造型美、意境美和精神美等主要美学特点,通过艺术创作将高尚的道德理性观念融入并赋予每个动漫角色,因而形成了独特的审美价值。[②] 画面作为动漫最直观的表意界面,其中的各种视觉认知元素相互作用,共同构建出"象",在传递创作者思想情感的同时也令观者与之产生共鸣,引导观者超脱于画面本身去体悟作品的东方审美意蕴及文化内涵。当观众能感受到一定的审美意趣和一种画外境界时,"意"和"境"便也逐渐显现。

(一)色彩元素的东方意境构建

色彩之"象"的表达注重"相生相克、相辅相成、循环往复、生生不息"的特点。作为画面中最适于渲染气氛的元素之一,色彩只要能基于文化被合理地搭配运用,观者就能通过色彩之"象"感受其"意",甚至能领悟出其背后所影射的"境"。中国传统的"五色观"对东方色彩体系的形成具有深远影响。以传统哲学思想为根基,赤、青、黄、黑、白五色分别与"五行"相对应:赤为火、青为木、黄为土、白为金、黑为水。中国很多以神话传说为题材的动漫作品以"五色"为主,以"色"绘"神"体现无尽韵味,注重笔墨意趣的传达与主观性灵的抒发,讲求写意与传神。[③] 东方审美不光注重缤纷色彩的运用,更将纯粹的黑、白两色的艺术魅力发挥到了极致。道家崇尚自然美,认为黑白即阴阳,阴阳生万物,讲究"无色而五色成焉"。由此,以黑白为主色调的水墨风格成为独特的东方色彩之美学。其中,"留白"充分体现了中国传统绘画的构图理念,即黑中有白、白中有黑,黑与白相互作用、相互转化。动漫中水墨肌理的创作,虽然在构图上没有固定的方式,但还是会像传统水墨绘画一样讲究留白的处理,利用好黑白之间的对比,使水墨元素在设计中得到很好的利用。[④] 这种技法不仅是东方色彩独特的表现形式之一,还是东方美学中典型的空间构图手法,蕴含了一种既平和淡然又浑厚有力的东方气韵。

以动画电影《白蛇:缘起》为例,开篇的背景为冷调的黛青色,配合氤氲发亮的桃花

---

① 吴滨.吴滨:东方美学在空间设计中的传承[J].设计,2019(14):88.

②③ 杨明刚,刘振艳,胡珊.传统文化视觉元素在动画角色设计中的价值及应用[J].设计,2014(6):64-66.

④ 王宁,邸小松.从造型到意境:水墨元素在现代插画设计中的运用[J].设计,2017(17):54-55.

花瓣拉开序幕。随着钟乳石上凝聚的水珠滴落的一声脆响，白娘子的意念瞬间跌落至空境转场，坠入水中的无数气泡裹挟着她乌黑浓密的发丝化为缓缓晕染开的水墨烟雾，加之融有淡淡古琴变奏的神秘诡促的背景乐，东方意境之美便这般娓娓道来。紧接着，一片片桃花花瓣化作一张张咒符，起先这些咒符中慢慢散发出道道诡异的水墨烟雾，随后突然延伸为一条条似荆棘般的触手加速伸向白娘子并疯狂拉扯着她，交织的水墨线条无不透露出书法笔画般的苍劲有力，生动地烘托出白娘子修炼时走火入魔的挣扎、痛苦与无助的心境。该片将道家美学思想影响下的阴阳冷暖色彩对比融入空灵深邃的黑白水墨色彩中，瞬间把观众拉入到一个神秘唯美且意蕴深厚的东方审美之“境”(见图1)。影片尾声又把观众从主角前世的缘分拉回到熟悉的西湖美景中，画面的整体色调则采用石绿、黛青等清新雅致的中国传统色彩，通过青绿色深浅浓淡的变化以及桃红若隐若现的点缀，优美生动的山水写意画卷便在观众眼前徐徐展开(见图2)。此时的观众随着一幕幕“象”的变化再次走入情景交融之“境”，并流连于意味深长的东方意境中。

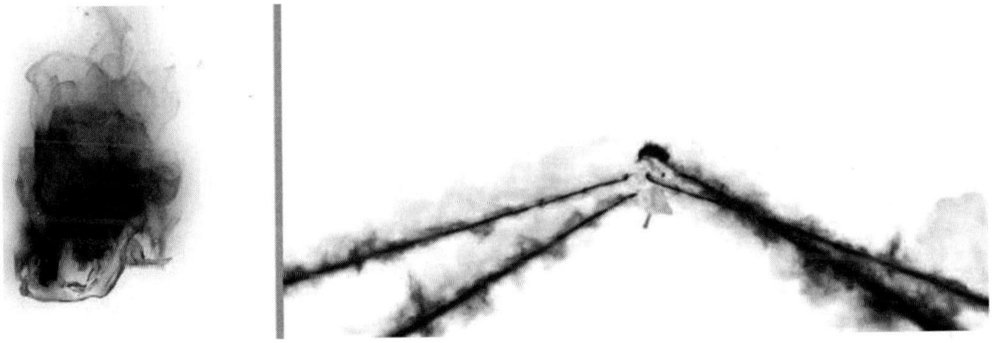

图1 《白蛇:缘起》中的黑白水墨色彩运用

图2 《白蛇:缘起》中的西湖写意画卷

(二)形状元素的东方意境构建

形状也是一种直观表达特定符号及文化内涵的视觉载体,虽然东方意境淡化了具体的“形”而侧重神韵的表现,但“形”对画面虚实结合的艺术表达至关重要。构建出东方意境的画面也必然有其东方美学中“形”的典型特征。东方意境中的“形”通常是东方人文背景下的独有产物,因而在视觉的直观与联想层面就具有了符合东方特质的审美意趣,同时也是东方意境中“象”最显著的部分,就如贯穿《白蛇:缘起》全片的“碧玉珠钗”以及影片中多次出现的油纸伞、宝塔、烟斗等东方传统物象;再如动画电影《姜子牙》里的蓑衣、灯笼、茅草屋;又如动画电影《哪吒之魔童降世》中的青铜器、毛笔、祥云、“山河社稷图”等。当这些“形”相互协调进而达到一种平衡状态时,作品的东方格调与人文意蕴便会自然地流露出来。

相比于西方艺术注重形似的“写实”风格,东方艺术更倾向于神似的“写意”风格,即对具象进行高度凝练与升华,再以抽象的方式保留其原本的神韵。即便是追求形似也要融入自我情感,抒发主观意志,“以意命笔”才能塑造出画面的意境美。[①] 同时,受道家经典《老子》中“朴素”美学思想的影响,“写意”作品对线条这一“形”的运用更是引人入胜。它通过浓淡、曲直、长短、疏密、粗细等设计,从“一”勾勒出“万物”。无论是“形”这一“象”本身还是其所传递的文化内涵,都在一定程度上表达出东方美学之“意”,并在与画面中其他“象”相互作用的过程中构建起东方意境。

例如,动画电影《新神榜:哪吒重生》表现男主角李云祥意志觉醒的片段,以“写意”的艺术手法将李云祥自由、叛逆的个性和不屈不挠的精神化作其体内蕴藏的哪吒元神之形,在李云祥身后映衬出其内心的强大,画面在传统与现代的碰撞中突显出东方意境之美。再比如《白蛇2:青蛇劫起》中小青与法海斗法时青蛇元神和法海仙鹤元神的抽象表达,这一片段中无论是整体水墨动画之“形”的表达还是青蛇与仙鹤之“形”的抽象视觉表现,都引领观者透过这些“象”感受出其背后的东方文化之“意”,从而体悟出东方意境之美(见图3)。

① 张天爽,汪兰川.形式美、意境美、真情美:浅议吴冠中艺术特色[J].设计,2015(7):92-93.

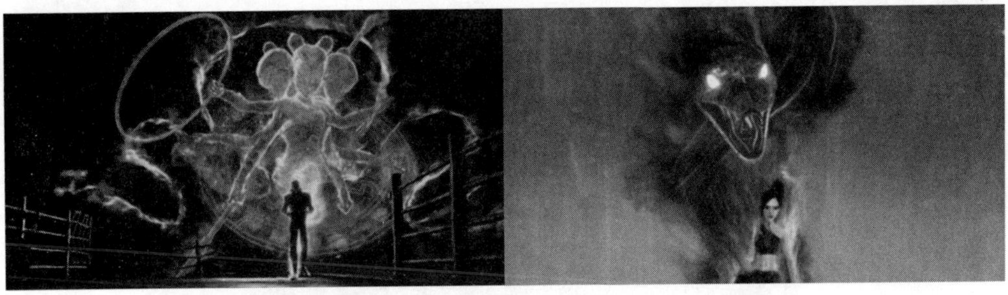

图3 《新神榜:哪吒重生》和《白蛇2:青蛇劫起》中的抽象表达

(三)空间元素的东方意境构建

把握"空间"这一视觉认知元素主要是设计好画面构图与透视关系。抽离于对画面元素的局部观察,整体的空间同样也是画面中各元素相互作用后所呈现的场域表达,即意境本身,令人最直观地感受到其氛围,故画面中的空间也是东方意境最直接的体现。

相比西方艺术对空间的视觉表达大多基于"焦点透视法",东方艺术在"空间"的表达上更加独具匠心,采用了"以大观小,散点透视"的美学思想。东方的空间观打破了一般画面以"焦点透视法"观察事物的局限,同一画面中的各部分可以有不同的透视,也不刻意作景别的区分,即采用"散点透视"的空间表达,同时注重阴阳协调、对称、圆满周全,在诸多画面元素中体现出全局的协调,从而使整个画面保持一种自然平衡的状态。此外,异于以"客观实在"为主的西方审美,东方艺术非常注重整体氛围的营造和情感的表达,创作者在作品中充分融入了在当时历史文化背景下自身所具有的精神气韵和审美意趣,这并非个人单纯的喜怒哀乐,而是能在一定程度上反映社会风貌和人文风俗的思想情感。

动画电影《哪吒之魔童降世》中的"山河社稷图"就表现出了东方意境之空间美学。当哪吒步入画卷时,画面并未严格按照近大远小的透视原则构图,而是将浩瀚无垠、绮丽壮阔的魔幻仙境置于独特的空间里,把"高远、深远、平远"的东方审美方式精心设计于画面中,影片情节随主人公移步易景、步步入情、层层推进,令观者身临其境,视角随画面缓缓运动,细细品味其中的东方意境之美(见图4)。

图 4 《哪吒之魔童降世》中的“山河社稷图”

(四)运动元素的东方意境构建

传统水墨动画的镜头语言表现通常采用固定或推拉的方式,简单朴实。相比之下,数字水墨动画对运动镜头的应用则更加丰富,多采用长镜头的方式,通过不同景别连贯变换流畅地表现出游走纵深的空间感,淡雅灵动的画面效果加上行云流水的场景转换营造出一种诗情画意的境界。

最典型的就是利用三维技术制作的水墨动画,画面富有运动性、空间性和想象性,运动镜头起幅和落幅的构图动静有常,能在有限的空间中激发观者无尽的想象。比如三维水墨动画《夏》,蜻蜓振翅起落、荷花随风摇曳、锦鲤穿梭游动、美人吟诗赏景,荷塘映衬美人,美人点缀美景,镜头配合画面主体的变化进行推拉摇移,令人与景生动自然,相得益彰(见图 5)。此外,古筝优雅婉转的乐音配合画面中人与物以及镜头运动的节奏,加强了画面的韵律感,舒缓有致的音乐与画面和谐统一,共同营造出物我两忘、心旷神怡的精神境界。除了物质层面可见的动态变化,“动”也体现在精神层面,即景物神韵与人物情态的交融呼应,形成了心灵的折射和精神的幻化,使水墨画面特有的“形、神、意、韵、气”自然地流动起来,令自然之物经由人的感悟升华于艺术之中,从而构建起天人合一、阴阳互补、超然物外的独特意境。①

① 陈伟.论水墨动画的镜头画面意境[J].中国广播电视学刊,2018(9):78-79.

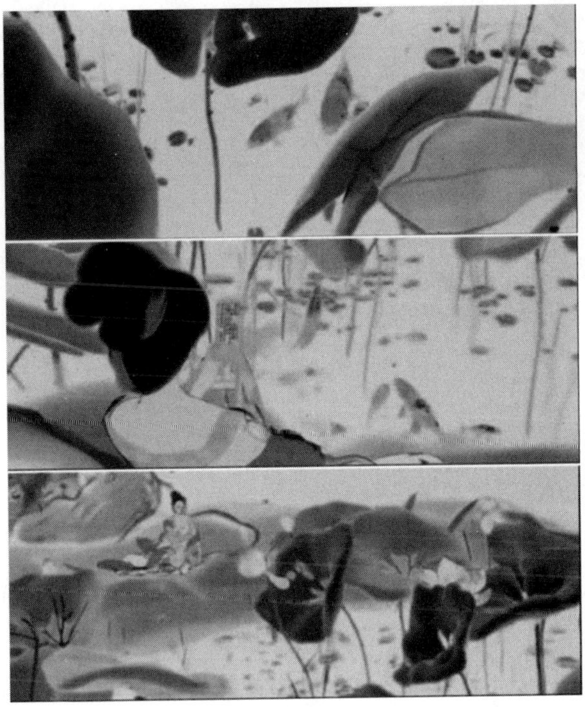

图 5 《夏》中不同运动镜头下的三维水墨画面

(五)小结

色彩、形状、空间、运动等视觉认知元素虽各自具备东方美学的典型特征,但“东方意境”的高级呈现往往并非单一元素的呈现,而是画面中各元素相互间协调搭配,使观者不局限于“实境”空间的艺术呈现,透过“境”去感受其背后的深“意”。正所谓“象外有象,境外有境”,这便是“意境”的高级呈现。“意境”讲究的是气韵,“意境美”作为中国传统绘画的核心,也是很多优秀的国产动漫作品所追求的最高形式。[①]

动画电影《姜子牙》中,心如止水的男主角姜子牙空灵唯美地“独钓寒江雪”的场景就很深入人心:冷调的色彩搭配与质朴的外形勾勒,让观者真切地感受到超然物外、天人合一的东方哲学意蕴。通过画面中各视觉认知元素的相互关联,东方意境的审美之意油然而生。该场景的艺术表现抑或叙事风格都未做多余修饰,为观者留下了意犹未尽的畅想空间,可谓“此时无声胜有声”。画面中纷纷扬扬的雪花映衬着静坐桥头的姜子牙那单薄的背影,烘托出主人公寂寥淡然的心境(见图 6)。情境合一,文心化境,观者此刻的“心境”也随画面的“实境”升华交融,沉浸在这东方美学与哲思之“意”中。

① 张天爽,汪兰川.形式美、意境美、真情美:浅议吴冠中艺术特色[J].设计,2015(7):92-93.

图 6 《姜子牙》“独钓寒江雪”的场景

由此不难看出,数字媒体技术精准的造型能力以及优越的场景布局与特效合成能力将诸多宏伟美妙的情节从想象变成现实,呈现于观众面前。数字化动漫往往能创造出一般传统动漫所无法表现的“太虚幻境”,达到亦真亦幻的“虚拟现实”效果,某些画面甚至比客观现实更为生动逼真,富有艺术感染力和强烈的感官冲击力。

结　语

数字化动漫是动漫领域的一种全新的艺术表现形式,将科技与艺术相融合,为艺术创作提供了更多的可能性。如今,随着数字技术的成熟和内容的多元化充实,动漫逐渐从低龄化产品拓展到全年龄向作品。通过视觉语言中的色彩、形状、空间、运动等的设置与表现,动漫能够在特定的范围或场景内做适当的表达,充分满足了现代艺术中追求视觉体验的文化氛围和社会语境。因此,数字化动漫不仅是对艺术形式与制作技术的革新,进一步推广并延伸视觉语言,更是视觉传播的潮流性探索。很多优秀的国产动漫作品所营造的东方意境便是用当代的价值观与审美观重新诠释了传统文化,在保留文化精神内核的基础上推陈出新,对传承、发扬中华文化具有积极作用。

〔赵春华,北京服装学院时尚传播学院教授;张雨濛,北京服装学院时尚传播学院2019级硕士研究生;龚俊杰,北京服装学院时尚传播学院2019级硕士研究生〕

〔特约编辑:顾洁〕

从“知识共同体”到“情感共同体”：“中国传媒大学新闻与传播留学生项目”的教育理念探索*

From “Epistemic Community” to “Emotional Community”: An Exploration of Education Idea Based on Journalism and Communication International Program in Communication University of China

◎丰　瑞　李昊隆

Feng Rui　Li Haolong

摘要：新闻传播专业的来华留学生是中国故事的“中介”和意见领袖，其特殊的角色意味着他们的认知和经验将以“扩音”的效果影响到更多国别区域的受众。以他们为对象开展的新闻与传播教育教学活动，既体现着跨文化传播的知识转译，又蕴含着人际传播的情感要素，同时也可被视为一种国际传播的本土化实践。本文以“中国传媒大学新闻与传播留学生项目”的办学经验为案例，探寻来华留学生培养的路径选择与教育理念。

关键词：来华留学教育；新闻与传播；共同体

Abstract: International students majoring in journalism and communication in China are the intermediaries of Chinese stories and opinion leaders and their special role means that their cognition and experience will “amplify” the effect to more audiences in different countries and regions. The Journalism and Communication education carried out for them can not only embody the knowledge translation of cross-cultural communication, but also contain the emotional elements of interpersonal communication, and can also be regarded as a localized practice of international communication. This paper takes “Journalism and Communication International Program in Communication

* 本文系国家社科基金重大项目“我国新闻传播业人工智能应用现状与发展趋向研究”（项目编号：19ZDA327）阶段性成果。

University of China" as a case, to explore the Chinese path of personnel training for international students in Journalism and Communication. It sublimates the physical construction of epistemic community into a psychological connection of emotional community, and truly realizes mutual understanding, sharing weal and woe, and affinity among people.

Keywords: the international education in China, journalism and communication, community

一、问题背景

2020 年 5 月，习近平总书记给北京科技大学巴基斯坦留学生回信，他希望留学生们多了解中国、多向世界讲讲他们所看到的中国，多同中国青年交流，同世界各国青年一道，携手为促进民心相通、推动构建人类命运共同体贡献力量。[①] 时隔一年，2021 年 6 月，习近平总书记给北京大学留学生回信，鼓励他们多到中国各地走走看看，更加深入地了解真实的中国，同时把他们的想法和体会介绍给更多的人，为促进各国人民民心相通发挥积极作用。[②] 随着新闻传播学科的国际化交流日益增多，目前已有中国传媒大学、清华大学、中国人民大学、北京外国语大学、上海交通大学等高校开设针对新闻传播专业的来华留学生的全英文专业。除了整班建制的项目外，部分留学生混编入新闻传播相关专业学习深造的现象也越来越常见，这些事实不仅说明了新闻传播专业来华留学生的规模和覆盖面在持续扩大，还折射出当下新闻传播教育更深层次的战略意义。习近平总书记在主持中共中央政治局关于加强我国国际传播能力建设的第三十次集体学习时强调，要增强国际传播的亲和力和实效性，要广交朋友、团结和争取大多数，不断扩大知华友华的国际舆论朋友圈。[③] 总书记对于国际传播工作的部署，要求我们以国家战略的格局重新理解新时期来华留学事业的各项工作，尤其是新闻传播学科在其中发挥的主体作用。因为该专业领域的学生既是受教育的主体，同时又是未来的传播者、发声人。他们是中国故事的"中介"和意见领袖，其传受一体的特殊中间

① 习近平给北京科技大学全体巴基斯坦留学生的回信[EB/OL].(2020-05-18)[2022-02-05]. http://www.xinhuanet.com/politics/leaders/2020-05/18/c_1125999459.htm.

② 习近平给北京大学的留学生们回信[EB/OL].(2021-06-23)[2022-02-05].http://politics.people.com.cn/n1/2021/0623/c1024-32137750.html.

③ 加强我国国际传播能力建设，习近平再作部署[EB/OL].(2021-06-02)[2022-02-05].http://politics.people.com.cn/n1/2021/0602/c1001-32120815.html.

角色意味着相对于其他专业领域的留学生，他们的知识认知和实践经验将以“扩音”的效果影响到更多国别区域的受众。所以，以他们为对象开展的教育教学活动，既体现着跨文化传播的知识转译，又蕴含着人际传播的情感要素，同时也可被视为一种国际传播的本土化实践。

2012 年，中国传媒大学电视学院开始招收新闻与传播专业留学生。该专业为硕士研究生层次，项目制管理，共开设 12 门全英文课程。专业以“中国经验，全球视野”为定位，秉承跨文化传播的理念，构建以“知识共同体”为基础的“情感共同体”，目前已招收来自澳大利亚、挪威、巴基斯坦、哥斯达黎加、越南、新加坡、刚果、加纳、美国等 40 多个国家的 170 多名学生，培养了一大批知中国、懂中国、爱中国的来华留学生。本文将以该项目的办学经验为研究个案，探讨留学生教育的路径选择与培养理念，以期为新时期的来华留学教育提供借鉴和思路。

二、文献回顾

从 1950 年 15 名留学生来华求学，到 2018 年已经有近 50 万留学生在中国学习，来华留学事业的规模、水平、体系不断发展改进，目前中国也已成为亚洲最大的留学目的地国。[①] 除了数量级的增长外，来华留学教育的功能与内涵由单纯的政治需要演变为更深层次的国家战略。特别是 2012 年“十八大”提出了“人类命运共同体”理念，这一理念不仅为解决全球性问题提供中国方案，还引领了高等教育国际合作与交流，从维护全人类利益的高度出发，通过构筑跨国学术共同体、世界青年共同体和社会责任共同体，携手解决人类面临的问题与挑战，共同为促成公平正义、合作共赢的世界秩序做贡献。

目前来华留学教育研究的宏观层面主要以人类命运共同体思想统摄。周作宇等指出，人类命运共同体是高等教育国际合作的价值坐标，国际教育不是征服对方，以一种文化控制另一种文化，而是应该建立在平等独立和相互尊重差异的基础上[②]；杜修平等从培养什么样的人、为谁培养人、如何培养人三方面指出，欧美西方国家以经济利益为出发点的留学生教育模式，是和我国在人类命运共同体理念下对中外经贸往来、人文交流、国际事务中发挥重要作用的人才培养理念有着较大差异的[③]；蔡虹指出，来

① 蔡虹.新时期来华留学教育的使命、问题与发展理念研究[J]. 国际学生教育管理研究，2020(1)：1-12.

② 周作宇，马佳妮.人类命运共同体：高等教育国际合作的价值坐标[J]. 高教研究，2017(12)：42-50.

③ 杜修平，李思敏，张宇.以人类命运共同体思想指导来华留学教育定位[J]. 国际学生教育管理研究，2021(1)：21-26.

华留学教育是构建人类命运共同体的现实抓手，是我国高等教育参与全球治理不可或缺的方面，是衡量我国高等教育全球治理能力的重要标尺①。中观层面来看，目前关于来华留学教育的研究主要集中在历史综述、政策法规、跨文化适应与交际、跨国比较研究、教学管理研究方面，学者们的研究主要以历史学、语言学、教育学、管理学为视角。近年来新闻传播领域也逐渐开始关注来华留学领域，如王敏等以质性研究的方式对50位留学生进行深度访谈，提出中国故事应扎根“中华文化”，活用“中国元素”，刻画“凡人真情”，消解二元对立叙事而寻求融通与共情②；舒笑梅等运用问卷调查分析来华留学生对短视频中的中国国家形象的认知，发现留学生的来华时长、观看短视频频次和不同媒体的短视频播放内容对留学生中国形象认知维度产生的交叉影响③；高金萍等聚焦北京地区的留学生群体，研究发现留学生对中国文化的整体认知积极正面，但对中国的最新科技成果了解较少④；宋海燕从国家形象的角度出发，指出留学生在中国的亲身感知有助于其修正之前基于境外媒体报道形成的对中国形象的虚拟认知，使其成为讲述中国故事、传播中国形象的“他者”主体⑤；陈虹等探讨了新闻传播学科开展全英文教育的理念和范式，呼吁从传统注重语言交流的浅层面向注重文化共识和认同重塑的深层面拓展，以培养促进文化交流为主导的全球新闻传播人才为目标，培育学生的国际视野和“文化协同”意识⑥。笔者在爬梳新闻传播理论框架下的来华留学研究时，发现现有文献更多地以留学生为特定研究对象开展少数群体的传播现象研究，或者以双语教学为出发点囊括中外学生（其实更多关照中国学生），探讨新闻传播教育教学改革，这便出现了一个微观层面的研究空白地带，即新闻传播学科下的来华留学生学什么、如何教的问题。换言之，以他们为主体的知识共同体如何构建？

三、以“中国为方法”的知识共同体

知识共同体是由某一知识领域相互关联的行为主体组成的整体。在国际关系

① 蔡虹.新时期来华留学教育的使命、问题与发展理念研究[J].国际学生教育管理研究，2020(1)：1-12.

② 王敏，王令瑶.中国故事的传播中介、传受偏差与传声纠偏：以在华留学生为中介的研究[J].新闻记者，2020(12)：56-68.

③ 舒笑梅，董传礼.来华留学生短视频接受与中国国家形象认知[J].现代传播(中国传媒大学学报)，2021(7)：50-55.

④ 高金萍，王纪澎.来华留学生：中国对外传播的重要力量——基于北京地区来华留学生对中国文化认知的调查[J].对外传播，2017(9)：50-52.

⑤ 宋海燕.中国国家形象的“他者”传播：来华留学生的中介机制[J].新闻爱好者，2021(8)：27-30.

⑥ 陈虹，秦静.全球化时代新闻传播全英文教育的理念与范式革新：从英语教学到跨文化传播[J].现代传播(中国传媒大学学报)，2016(9)：143-147.

研究领域中，知识共同体用来联系复杂变量之间的关系，属于一种对待复杂关系的认知共同体。虽然知识共同体的成员们具有更强的自发性，知识背景和行为动机也更加多元，但是他们拥有着某一种知识的共同范式和观念。[①] 大学的自然属性就是知识共同体，随着时代演进，"知识"的内涵与外延在不断变化，但"知识"始终是高等教育毋庸置疑的核心纽带，联结起整个共同体。[②] 同时，我们也应该看到，在文化帝国主义与数字平台的地缘政治耦合下，西方国家长期以来主导着全球知识生产，从范式、概念、框架、实践上定义着非西方的知识话语表达。以非西方国家为主导建构知识共同体的主体性意识是缺失的，话语表达也相对模糊，这一点在新闻传播学科中体现得尤为明显。

(一)"去西方中心化"的知识体系

以美国为代表的西方新闻传播教育与中国的新闻传播教育理论与实践有着较大的区别。[③] 如果我们在面对来华留学生时不加辨别地照搬西方的学说、刻意弱化中国特色的理论与实践，那么就又会陷入西方国家的话语陷阱中，完全丧失了国际传播的立场与主动性。特别是在新闻传播专业的课堂中，如果教师用"新闻＋英文"的方式全盘讲授推介西方的理论与实践，必然会造成舍本逐末的效果。所以我们在中国传媒大学"新闻与传播留学生项目"的教学理念中，探索复调共生的基于共享与对话的知识传播方式，并试图搭建一种"去西方中心化"的知识体系。在课堂教学中，此理念体现了三方面作用：一，消除认知偏见。近年来，西方媒体通过妖魔化中国、在其媒体内容中抹黑我国际形象、建构"中国威胁论""新殖民主义论"等手段，在国际话语空间对我们展开攻击的程度愈发加重、频率愈发细密。[④] 特别是新冠肺炎疫情爆发以来，污名化、矮化中国的言论更是甚嚣尘上。虽然来华留学生保有憧憬向往的心情来到中国，但是受国际负面舆论影响，他们也存在着对中国的认知偏见和刻板印象，所以留学生通过新闻传播领域的学习深造，是可以起到改变认知错位甚至是扭转中国话语低位局面的作用的。比如在"国际新闻导论"课程中，任课教师以《中国日报》的《起底》专栏为教学案例，对西方负面舆论进行话语解构，向同学们展示了 BBC 如何利用移花接木的手段编造假新闻，青年学生特别是西方欧美国家的学生大受震动。二，强调国情教育。中

① 曹云华，周玉渊.知识共同体方法及其局限性[J]. 河南社会科学，2009，17(2)：123-126.

② 任少波，单珏慧.构建基于"知识共同体"的"德育共同体"：高等学校立德树人的二位耦合[J]. 教育研究，2019(7)：44-50.

③ 胡百精.大学现代化、生态型学科体系与新闻传播教育的未来选择[J]. 中国人民大学学报，2019(2)：132-139.

④ 段鹏.当前我国国际传播面临的挑战、问题与对策[J].现代传播(中国传媒大学学报)，2021(8)：1-8.

国有自己独特的文化传统,也有自己的道路选择和历史使命,在中国学习新闻传播相关知识和技能的学生理应深植本土情境,立足中国的国情、民情、社情。因此,相关课程要让留学生了解中国的国情是什么,中国面对的"真问题"是什么,并引导学生从中国社会的历史与现实中发现问题、分析问题。比如授课教师在讲授专业课程时,会注意跳脱出新闻理论和实践,把中国话题创新性地融汇在课堂讲授中。如:中国为什么会提出"一带一路"倡议?为什么中国可以控制住疫情蔓延?这些内容的讲授,引起了留学生极大的兴趣,他们在课堂上、作业里对这些问题展开热烈的讨论,谈论学习中国经验对于他们的国家的借鉴意义。三,构建中国学派。当前数字技术语境下,中国的新闻传播实践也构成了独特的中国对象、中国经验与中国问题。这大大超出了基于盎格鲁–撒克逊传统而衍生出来的欧美新闻传播理论的解释范围。相较于西方新闻业的新媒体转型,中国的新闻媒体开展了"自上而下"的媒体融合实践,以一种组织化、制度化、系统化的思路回应数字技术变革。包括新型主流媒体建设、县级融媒体建设等在内的中国媒介实践,形成了完全不同于西方国家的发展路径和参照样本。① 在"数字新闻学"课程中,授课教师将这些现实经验层面的变化提炼为融通中外的新概念、新表述,并转化为通俗易懂的知识点和生动鲜活的案例引入到留学生的课堂,为学生理解中国的新闻与传播现象提供了适应性话语。这不仅可以让他们了解到中国正在发生的媒介变化,同时也是用中国实践升华中国理论,建立起一种新范式和框架下的"中国学派"。

(二)"知行合一"的本土实践

一是专业实践。知识的习得是一个双向建构的过程,它不是单向度地来自主体或客体,而是在主体和客体相互作用的过程中建构起来的。② 只有将知识放在它产生及应用的活动、情境与文化中去了解与学习,学习者才能获得真实的理解与应用能力。③ 留学生在课堂中学习到了新的知识和范式,特别需要走出校园借助第二课堂的"隐形课程"更好地理解、掌握和运用在课堂上摄入的内容,在特定的真实可感的具体情境中赋予知识具象化的含义。④ 比如在"影视剧改编"课程中,授课教师选择电影《梅兰芳》作为经典案例进行讲解,除针对影片内容在课堂中分析视听语言

---

① 涂凌波."以中国为方法":新闻学理论范式转换的逻辑、知识与方法论[J].新闻与写作,2021(11):38-47.

② 皮亚杰.发生认识论原理[M].王宪钿,等译.北京:商务印书馆,1981.

③ BROWN J S, COLLINS A, DUGUID P. Situated cognition and the culture of learning[M]//MCLELLAN H. Situated learning perspective.Englewood Cliffs, New Jersey: Educational Technology Publications, 1996:21-22.

④ 赵欣.在华留学生"隐性课程"与中国文化海外传播[J].新闻与传播评论,2020(1):117-128.

外，教师还会组织学生们到梅兰芳纪念馆实地参观，更好地帮助学生们理解影片内容、巩固课堂知识，让他们更加形象化地感知中国的历史文化。在新闻与传播专业的教学安排中，基本上所有的课程都会特别设计第二课堂活动让大家走出校园，同学们在“新闻制作”课程中去人民日报社调研“中央厨房”的媒体融合创新，在“新媒体：理论与实践”课程中参访腾讯公司了解中国互联网平台建设，在“非虚构创作”课程中深入基层社区与普通家庭做田野调查，这些教学活动很好地将课堂上符号化的知识概念与真实的中国情境勾连起来，学生们在“知行合一”中进一步强化和拓展课堂习得的知识内容。

二是社会实践。2018 年教育部发布的《来华留学生高等教育质量规范（试行）》指出，高等学校除安排充足、适用的中国概况类课程以外，还应有计划地组织来华留学生参加中国国情和文化体验等活动，并与群团组织、社区等积极合作，促进来华留学生与中国社会的互动。[①] 此《规范》表明，结合留学生的学习特点和人才培养目标，充分开发和利用课堂显性知识教学资源以外的社会实践类资源，是提高留学生高等教育质量的需要。“情境学习理论”认为，参与社会实践是整个知识学习过程的重要组成部分，即共同体成员通过参与社会文化活动和建构社会关系，可以获取必要的知识资源，提高技术技能。[②] 可见，知识的共同体也必然地是一个实践的共同体，学习者在共同的情境下借助文化协商主动参与社会实践，也是建构共同体身份的过程。遵循以上思路，在华留学生的跨文化实践活动也可以被视为具有特殊意义的知识习得，它不仅限于专业课程的知识学习，还体现为各种形式的文化参与和社会实践。中国传媒大学 2019 级新闻与传播专业的留学生姆博尼汉耶利用课余时间赴云南金平县、山西吕梁市两地开展社会调查，他目睹了中国的减贫成就，把自己的见闻感受写成文章《理解中国多措并举的减贫战略》发表在了自己国家的主流报纸上，文章高度赞扬中国的减贫经验为其他发展中国家树立了标杆；2021 年暑假，中国传媒大学新闻与传播专业的 7 名留学生与中国学生组成的联合国情教育实践调研小组，深入浙江省 7 个地市考察了数字经济下的乡村振兴以及农村绿色经济发展等议题；同年，中国传媒大学电视学院还举办了“外国留学生西部行”活动，8 名留学生赴西藏拉萨、林芝采访调研，当地对少数民族教育、生态保护、非遗传承等方面的重视让同学们看到了真实的西藏，该活动被

---

① 教育部关于印发《来华留学生高等教育质量规范（试行）》的通知[EB/OL].（2018-09-03）[2022-03-04]. http://www.moe.gov.cn/srcsite/A20/moe_850/201810/t20181012_351302.html.

② LAVE J, WENGER E. Situated learning: legitimate peripheral participation[M]. Cambridge: Cambridge University Press, 1991.

中央电视台报道,留学生们在镜头前讲述了他们眼中的西藏。以上3个样本虽是个案,但也基本体现了留学生在中国大地上开展实践活动的一种路径和目的,即通过"知行合一"的社会实践与文化参与去体验真实、全面、立体的中国,将本土意识与全球视野融会贯通,主动探索将中国的经验转化为别国区域治理方案的可能性。

四、以"共情"为核心的情感共同体

上文提出了以"中国为方法"建立知识共同体的理念,这种理念体现了"以我为主"的中国话语体系和表达方式的建构,突出了以知识理性为圆心、以知识传播为半径,在此基础上进行知识的生产、分享和对话的思路。但同时,我们也应该看到这种理念在面向来华留学教育时所潜藏的"二元对立"的风险。每个国家都有自己的风俗、语言、宗教等,国际传播中单边式、说服式的表达就算再有针对性、解释力,也可能陷入"自说自话"甚至"对空言说"的传播困境。教育的根本目标一定是建立在教育者和受教育者的共识的基础上。由此可见,无论是微观的实务方法技能、中观的媒体策划运营,还是宏观的社会文化习得,都似乎无法成为新闻传播专业来华留学生教育的根本目标。所以我们需要再回到起点,重新理解当下新闻传播教育在来华留学事业中所起到的核心作用是什么。

"人类命运共同体"是构建"我们"的概念,是超越"我"或者"我、你、他"这般从个人利益出发、将对方视为对立面的概念。以"人类命运共同体"理念引领留学生来华教育,意味着教育机构或者组织不是征服对方,以一种文化控制另一种文化,也不是简单地盲从或者依附,而是应该超越民族国家的思维局限,在平等独立和相互尊重差异的基础上,积极学习互鉴、实现资源共享。① "共情"是一个心理学概念,也有人将其比作"同理心",指的是个体准确地理解他人的情感,并在特定情景下做出准确情感反应的一种能力。共情有助于个体产生利他行为和亲社会行为,而群体共情有助于减少群际攻击性行为和群际冲突,改善群际关系。② 当理性的说服无法起作用时,感性的共情往往能够产生更好的效果。在此基础上,吴飞提出"共情传播"概念,强调把传播对象看成是与传播者平等的所在,而非对立的"他者",传播者与传播对象之间是平等的"吾汝关系",而非"吾它关系"。③ 如此一来,就拉近了二

① 周作宇,马佳妮.人类命运共同体:高等教育国际合作的价值坐标[J]. 高教研究,2017(12):42-50.

② 唐润华.用共情传播促进民心相通[J]. 新闻与写作,2019(7):1.

③ 吴飞.共情传播的理论基础与实践路径探索[J]. 新闻与传播研究,2019(5):59-76.

者之间的心理距离，为信息和观点的传播奠定了情感根基，为建立真正“你中有我、我中有你的命运共同体”打开了大门。[①]聚焦于新闻传播教育的核心目标，我们认为超越知识的圈层，应该是通过跨文化的沟通达到情感联结的作用，实现相互理解、休戚与共、民心相通。所以，教育的目标也从知识共同体的物理构建升华为一种情感共同体的心理联结。所谓情感共同体，指的是信奉共同的情感表达规范且重视相近情感、情绪的群体或者集合。[②] 基于以上分析，我们在来华留学教育中探索建立一种以“共情”为核心的情感共同体，以“新闻与传播留学生项目”为例，具体从以下三个方面实现共同体的构建。

(一)换位思考，将心比心

虽然国家强调来华留学生的“趋同化”管理政策，但因各个学校的实际情况与专业特点不同，大部分留学生仍然会感到自己是被区别对待的少数族群和“他者”，部分严重者甚至因为不适应新的环境而出现“文化休克”的现象。所以，教育者在和留学生交流沟通时，切忌居高临下地指手画脚，切忌以自我为中心地单向灌输，而是要对“他者”的情绪感同身受，并且能换位思考，从“他者”的角度去认识和理解问题。中国传媒大学2016级新闻与传播专业的留学生入学期间，因校舍变化，学生们不得不集体暂居校外。初来乍到就遇到这种情况，有一部分学生产生了抵触情绪。学院在不改变既定政策的基础上，从解决问题出发，为每一位学生配备一辆自行车。自行车本身就是外国人认知中国的一个符号，这个礼物既有深意又解决了实际问题，一下子拉近了留学生和中国的心理距离。学生们每天骑行五分钟往返学校和宿舍，感觉新奇有趣。舆情事件最后通过对话与协商被巧妙地化解，这本身也考验着管理者的共情能力。

(二)求同存异，互相尊重

教师不仅是知识的传授者，更是加强情感沟通的“黏合剂”。不同文明间的对话难免存在争议，对话双方也必然带有意识形态的偏见和文化价值的隔阂。但共情传播不是“我说服你，你说服我”的缠斗，而是双方尊重彼此的话语权，尊重差异性和丰富性，动态推动彼此的对话。它通过把“他者”还给“他者”，让“自我”回归“自我”，平等对待

---

① 刘滢．“全球中国”视域下媒体国际传播效能提升的新思考[J]．新闻与写作，2019(9)：69-74.

② BARBARA R H. Emotional communities in the early middle ages[M]. New York, NY: Cornell University Press, 2006.

"他者",在"我说你听,你说我听,彼此理解,协商共议"中实现情感共同体的建构。[①]在课堂中,经常会有留学生表达自己的看法,例如宣扬西方新闻制度的优势。在面对这样的观点时,教师不应主动引战,而是要么搁置争议、各美其美,要么有技巧地回应,陈述我国新闻制度形成的背景和历史,以及这种制度的优势是什么。总之,教师要充分把握对外交流的方式方法,避免咄咄逼人、盲目自大,保持自信谦和的态度,强调分享互鉴,把着眼点落在求同存异之上。

(三)发掘符号,共享情感

在跨文化传播中,如何以相通的符号或者中介物连接不同的对话主体以引发其共享表征,是实现彼此共鸣的关键环节。所谓中介物是指引发对话主体产生相同或接近情感态度的客观事物,它可以使双方见之动心,会之起意,触之生情,有效促成双方共通的意义空间,是"心通"的重要媒介和载体,也是共情传播中的决定性符号。[②] 在教学设计中,教师要把自己想讲的和留学生想听的结合起来,找到彼此皆可识别的兴趣点。比如,在为留学生讲述中国脱贫攻坚的故事时,授课教师就选用了海内外刷屏的短视频《一杯咖啡里的脱贫故事》作为教学案例,用西方人最熟悉的文化符号"咖啡"作为媒介来讲述中国人的脱贫故事,用代表中西方文化交融的日常生活元素来折射中国社会的飞速发展。对这个符号的发掘和识别就是共情传播的关键因素。此外,共情传播也需要彼此观照双方共有的情感体验和文化记忆,突出共同的价值理念和情感元素,寻找情感的普遍性,找到"我们"的故事。例如,国际互助抗疫的故事就是可以普遍引发各国学生情感共鸣的素材内容;对于"一带一路"沿线国家的学生,丝绸之路的故事可以唤起共通的情感记忆;在面对欧美国家学生解释"中国梦"这一话题时,重点可以不放在"中国"上,而放在"梦"上。以上案例故事都成了不同文化背景下的人们寄托"休戚与共"情感的载体与媒介。

结语

2011 年,日本学者沟口雄三出版著作《作为方法的中国》。2016 年,中国学者赵汀阳也以《作为方法论的中国》为题发表文章。回归中国,以中国经验形成的理论范式和话语体系让我们看到了更高层次的世界图景。当前,国际竞争与合作不断强化、民族

---

① 赵永华,刘娟.文化认同视角下"一带一路"跨文化传播路径选择[J]. 国际新闻界,2018(12):67-82.

② 张勇锋.共情:民心相通的传播机理[N].中国社会科学报,2020-11-19(3).

文化与世界文化共存交织、全球化和“逆全球化”不断抗衡的大背景下，来华留学生群体对于传播中国声音、讲好中国故事的作用不可忽视。他们并不是历史上的“远在天涯”的陌生人，而是来华求学的“近在咫尺”的文化接受客体。尤其是新闻传播专业的来华留学生既是受教育的主体，也是未来的传播者、发声人。他们的知识认知和实践经验将以“扩音”的效果影响到更多国别区域的受众。本文以“中国传媒大学新闻与传播留学生项目”的办学经验为案例，探寻新闻传播来华留学生教育的路径选择与培养理念。在“去西方中心化”的课堂教学和“知行合一”的社会实践中，我们构建了基于共享与对话的复调共生的知识传播方式，以期建立一种知识的共同体。同时，来华留学教育的目标是通过跨文化的沟通达到情感联结的作用。以“共情”为核心，知识共同体的物理构建升华为一种情感共同体的心理联结，从而实现了不同主体与层级间的相互理解、休戚与共、民心相通。

〔丰瑞，中国传媒大学电视学院副教授，“中国传媒大学新闻与传播留学生项目”负责人；李昊隆，中国传媒大学音乐与录音艺术学院2019级录音艺术（录音工程方向）本科生〕

〔特约编辑：顾洁〕

社交媒体语境下中国电影在 Facebook 上的国际传播研究*

A Study on International Communication of Chinese Films in the Context of Social Media: A Case Study of Facebook

◎ 李玲飞

Li Lingfei

摘要:社交媒体已经成为电影传播的重要渠道。中国电影想扭转"外冷内热"的局面,社交媒体思路必不可缺。在 2017—2021 年中国上映的 2750 部电影中,本文筛选出 174 部在 Facebook 上传播的中国电影为研究对象,对比这些电影的国内外票房及评分,把握海外观众对中国电影的整体认知;分析发布中国电影的 Facebook 账号情况,探究传播渠道状况;研究影片的评论内容,总结 Facebook 用户对中国电影的认可程度和理解程度。本文尝试为中国电影的国际传播提出针对性建议。

关键词:社交媒体;中国电影;国际传播

Abstract: Social media has been an important channel for film distribution. If Chinese films want to change the current situation of overseas gloomy and domestic hot in global market, using social media to communicate is indispensable. Among the 2750 films shown in China from 2017 to 2021, 174 films were selected as the research objects from Facebook platform. By comparing the box office returns and audience score, this essay hopes to realize the overall cognition of Chinese films for overseas audiences; by analyzing the Facebook accounts of Chinese films, it hopes to explore the communication channels; by studying on the comments of films on Facebook, it hopes to

* 本文系北京市社会科学基金重大项目"北京深化文化消费领域供给侧结构性改革研究"(项目编号:20ZDA07)阶段性成果。

summarize the degree of accepting and understanding from users. The ultimate aim of this essay is try to make targeted and specific suggestions for the international communication of Chinese films.

Keywords:social media, Chinese film, international communication

电影作为重要的传播媒介形式之一,不仅是一种娱乐休闲产品,同时还承载着文化传播的使命,具有艺术、文化和商业的综合属性。在全球化背景下,电影能够综合体现国家的软实力和硬实力,塑造国家形象,将国家和民族的历史文化、风土人情生动直观地展示给全世界的观众。中国电影肩负着讲好中国故事、传播好中国声音的重要使命。近年来,中国电影持续发力,国内票房榜首不断被优秀的国产电影刷新,"高原"与"高峰"并存,经济效益与社会效益兼收。然而,在国内好评爆满的国产电影于海外市场遭遇"寒冬"似乎成了寻常事,中国电影的海外发行渠道十分有限,尤其是北美地区的排片率较低,其商业回报远不及在国内市场的成绩。这不仅制约了中国电影产业的进一步发展,更让中国电影在海外处于"失声"的尴尬境地。中国电影的国际传播任重道远,探索高效的传播路径迫在眉睫。

一、社交媒体传播渠道:小成本,大回报

随着互联网技术的高速发展,社交媒体逐渐成为网络用户日常使用的主要平台,用户对其的依赖性和参与度越来越高。通过社交媒体,用户既能参与或独立完成内容生产,又可以打破时间和空间的限制快速获得海量信息。国内主流的社交媒体以微博、微信、抖音等为主,国外以 Facebook、YouTube、Twitter、TikTok 等为主。越来越多的电影公司正在把最新出品的电影的预告片转移到社交媒体上,部分电影甚至将社交媒体作为电影宣发的主战场。如华纳兄弟影业在社交媒体上铺天盖地地宣传电影《盗梦空间》;Twitter 成为《创:战纪》影片所有动态信息的枢纽,聚集了无数电影粉丝;《暮光之城》系列电影更是成为 Twitter 上首个粉丝超百万的电影。利用社交媒体进行电影宣传的思路在微博上也得以展现。微博已经形成了一个集影片信息发布、电影预热、粉丝互动、创建话题等全过程的电影宣发闭环链条,不仅每部电影都会在微博上设置官微,还会给片中角色开设微博,"微博电影之夜"活动更是齐聚一众明星和知名导演,这种病毒式营销"套路"成功举办了一场又一场全民参与的电影狂欢盛宴。

当下,观众对电影的社交需求和娱乐需求被置于核心地位,人们对电影产生了“与我有关”的感觉,才更有可能去消费。这种“情感营销”思路要求电影要与受众建立情感上的关联,让他们与影片产生情感共鸣共振,重在沟通和反馈,社交媒体的属性与这一需求匹配度极高,自然成为电影传播的重要渠道。国内大部分电影制作方的财力不如大投入大制作的好莱坞影片那样雄厚,所以选择将宣传阵地向成本更低的社交媒体转移也成为一种必然。利用社交媒体上盘根错节的网络关系,通过影片信息发布和话题讨论激发受众产生情感认同,进而引发影片信息的“病毒式传播”正在日益成为中外电影营销的必然选择和趋势。

二、中国电影在海外社交媒体上的传播效果

本文所指的中国电影是以中国电影制作机构为主体进行制作和发行,主要表现或反映中国的故事和风貌,在中国内地取得版权许可证的电影。在2017—2021年度全国生产的2750部电影中,有478部在Facebook上面播放,经过进一步的筛选,本文最终挑选出其中的174部中国电影为研究对象,数据统计截止时间为2021年6月30日。

(一)中国电影票房内热外冷现状还未改变

争取海外市场的主动权是中国电影海外传播的第一步。超过半数的好莱坞电影的海外票房超过本土票房,其中不乏一些本土表现不佳的电影依靠海外市场扳回局面的例子,如《移动迷宫3:死亡解药》《古墓丽影:源起之战》《憨豆特工3》。但全球最权威的票房统计网站Box Office Mojo上的数据显示,中国电影的国内外票房收益相差甚远,在国内市场大获全胜却在海外市场铩羽而归似乎成了中国电影躲避不了的“魔咒”(见表1)。在国内创造票房神话的精品电影,如《战狼2》《哪吒之魔童降世》《流浪地球》等,并未在海外市场延续亮眼的内地票房成绩单,海外票房对总票房的贡献均不足1%。以《战狼2》为例,Box Office Mojo票房数据显示,尽管已经成功跻身全球电影票房总排行榜前100名之列,但《战狼2》的票房基本都是国内票房贡献的,与同期的好莱坞电影至少30%的海外票房贡献率相比有不小的差距。

表1 2017—2021年上半年十部票房最高中国电影的国内及海外票房数据

排名	电影名称	上映年份(年)	全球票房(美元)	国内票房(美元)	占比	海外票房(美元)	占比
1	《战狼2》	2017	870,325,439	867,604,339	99.70%	2,721,100	0.30%
2	《你好,李焕英》	2021	822,009,764	821,000,000	99.88%	1,009,764	0.12%
3	《哪吒之魔童降世》	2019	726,063,471	722,367,938	99.50%	3,695,533	0.50%
4	流浪地球	2019	699,856,699	693,885,286	99.10%	5,971,413	0.90%
5	《唐人街探案3》	2021	686,257,563	685,070,000	99.83%	1,187,563	0.71%
6	《红海行动》	2018	579,330,426	577,786,879	99.70%	1,543,547	0.30%
7	《唐人街探案2》	2018	544,185,156	542,201,172	99.60%	1,983,984	0.40%
8	《八佰》	2020	461,421,559	460,000,000	99.69%	1,421,559	0.31%
9	《我和我的祖国》	2019	450,064,993	447,708,310	99.50%	2,356,683	0.50%
10	《我和我的家乡》	2020	422,390,820	422,000,000	99.91%	390,820	0.09%

(二)多数电影海外口碑略低于国内口碑

将2017—2021年在Facebook上传播的174部电影的IMDb评分和豆瓣评分进行统计排列,总体来看,参与电影打分的受众数量都较大,受众覆盖面较广;同一部电影的海内外评分比较接近,表现出受众打分的客观性;大部分电影的国内评分较国外评分高出0.8分左右,说明国内外受众的审美偏好、评分标准之间存在差异。部分电影的国内外口碑差距较大,如表2所示。国内受众更乐于看到有突破的电影类型和反映中国"家国情怀"的类型电影,尤其是展示中国强大、表现中国电影工业化水平进步的电影更容易受到国内受众的追捧。而海外受众对中国的"集体主义"精神认同感不强,此类电影海内外评分的差距较大。

还有部分电影出现"外热内冷"、国外热而国内冷的"两级反转"情况,更易受到海外受众的喜爱,如表3所示。其中,带有中国文化特色的"奇幻"古装类电影更容易获得海外受众的青睐,这也从侧面说明,武侠、玄幻类动作电影的海外受众基础依旧存在。此外,海外受众开始关注更多其他类型的中国电影,一些主题简单明确的爱情、奇幻、喜剧类电影更易吸引海外受众的目光。

表 2　IMDb 评分与豆瓣评分差距最大的十部中国电影(IMDb 评分低于豆瓣评分)

排名	电影名称	电影类型	IMDb 评分	豆瓣评分	评分差值(IMDb 评分—豆瓣评分)
1	《流浪地球》	科幻、冒险	6.1	7.9	—1.8
2	《红海行动》	动作、剧情、犯罪	6.7	8.3	—1.6
3	《妈妈咪鸭》	动画、喜剧、冒险、家庭	5.7	7.1	—1.4
4	《烈火英雄》	抢险、动作、灾难、爱情、亲情	5.3	6.5	—1.2
5	《无双》	动作、犯罪	7.0	8.1	—1.1
6	《暴裂无声》	动作、犯罪、悬疑	7.2	8.3	—1.1
7	《罗小黑战记》	动画、奇幻	7.1	8.2	—1.1
8	《战狼 2》	动作、战争、军事	6.0	7.1	—1.1
9	《决战中途岛》	剧情、战争、动作	6.7	7.7	—1
10	《大卫贝肯之倒霉特工熊》	动画、冒险	3.3	4.3	—1

表 3　IMDb 评分与豆瓣评分差距最大的十部中国电影(IMDb 评分高于豆瓣评分)

排名	电影名称	电影类型	IMDb 评分	豆瓣评分	评分差值(IMDb 评分—豆瓣评分)
1	《决战食神》	动作、喜剧、爱情	6.4	4.6	1.8
2	《古剑奇谭之流月昭明》	奇幻、动作	6.0	4.3	1.7
3	《降魔传》	喜剧、奇幻	4.6	2.9	1.7
4	《青禾男高》	爱情、动作、喜剧	5.6	3.9	1.7
5	《战神纪》	古装、动作、奇幻、冒险、爱情	5.0	3.5	1.5
6	《云南虫谷》	奇幻、动作、冒险	4.6	3.2	1.4
7	《三生三世十里桃花》	爱情、古装、玄幻	5.3	3.9	1.4
8	《空天猎》	军事、动作、战争	6.4	5.0	1.4
9	《密战》	战争、革命、动作、悬疑	5.7	4.3	1.4
10	《一吻定情》	爱情、喜剧	5.9	4.6	1.3

(三)社交媒体传播思维欠缺

随着人们的媒体使用习惯向移动化、碎片化、社交化转变,运用社交媒体为电影“预热”已经成为海外电影宣发营销的重要渠道之一。例如,《灵动:鬼影实录》口碑票房双丰收得益于该片在 Facebook 上掀起的口碑传播热潮;《爱丽丝梦游仙境》的粉丝可以加入不同的影片人物阵营，人数最多的粉丝群有权观看特别预告片，此举为其Facebook主页保存了千万“真爱粉”。海外电影的社交媒体宣传思路也延伸到国内。漫威电影《黑豹》在北美首映的当天就在微博上直播，大量的红毯短视频多次传播，相关话题阅读量破1.5亿。不仅如此，迪士尼、皮克斯、环球影业、漫威影业等均有自己的微博账号，在电影上映前频频对电影相关信息进行“爆料”，平日也注重制造各种话题与粉丝互动，维护其固定粉丝群。

反观国内，中国电影的宣传造势也有一套完备的流程，电影的宣传更是离不开微博。新电影都会在微博开设官微，在电影筹备阶段就已经开始宣发工作，从前期的主演团队公布，到中期的拍摄花絮、幕后故事发布，再到后期发布宣传片、透露故事彩蛋和进行口碑预热，并发起大量不同主题的话题和活动，提升影片的被关注度。在电影热播期间，电影大V、主要演员、导演等都会对电影进行解读，热度一直到结束放映后才慢慢冷却。

但这种成熟的社交媒体宣发思路并没有很好地延伸到国外。大部分中国电影在海外市场的宣传渠道过于狭窄，无论是在电视、报纸等传统媒体平台，还是Facebook等主流社交媒体平台，都鲜少找到电影相关信息，开设官方Facebook账号的影片更是少之又少。除却官方账号外，在Facebook上还有一些账号会发布中国电影的视频、图片等信息。这些账号包括私人账号、影片演员账号、影片主演的粉丝团账号和专门发布各国电影的账号。

其中传播力度最弱的是影片设置的官方账号，Facebook平台上，《昨日青空》的账号订阅量和获赞量均不足200次，《中国机长》的账号获赞量为449次，订阅量为665次，它们更新影片创作信息，上传相关视频素材，但发布内容的数量和获得的关注度与国内相比还显不足。并且在影片结束放映后，账号也归于沉寂。这种“来也匆匆去也匆匆”的社交宣发方式显然并未在海外电影市场激起浪花。电影演员为影片造势的内容稍强，如《战狼2》的主演卢靖姗的Facebook账号有15万粉丝，平时发布消息的频次较低，她发布的《战狼2》的预告片信息只有486次的点赞量和147次的转发量。演员的海外粉丝群传播力度又相对更强一些，此类账号较为活跃，经常发布演员相关信息，账号的获赞量和订阅量基本都在1万以上。如演员赵丽颖的“赵丽颖缅甸粉丝团”Facebook账号拥有近5万粉丝，在电影《乘风破浪》宣传期，该账号频繁发布影片相关信息，其中有4条信息获得了几千的点赞量。传播力度最强的是一些专门发布各国电影相关信息的账号。这些账号通常拥有几十万的粉丝，对影片选择的自主性极高，发布的时间较为分散，并未集中于影片刚上映时期；选择发布的影片类型多基于账号运营者的粉丝偏好，或是个人对中国电影类型的偏好；在发布影片相关内容时，较少带有对影片的评价表述,仅将影片的名字进行展示。一般而言,这些账号发布的中国电影相关信息都会获得几千至上万次的点赞量。

以《决战食神》和同期上映的《爱乐之城》为例。在本文研究的174部电影中,发布《决战食神》相关信息的账号最多,一共有33个,包括4个私人账号,但没有官方账号。这些账号当中,粉丝量最多的是一个专门发布电影相关信息的账号,拥有近50万粉丝,其发布的《决战食神》Facebook信息获得了近万的点赞量。而《爱乐之城》在Facebook上的造势要比《决战食神》的大得多,仅影片官方账号就有110万粉丝,发布的每一条影片信息都获得了几千到几万不等的点赞量。

(四)Facebook用户对中国影片评价较高,文化认知存在争议

Facebook作为全球最大的社交媒体,其"心情总数""分享数""评论数"能够直观展示电影热度与受众喜爱度。Facebook的"心情类型"包括:点赞(like)、喜欢(love)、关心(care)、开心(haha)、惊讶(wow)、伤心(sad)、愤怒(angry)七种。本文将这七种心情类型加总为"全部心情",将点赞、喜欢、关心、开心四种心情加总,与"全部心情"求得比值,用以表示某一部影片的受众喜爱度;将"心情总数""分享数""评论数"求和得出的"互动总数",和影片的播放量这两个指标用以表示该影片的传播效果。经统计,本研究关注的174部电影中,"互动总数"排名前十的电影如表4所示。可知,Facebook上用户对中国电影的好感度较高,非常乐于转发影片信息。下文将结合Facebook用户对影片的具体评论内容做定性研究,从更为细致的角度探究中国电影的传播效果。

表4 电影的受众喜爱度和互动总数

序号	电影名称	全部心情	受众喜爱度	分享数	评论数	互动总数	播放量(次)
1	《决战食神》	18,349	91.5%	27,848	3,398	49,595	1,263,336
2	《傲娇与偏见》	5,808	95.5%	12,280	772	18,860	572,253
3	《龙之战》	5,651	98.8%	10,550	37	16,238	186,243
4	《使徒行者2:谍影行动》	4,767	95.6%	6,646	156	11,569	182,810
5	《武林怪兽》	3,495	95.3%	6,779	298	10,572	190,536
6	《西游伏妖篇》	3,409	95.3%	5,391	192	8,992	281,402
7	《风雨咒》	1,597	94.1%	2,771	126	4,494	101,507
8	《红海行动》	1,989	88.5%	2,137	228	4,354	137,331
9	《机器之血》	1,587	90.5%	2,059	92	3,738	87,215
10	《叶问4:完结篇》	2,586	93.2%	582	532	3,700	299,793

1.中国电影工业化水平和制作技术频获点赞

越来越多的受众惊讶于中国电影如今的工业化水平和高超的制作技术，摆脱了“中国电影就是文艺片”的固有看法。动作类电影的动作设计和武打场景对海外受众一直保持着吸引力。如有用户评论《叶问 4：完结篇》道：“我喜欢布景的展示方式，还有甄子丹和斯科特·阿金斯之间有很多动作场景。这给我们带来了很多惊喜，希望以后能有更多这样的电影。”有用户评论《战狼 2》道：“就动作片而言，这部电影相当不错。吴导演在这方面投入了大量的时间和精力，这是值得的。打斗场面、追逐和悬念都做得很好。”

除了动作类电影，中国动画电影的制作水平也超乎很多用户的预期。不少用户对《哪吒之魔童降世》评论说，动画的设计和制作是惊人的，角色（包括人、动物和云）和场景之间的互动是不可思议的；动作场面张力十足，连贯流畅；电影的节奏也很完美。更有用户提及，《白蛇：缘起》这部电影“最突出的技术智慧是背景和场景。它们是精心制作的，模仿中国传统水墨画。动画师完全自由地制作了打斗场面，这是一种视觉奇观”。

需要注意的是，超高的工业化水平和流畅的设计制作技术固然重要，但影片内涵才是吸引受众的根本和关键。如果影片内容本身没能收获良好的口碑，只靠特效“炫技”，受众不免会产生空虚、审美疲劳等感受，影片便难以进一步拔升受众的认可度，延伸消费链条。正如《流浪地球》下面的一条评论所言：“视觉效果很好（而且是中国人做的，不容易），情节并不好。导演没有把这个故事讲好。节奏很怪异，情节并不引人注目。”

2.海外观众对中国电影的印象停留在“传统中国元素”上

2000 年年初的华语电影曾掀起一个发展小高峰，口碑、市场和奖项尽收囊中。《英雄》《卧虎藏龙》《十面埋伏》《功夫》不仅在海外票仓满满，还在全球各电影节上斩获各项大奖，在北美被无数粉丝奉为经典。如《卧虎藏龙》获得 2001 年的奥斯卡最佳外语片奖。从前文整理的 Facebook 非官方账号发布的电影类型也可看出，海外受众非常着迷于东方的“功夫”，以此为基础的武侠动作类电影在全球市场有巨大影响力。

前期的成就既是耀眼的光环、突破的重点，也是难以摆脱的桎梏和围城。尽管近年来中国电影频频刷新票房纪录，可战绩已不复 21 世纪初的辉煌，难以吸引国际受众成为中国电影国际传播的“常态”和“窘境”。若要将原因归结为文化解码差异和语言障碍，则无法解释曾经出现的电影国际传播“高峰”盛况，也稍显偏颇。不可否认的是，海外受众对中国电影是有期待的,尤其是涉及中国古典故事的电影,他们期盼通过简单的情节和通俗的表达方式了解新鲜神秘的中国传统元素。如果海外受众的此类需求未得到满足,他们自然难以产生走入影院观影的欲望,更遑论影片的传播效果。同时,近年来中国电影不尽如人意的海外表现也让不少海外受众形成了刻板印象。如一位 Facebook 用户在转发《哪吒之魔童降世》的影片片段时写道:"一开始,我对这部电影的预告片不感兴趣,因为它有中国电影的所有最糟糕的刻板印象,包括俗气的展示、令人尴尬的对话和笨拙的配音。"

满足海外受众对中国传统元素的需求并不是在影片中简单展示这些元素即可。如《寻龙诀》《捉妖记》,尽管影片中随处可见中国的古典元素,但叙事结构和视觉特效上模仿好莱坞大片,海外受众的期待并未完全满足。可喜的是,中国的动画电影已经在这方面有所突破。《罗小黑战记》的日本总票房达到了 5.6 亿日元(约合 3500 万人民币),创下了中国动画电影日本发行的票房纪录。① "罗小黑"可爱的形象设计和妖怪与人类的共生世界观之间所产生的独特叙事框架,打破文化差异带来的"表达壁垒",精准捕获日本受众的注意力,不少日本受众还主动化身"自来水"向周围人安利该电影,场刊、周边更是一物难求。Facebook 中的一条相关评论道:"这部电影从角色设计到写作和音乐都如此令人惊异,我迫不及待地等待下一部电影的上映。"

3.新时代中国文化开始引起共鸣,影片细节存在争议

欧美电影在国际上一直拥有巨大的影响力,尽管不少受众反映已经看腻了"好莱坞式的超级英雄",但欧美电影在海外受众的心中仍旧是"高水平电影"的代名词。在 Facebook 的评论中,将中国电影与海外电影进行类比的评论随处可见,如《红海行动》是中国版的《勇者行动》,《白蛇:缘起》是中国的《泰坦尼克号》,《战狼 2》塑造了中国式"美国队长"的形象。单纯模仿好莱坞套路无法扩大中国电影的传播效果,更无法实现电影核心内涵与受众无折扣理解的"对位"传达。

电影是简单的,成功影片的主题永远围绕着爱情、亲情、正义、人性,故事都可以用一句话高度概括,世界各地的人都可以理解。电影有艺术的价值、时代的需求,也有精神内核的传播。新时代的中国文化更需要利用这种"软途径"在国际发声。不少中国电影已经意识到这点,并进行了积极的尝试。在 Facebook 上,不少用户纷纷留言,称在《流浪地球》中感受到"非个人主义、国际主义意识、人类共同体、强烈的思乡情绪",在《哪吒之魔童降世》中领悟到了"(影片的)核心理念是与命运做斗争,与别人对你的

---

① 何和.《罗小黑战记》日本票房 5.6 亿元:创中国动画电影海外发行票房纪录[N].中国电影报,2021-01-27(16).

看法做斗争”，观众们还“享受影片中展示的亲情和爱情”。

同时，电影又是复杂的，它既是文化产业，承担着资本增值的功能，同时亦是负载精神价值的艺术创造，并且它还携带着本民族的集体记忆、文化想象，因此不可避免地会成为意识形态的形象表征。[①] 比如不少 Facebook 用户会质疑《战狼 2》是中国政府的宣传片，剧情是好莱坞式老套的陈词滥调——只有中国导演和演员才能拯救世界。此外，电影细节也是不少 Facebook 用户提出批评和质疑的点。如评价《流浪地球》的一条评论提到“像太空飞船一样移动地球真是太蠢了！一颗小行星撞击地球，杀死了所有的恐龙，但并没有使地球偏离它的轨道……我们可以把地球放到离太阳更远的轨道上，然后用所有的推进能量来替代太阳”。

三、社交媒体开拓中国电影国际传播路径的思考

近年来，中国电影产业形成密集态势且不断壮大，中国电影“走出去”的进程加快，在演员、拍摄及制作等方面的国际合作越来越密切。随着社交媒体用户黏性的提高和覆盖面持续扩大，中国电影需要将国内的社交媒体传播思维复刻至海外，开拓中国电影社交媒体传播的新途径。

第一，共情引发话题。由于中西方文化差异和文化海外解码的不对位，文化折扣问题在所难免。除了在电影创作之初对内容和内涵精细打磨之外，电影创作者还要主动一步，帮助海外受众理解中国电影想要传达的主要思想，如可以与 Facebook 等国外社交媒体的电影专业账号合作发布影评，帮助海外受众加深对中国电影的理解，引发共情；还可以建立社区，让受众“参与”到电影当中，激发他们对角色的认同。如《饥饿游戏》系列电影将 Facebook 和 Twitter 两个平台上的粉丝聚集在一起，并引入为影片特别创建的注册制网站，粉丝可以注册成为电影中的“居民”，穿梭于各社交网络间，和其他影迷互动。此外，要充分发挥电影主演的海外粉丝群的力量，使其成为影片海外传播的中坚力量。

第二，话题制造流量。电影的热度不应随着上映结束而消散。现阶段，国内的头部电影制作公司可尝试“抱团取暖”，合力注册经营一个海外社交媒体账号，由专人持续运营。在运营过程中，运营者要将电影传播的“接力棒”交给社交媒体用户，形成自发式网状传播。不断制造话题是电影传播过程中最“吸睛”的方式，社交媒体用户会通过“刷热门话题”了解时事，如果电影话题能成功进入“热门区”，就获得了更多与受众

---

① 李静.国产高票房 IP 电影的北美市场竞争力及文化分析[J].北京社会科学，2017(2)：54-63.

接触的机会。话题也要有“硬”有“软”,除却与电影直接相关的“硬话题”外,宣发团队还可以就电影想要传达的中心思想、电影文案展开“软话题”讨论,吸引大批中国电影的潜在海外受众。

第三,流量变现。从口口相传到社群传播,电影原著的粉丝、电影演员的粉丝、电影导演的粉丝都是中国电影最好的传播者和消费者,要让受众成为中国电影传播全过程的“掌控者”。在电影创作阶段,片方可设置网络投票收集海内外受众喜爱的影片细节和情节走向,让观众成为真正的电影参与者。在电影预热阶段,片方可以用受众喜爱的方式进行线上线下双渠道互动。例如,喜剧电影《热浴盆时光机》通过 Facebook 和一款影院手机应用 Eventful,让粉丝决定影片放映的地点区域,此举不仅吸引了粉丝,增加了影片关注度,还能让片方掌握信息,确保放映区域的高上座率。在电影放映之后,我们应当根据海内外受众的反馈,针对性地延长电影产业链,勾勒多层次的电影传播范围,请清、讲明、讲透中国电影中蕴含的中国精神和中国智慧,以实现中国电影传播效果的“量变到质变”。

〔李玲飞,中国传媒大学科学研究处助理研究员〕

〔特约编辑:顾洁〕

“命运与共”语境下中国国际传播路径研究

A Study on the Routes of International Communication in the Context of Shared Destiny

◎ 付海钲

Fu Haizheng

摘要：面对全球媒介环境的剧变和日趋激烈的中西舆论斗争，加强和改进国际传播工作已经成为我国迫在眉睫的重要议题。结合我国国际传播实践可知，新形势下提升我国国际传播能力要解决为谁说、谁来说、怎么说三个路径问题。本文认为，国际传播工作者要坚持为世界公平正义而发声的目标，坚决打赢国际舆论战，推动世界和平发展；顺应全球传播趋势，拓展民间传播主体，促进各国人民民心相通；在话语建构方面，要树立受众意识和共情传播思维，创新视频语言表现形式，并从国家战略高度整合传播资源，全面提升国际传播效能，推动人类命运共同体理念深入人心。

关键词：国际传播；国际舆论战；民间力量；共情传播

Abstract: Facing the drastic changes in the global media environment and the increasingly fierce public opinion struggle between China and the West, strengthening and improving China's international communication work has become an urgent and important issue. Based on the practice of international communication in China, we can see that in order to improve China's international communication ability under the new situation, we need to solve three problems: speak for whom, who should speak, and how to speak. This paper argues that international communication workers should insist on the goal of speaking out for world fairness and justice, resolutely winning the war of international public opinion, and promoting world peace and development. We should also adapt to the global communication trend, enhance participation of folk media, and promote people-to-people exchanges among citizens of all countries. In terms of discourse construction, it is necessary to establish audience awareness and empathic communication thinking, innovate the expression form of video language, integrate communication resources from the perspective of national strategy, and comprehensively improve the efficiency of international communication, so as to promote the concept of a community with a shared future for mankind to be deeply rooted in people's hearts.

Keywords: international communication, international consensus warfare, unofficial power, empathic communication

党的十八大以来，我国大力推动国际传播守正创新，已经初步构建起多主体、立体式的大外宣格局，国际话语权和影响力显著提升，但也面临新的形势和挑战。

一方面，随着5G、区块链、人工智能、云计算、大数据、VR/AR/MR等新兴媒介技术的飞速发展，我们进入了万物皆媒的智媒时代，舆论生态、媒体格局、传播方式发生深刻变化，单纯依托大型媒体机构进行的国际传播，加速向以社交媒体平台为载体的全球传播转型。自媒体的广泛兴起让国际传播舞台上的发声主体日益多元，国际间的信息流动量激增，传播活动凸显人际交流特征。这在极大拉近人与人之间沟通距离的同时，也为极端情绪、虚假信息的扩散传播提供了“温床”，国际舆论格局因而愈加复杂而多变。

另一方面，新冠肺炎疫情的全球大流行加速世界百年未有之大变局，大国关系进入深度调整期。国家统计局的最新数据显示，2021年中国国内生产总值(GDP)实现8.1%的大幅增长，总量突破114万亿元人民币(约合17.7万亿美元)，①与之对应，同年美国GDP为22.99万亿美元②，中美GDP之间的差距进一步缩小。中国经济及综合国力的快速增长、人民生活水平的不断提升、疫情防控的动态清零，与美西方居高不下的通货膨胀率、失业人数和新增病例数形成了鲜明对比。中国的加快崛起引发部分西方国家的妒忌和恐慌，西方加大了对中国的打压力度，国际舆论场充斥着针对中国的负面新闻，中国的国际形象被西方媒体严重污名化。在传播渠道方面，从特朗普政府时期的封杀抖音海外版(TikTok)，到一些欧美国家恶意关停其国内的孔子学院，再

① 国家统计局. 2021年国民经济持续恢复 发展预期目标较好完成[EB/OL].(2022-01-17)[2022-02-21]. http://www.stats.gov.cn/xxgk/sjfb/zxfb2020/202201/t20220117_1826436.html.

② Bureau of Economic Analysis. Gross domestic product, fourth quarter and year 2021 (advance estimate)[EB/OL].(2022-01-27)[2022-02-21]. https://www.bea.gov/news/2022/gross-domestic-product-fourth-quarter-and-year-2021-advance-estimate.

到英国通信管理局吊销中国国际电视台(CGTN)在英国的落地许可,中国的外宣媒体、涉外机构甚至部分官员的个人社交媒体账号都被列为“外国代理人”“外国使团”,这导致中国即便在抗疫、扶贫、经济增长等方面成绩亮眼,但“有理说不出”“说了传不开”“传开叫不响”的话语困境依然存在。某种程度上,让世界了解真实的中国变得比以往更加紧迫,也更为困难。

世上无难事,只要肯登攀。全球媒介环境的剧变和国家发展的现实要求亟须我们调整既有国际传播理念和策略,总结凝练一线实践成功经验,突破西方舆论封锁,加快提高我国国际传播能力,塑造可信、可爱、可敬的中国形象。整体来看,新形势下,我国做好国际传播工作需要统筹把握“为谁说”“谁来说”“怎么说”三个核心问题。

一、为谁说:为世界公平正义而发声,坚决打赢国际舆论战

当前,大国之间的博弈日趋激烈,呈现形式不仅限于经济战、军事战、科技战,更包含了舆论战。在社会全面媒介化的环境下,舆论战是实现国家战略目标,对内鼓舞人心、凝聚共识,对外争取国际社会支持、分化瓦解敌对势力以达到“不战而屈人之兵”目的的最有效手段。美国作为世界头号霸权强国,总是恶意挑起国际舆论战,通过赫伯特·席勒(Herbert Schiller)指出的“军事工业传播教育复合体”(military-industry-communication-education complex)①,美国可以肆意编造谎言,不仅在经济上挥舞制裁大棒,在军事上入侵干涉,还在舆论上假装站在道义制高点。2018 年,美国特朗普政府为转移国内贫富加剧的矛盾,对中国无端挑起贸易争端。在这一过程中,美国除了发动关税战、金融战和科技战,舆论战也在其中占据了相当的分量。为混淆国际舆论视听,美国开足宣传机器,那些标榜自己“自由、客观、专业主义”的西方主流媒体都罔顾事实,对无辜的中国横加指责,实施“极端施压”,严重违背新闻伦理。

挑起并赢得口舌战、舆论战是美国国际传播的工作重点,也是其维持自身世界霸权的重要工具。面对美国的步步紧逼,中国没有选择,必须敢于亮剑,积极应对。一方面,中华民族的伟大复兴需要外部良好的发展环境和内部人民的团结统一;另一方面,中国是负责任的大国,心怀构建人类命运共同体的远大理想,通过实施“一带一路”倡议,积极与沿线国家分享发展红利,为世界谋求更公正合理的全球治理体系。因此,无论是为了民族振兴,还是为了全人类更好地发展,中国都必须承担起为世界公平正义而发声的崇高使命,努力揭露美西方虚假宣传的本质,坚决打赢国际舆论战。

---

① SCHILLER H I. Mass communications and American empire[M]. New York:A.M. Kelley, 1969.

二、谁来说:拓展民间传播主体,以多元化视角讲好中国故事

过往承担我国国际传播重任的主体是中央级媒体机构,它们在建构中国国际认同上发挥了主力军、主阵地、主渠道的关键作用,具有毋庸置疑的权威性。但因为西方国家的恶意攻击和无德媒体的抹黑,我国主流媒体被恶意贴上标签,被毁谤,被封杀。在这种情况下,民间力量加入国际传播,可以丰富发声主体数量,提供更多样的叙事视角,顺应全球传播趋势,形成包容差异的对话性共识,构建多元化、立体式的矩阵传播格局。

(一)地方媒体

在中央级媒体面临较大外部压力的背景下,遍及中国大地的地方媒体纷纷借助自身独特的地理文化优势,积极开展对外传播工作,成为塑造国家形象的重要支持力量。举例来讲,《今晚》是上海广播电视台一档具有国际视野的新闻时评栏目,通过YouTube东方卫视官方频道,关注中国发展变化的外国网友和海外华人也会时常收看该节目,它成了发出中国声音的地方平台。

(二)商业平台

商业公司是现代市场经济中占支配地位的组织形式,可以通过产品营销、商业推广、对外合作等市场化运作手段,推动中国企业、媒体机构融入海外传媒市场,有效抵达和影响国际受众,实现传播价值和商业价值的"双赢"。近年来,国内许多商业媒体和商业公司,依靠其灵活的话语表达形式获得了越来越多国际受众的认可。其中比较有代表性的是字节跳动公司的抖音海外版产品,它凭借本土化运营、国际明星引流、大数据算法精准推送和短视频传播优势,迅速赢得了全球青少年用户的青睐,以世界各国用户易于理解的民间话语输出中国智慧,传播中国文化。2021年12月,知名网络安全公司Cloudflare发布的报告显示,抖音海外版超越了谷歌(Google),成为2021年全球访问量最大的互联网站点。[①]

(三)自媒体

在"人人都有麦克风"的自媒体时代,讲好中国故事,推动民心相通,营造良好外部发展环境,我们每一个中国人都可以成为传播主体,为优化国家国际传播能力贡献个

---

① TOMÉ J, CARDITA S. In 2021, the Internet went for TikTok, space and beyond[EB/OL].(2021-12-20)[2022-02-21]. https://blog.cloudflare.com/popular-domains-year-in-review-2021/.

体智慧。在庞大的人口基数下，小众群体也不可小觑，个性化的展示代表的正是包容万象的中国。当下，越来越多的自媒体达人在海外社交平台展现中国形象、传播中国文化，成为沟通不同文明的民间文化使者。比如，李子柒通过分享中国乡村的生活与美食，满足了外国受众对东方田园美景、美人、美食的美好想象，由此实现跨文化传播的成功“出圈”。截至 2022 年 1 月，李子柒的个人 YouTube 频道已有 1670 万粉丝，最高单条视频播放量突破 1 亿次。见微知著，人人讲好自己的小故事，传播起来就是最精彩的中国大故事。正如毛泽东所说：“人民，只有人民，才是创造世界历史的动力。”[①]相信人民、依靠人民是我国改进和加强国际传播工作的重要突破口。

(四)海外友人

以外国人的视角来讲述中国故事是近些年我国增强对外传播的有效措施，“借嘴说话”在跨文化传播中具备天然优势。以理性他者之口来客观描述事实能有效增强传播的贴近性和说服力。近年来，在全球最大的视频平台 YouTube 上出现了一批知华友华的外国自媒体播主，他们大多曾经或仍然在中国工作和生活，看到西方媒体抹黑中国的不实报道，他们自愿站出来用母语向自己国家的受众讲解真实的中国是什么样子，收获大量关注和评论，成为帮助外界正确了解中国社会的一股重要力量。

(五)高等院校

高等院校是精英人才的蓄水池，也是国家对外开放的窗口。高校借助多种形式的教学科研活动，成为国际传播活动的舞台。过去，高等院校的潜力未得到充分发挥，今后高等院校可从以下几个方面着手发挥跨文化传播的实力：(1)主动筹办、参与国际重要学术论坛，发出中国学者观点，促进国际间高层次人才的相互沟通。(2)邀请海外知名专家来华访学或参与教学，增进海外意见领袖对中国的了解，培养知华友华“朋友圈”。对此，清华、北大、人大、中传、复旦等高校先后面向全球招收新闻与传播专业的国际留学生，为新时代国际传播工作提供人才支撑。(3)发掘青年学生的对话沟通潜力。新时代的大学生普遍具有自发的分享热情、较好的外语基础、熟练的新媒体创作技能和丰富的社交媒体使用经验，具备讲好中国故事的基本条件。在 2022 年北京冬奥会的国际传播舞台上，大学生志愿者在海外社交媒体平台积极讲述个人视角的冬奥故事，展现了新时代中国青年自信自强、团结友爱的良好风貌。

---

① 毛泽东.毛泽东选集：第三卷[M].北京：人民出版社，2008：1031.

三、怎么说：树立受众意识和共情传播思维，创新视频语言表现形式

（一）树立受众意识，实现精准化传播

传统媒体强调“内容为王”，互联网新媒体则不仅注重内容质量，更关注“用户体验”。面对争夺用户注意力和时间的激烈竞争，传播者在制作传播内容时必须有“受众思维”。习近平总书记指出，要采用贴近不同区域、不同国家、不同群体受众的精准传播方式，推进中国故事和中国声音的全球化表达、区域化表达、分众化表达。[①] 这本质上体现出的是国际传播的受众意识。换言之，国际传播不是呈现“我想说的”，而是呈现“别人想听的”。

其一，重大议题主动及时发声，抢占舆论制高点。当前，国际舆论场上，居心叵测的西方媒体经常“先入为主”地对中国进行歪曲报道，使我国国际传播陷入被动“挨打”的局面，迫使我们不得不调动更多的传播资源来澄清谬误。因此，我们要通过“先发制人”来主动设置议题，构建话语的合理性，在舆论引导方面抢占先机，用及时、真切的报道，讲述真实的中国故事，避免海外受众被错误信息误导。

其二，讲好人民领袖故事，展现大国责任担当。我国政治人物，尤其是国家领导人的媒介形象，是海外受众认知中国重要的符号语言。在中国国际电视台的 YouTube 官方账号上，关于我国领导人的报道总是获得海外受众的高度关注。由此可见，塑造人民领袖良好的公共形象，讲好人民领袖治国理政的生动故事，是展现党和国家形象、阐释中国理念、传递中国智慧的重要途径。

其三，广泛传播中华优秀传统文化，推动文化“走出去”。历史悠久、内涵丰富、源远流长的中华优秀传统文化，蕴含着深刻的哲学思想、人文智慧和文化意涵，是人类文明的重要组成部分，值得被用作优质传播内容得到深度挖掘，从而有助于我国媒体更好地以“润物细无声”的方式展现多彩中国形象，促进国际社会对中华文化的理解和认同。

其四，构建融通中外的话语体系，实现精准化传播。话语体系是对外传播的重要媒介和信息载体。由于现实存在的文化差异，如果不加上足够的背景注释，西方对我们的许多词汇和表达无法迅速理解。[②] 因此，在对外传播中，我国媒体应使用贴近外

---

① 习近平主持中共中央政治局第三十次集体学习并讲话[EB/OL].(2021-06-01)[2022-02-21]. http://www.gov.cn/xinwen/2021-06/01/content_5614684.htm.

② 王石泉.我国国际传播能力建设的目标任务与路径选择[N].光明日报，2018-09-27(6).

国受众思维方式和语言习惯的叙事手法，以融通中外的话语体系来展示中国制度、中国模式、中国道路取得的辉煌成就，为世界提供中国方案，贡献中国智慧，实现精准化传播。举例来说，2020 年是中国脱贫攻坚收官之年，在党和国家的坚强领导下，7 亿多中国人口摆脱贫困，生存状况得到根本改善，人民群众的获得感、幸福感、安全感不断增强。讲好脱贫攻坚的中国故事，就是用全球共同关注的减贫议题，向世界，尤其是发展中国家，提供他们急需的贫困治理经验与方案，从而打开对外传播的新局面，为国际减贫事业和人类命运共同体的构建作出贡献。

（二）以国际传播视角，建立共情传播思维

好的国际传播是有温度的传播，向世界讲述闪耀人性光芒的中国故事，最能超越地域和文化差异的阻碍，拉近海外受众与中国的心理距离，使海外受众与中国产生情感共鸣，从而凝聚共识、增进认同、唤起行动。因此，做好国际传播工作需要我们立足对外传播视角，聚焦人性、人情、人文等情感性叙事文本，发掘普通小人物的真实故事，用平等对话的人际交流语态和生动活泼的叙事手段实现情理交融的共情传播，提升国际传播的感染力和传播力。

2020 年新冠肺炎疫情爆发初期，新华社发布的一条不足一分钟的短视频《医院门前她与 9 岁女儿隔空拥抱：乖宝，等妈妈打完怪兽就回去》在海外社交媒体平台迅速蹿红，总浏览量近 2 亿次，是 2020 年新华社与疫情相关的对外报道稿件中浏览量最高的一条。视频记录的内容很简单，是一位护士 9 岁的女儿要给妈妈送饺子。因为疫情，孩子无法把饺子亲手送到妈妈手中，只能先把饺子放在医院门口的台阶上，再看着妈妈去取。小女孩看着几米外的妈妈，止不住地号啕大哭，并张开双臂和妈妈隔空拥抱。记者通过捕捉普通医务工作者奋战在抗疫一线的感人细节，向海外受众展现了中国抗疫付出的巨大牺牲和不懈努力，实现了跨文化传播场域的同频共振。

（三）创新视频语言表现形式，提高海外受众认同度

随着信息通信技术（ICTs）的发展，视频类作品的创作与发布门槛越来越低，在短视频浪潮的催化下，易于理解、表现力强的视频语言已经成为一种促进人文交流、沟通文明互鉴的大众化、国际化语言。未来，基于智能 VR 等技术的发展，视频语言将帮助人类回归全感官的传播场景，在虚拟与现实同构的环境中超越时空藩篱和文化差异，进入一个视频天下的新秩序。[①] 因而，当下我国推进国际传播能力建设要高度重视视

---

① 廖祥忠.视频天下：语言革命与国际传播秩序再造[J].现代传播（中国传媒大学学报），2022，44(1)：1-8.

频语言在跨文化传播中所能够发挥的作用,积极策划、研发海外受众喜闻乐见的视频语言新产品,持续打造视频叙事新景观,从而有效解决文化折扣问题,突破西方媒体对我们的舆论封锁,提高海外受众对中国故事的接受度、喜爱度和认同度。

2020 年 4 月底,新华社记者通过创作动画短片《病毒往事》(*Once Upon a Virus*),用西方受众易于接受的幽默与讽刺的方式,以兵马俑不断与自由女神沟通却屡试屡败的故事,映衬了西方政客在抗击新冠肺炎疫情方面无端指责中国的可笑与荒谬。短片一上线就在国外走红,最终在海外媒体平台获得了上亿次的浏览量和几十万条评论,赢得了广大海外网友的认同,部分网友甚至直接把短片贴到一些美国政客的 Twitter 账号下为中国仗义执言,拆穿了那些政客的谎言。

我们清醒地意识到,尽管当下涌现出许多讲好中国故事的成功案例,但它们仅仅呈"点状分布",一些海外受众仍然自恃西方文明的优越感,以居高临下的角度审视中国取得的进步和发展,更谈不上理解和认同中国文化和中国道路。因此,未来国际传播的工作重点和难点是要将"点"串成"线"并连接成"面"。要实现这一目标,一方面,我们需要从国家战略高度整合国内外传播资源,创新体制机制,形成符合时代特点和现实需要的多层级联动发声传播体系,把制度优势、组织优势、人力优势最终转化为传播优势;另一方面,则是我们要在传播实践中巧妙植入中国的世界观和价值观,以更具包容性的人类命运共同体理念统筹国际传播工作,力争在国际意识形态斗争领域取得整体性优势。到那时,我国才能真正突破西方文化霸权,从根本上转变国际舆论场"西强我弱"的格局,获得与我国国际地位相匹配的国际话语权。

〔付海钲,澳门科技大学人文艺术学院博士研究生〕

〔特约编辑:顾洁〕

图书在版编目(CIP)数据

中国新闻传播研究:国际传播与文明互鉴/高晓虹主编.--北京:中国传媒大学出版社,2022.8
ISBN 978-7-5657-3197-6

Ⅰ.①中… Ⅱ.①高… Ⅲ.①新闻学－传播学－研究－中国 Ⅳ.①G219.2

中国版本图书馆 CIP 数据核字(2022)第 065697 号

中国新闻传播研究:国际传播与文明互鉴

ZHONGGUO XINWEN CHUANBO YANJIU:GUOJI CHUANBO YU WENMING HUJIAN

主　　编	高晓虹
副 主 编	刘　宏　赵淑萍　曾祥敏　秦瑜明
策划编辑	王雁来
责任编辑	王　硕
特约编辑	沈　悦
封面设计	拓美设计
责任印制	李志鹏

出版发行	中国传媒大学出版社		
社　　址	北京市朝阳区定福庄东街1号	**邮　　编**	100024
电　　话	86-10-65450528　65450532	**传　　真**	65779405
网　　址	http://cucp.cuc.edu.cn		
经　　销	全国新华书店		

印　　刷	唐山玺诚印务有限公司
开　　本	787mm×1092mm　1/16
印　　张	15.25
字　　数	289千字
版　　次	2022年8月第1版
印　　次	2022年8月第1次印刷

书　　号	ISBN 978-7-5657-3197-6/G·3197	**定　　价**	78.00元

本社法律顾问:北京嘉润律师事务所　郭建平